工程经济学

学习指导与习题

（第二版）

李 南 张骥骧 楚岩枫 主编

科学出版社
北京

内 容 简 介

本书是学习以及教授"工程经济学"和"技术经济学"的教学辅助材料。

本书习题涵盖了"工程经济学"和"技术经济学"的基本原理与方法，开发并收集的 700 余道练习题包括了选择题、是非题、填空题、简答题和计算题等题型，并附有解题过程和参考答案。此外，本书还分别给出了学习各章节的基本要求、教学内容及知识点，以及两套试卷及其解答。

本书是教师教学和学生学习必备的辅导材料。它不仅是在校学生的学习参考书，更是考研人员很重要的一本复习用书，也是经管工作和项目管理工作人员在进行投资项目的经济分析时所需的参考书。

图书在版编目（CIP）数据

工程经济学学习指导与习题 / 李南，张骥骧，楚岩枫主编. —2 版. —北京：科学出版社，2024.1

ISBN 978-7-03-074668-9

Ⅰ. ①工⋯　Ⅱ. ①李⋯　②张⋯　③楚⋯　Ⅲ. ①工程经济学-高等学校-教学参考资料　Ⅳ. ①F062.4

中国国家版本馆 CIP 数据核字（2023）第 017915 号

责任编辑：方小丽 / 责任校对：姜丽策
责任印制：张　伟 / 封面设计：蓝正设计

科学出版社 出版
北京东黄城根北街 16 号
邮政编码：100717
http://www.sciencep.com

涿州市般润文化传播有限公司 印刷
科学出版社发行　各地新华书店经销

*

2005 年 10 月第　一　版　开本：720×1000　1/16
2024 年 1 月第　二　版　印张：15 3/4
2024 年 1 月第十四次印刷　字数：304 000

定价：39.00 元
（如有印装质量问题，我社负责调换）

作者简介

李南：南京航空航天大学经济与管理学院教授、博士生导师，国务院政府特殊津贴获得者，曾主持国家级基金项目和国家高技术研究发展计划（863 计划）子项目等，获省部级科技进步奖和省部级哲学社会科学优秀成果奖三项，发表学术论文 100 余篇，主要研究方向为工业工程、项目管理、研发与知识管理、技术经济分析。

张骥骥：南京航空航天大学经济与管理学院副教授、硕士生导师，东南大学与日本国立环境研究所联合培养博士，曾主持国家自然科学基金项目、中国博士后科学基金项目等十余项，发表论文 30 余篇，主要研究方向为博弈论及企业经营决策。

楚岩枫：南京航空航天大学经济与管理学院副教授、硕士生导师，主要研究方向为工业工程与项目管理，长期从事项目管理、工程项目评价等方面的理论研究、教学与社会咨询服务工作。

再 版 前 言

《工程经济学学习指导与习题》自出版以来已经历了近二十年。这期间，与之配套的《工程经济学》教材经历了多次改版，使得《工程经济学学习指导与习题》对教材的配套性降低。这期间，《工程经济学学习指导与习题》得到了众多高校师生和广大读者的支持，并提出了一些好的建议。因此，我们展开了本次修改再版工作。

修改再版工作主要针对我国财税政策的一些变化和新版《工程经济学》教材，萃取了我们在教学中积累的一些体会，对初版《工程经济学学习指导与习题》进行了一些修改和完善，并补充了《工程经济学（第六版）》教材各章习题中计算题的解答。希望《工程经济学学习指导与习题（第二版）》能够更好地满足我国高校教学和读者的学习需要。

第二版的改版工作中，第一、二、九章和两套试卷由李南负责，第三、五、六、七章由张骥骥负责，第四、八章由楚岩枫负责，全书由李南统稿。

衷心感谢教材和习题集使用单位和读者长期以来的呵护。本习题集还难免存在不足之处，希望广大师生和读者一如既往地给予指正和帮助。

作 者

2024 年 1 月

目　　录

第一部分
课程说明 ……………………………………………………………… 1

第二部分
学习指导与习题 ……………………………………………………… 5

第一章　绪论 ………………………………………………………… 7
第二章　现金流量及其构成 ………………………………………… 13
第三章　资金的时间价值与等值计算 ……………………………… 30
第四章　投资项目经济评价的基本方法 …………………………… 54
第五章　投资项目的风险与不确定性分析 ………………………… 88
第六章　设备更新的经济分析 ……………………………………… 106
第七章　投资项目的经济评价 ……………………………………… 139
第八章　公共项目的经济评价 ……………………………………… 161
第九章　价值工程基础理论与方法 ………………………………… 179
教材习题之计算题解答 ……………………………………………… 188

第三部分
两套试卷及参考答案 ………………………………………………… 201

《工程经济学》试卷 1 ……………………………………………… 203
《工程经济学》试卷 2 ……………………………………………… 206
《工程经济学》试卷 1 参考答案 …………………………………… 210
《工程经济学》试卷 2 参考答案 …………………………………… 213

主要参考文献 ………………………………………………………… 215
附录　复利系数表 …………………………………………………… 216

第一部分　课程说明

第一部分

来文照抄

一、课程性质

"工程经济学"课程是许多高等院校经济与管理类专业本科生、硕士生的一门专业基础课程,也是许多工科专业本科生教学计划中的一门必修课程。工程经济学研究如何有效利用工程技术资源或资金资源,促进经济增长的一门非常实用的科学。它既不研究工程技术原理与应用本身,也不研究影响经济效果的各种因素,而是研究各种工程技术方案或投资方案的经济效果。

二、课程设置目的

通过本课程的学习,使学生掌握工程经济分析的基本知识和基本原理,以及经济效益评价的基本方法,财务分析和国民经济分析的基本理论,建立市场、成本、效益意识,能够以市场为前提、经济为目标、技术为手段,对多种技术实践活动或投资活动进行经济效益分析,作出科学合理的评价,选出最佳可行的投资方案。要求学生:

(1)掌握工程经济学的基本概念、基本原理和基本方法;

(2)能够运用工程经济学的基本原理和方法,分析和评价各种技术实践活动(如投资方案的经济评价、设备更新的经济分析、价值工程分析等),为决策层选择能够获得满意的经济效益的技术方案提供科学依据。

三、学时分配建议

(1)经管类学生:32~40 学时。90%左右的学时以课堂教学和习题为主,10%左右的学时用于学生实践环节,进行案例分析、编制财务评价报表等。

(2)非经管类学生:24~32 学时。

学时分配建议

讲课内容	授课		习题课		案例分析
	经管类	非经管类	经管类	非经管类	经管类
第一章 绪论	2	2			
第二章 现金流量及其构成	2~3	3			
第三章 资金的时间价值与等值计算	3	2~3	0.5~1	0.5~1	
第四章 投资项目经济评价的基本方法	5~6	4~6	0.5~1	0.5~1	
第五章 投资项目的风险与不确定性分析	3~4	2~4	0.5~1	0.5~1	

续表

讲课内容	授课 经管类	授课 非经管类	习题课 经管类	习题课 非经管类	案例分析 经管类
第六章 设备更新的经济分析	3~4	2~3	0.5~1	0.5~1	
第七章 投资项目的经济评价	5~6	2~3			4
第八章 公共项目的经济评价	2~3	2~3			
第九章 价值工程基础理论与方法	1~2	2			
合计	26~33	21~29	2~4	2~4	4

第二部分

学习指导与习题

第二部分　台北と大稻埕

第一章 绪 论

一、学习的基本要求

（一）识记

1. 工程经济学在国内外发展与应用的几个重要的时间节点；
2. 工程经济学发展过程中的几个重要人物，几位有历史地位的作者及其著作；
3. 工程经济学的研究对象；
4. 投资项目、投入、产出、项目寿命周期的概念。

（二）理解

1. 工程经济学的主要特点及应用领域；
2. 工程经济学中，工程技术的内涵、寿命周期成本等相关概念；
3. 投资项目经济评价的基本原则。

（三）应用

1. 结合具体工程技术方案或投资方案，解释工程经济学的主要特点，如综合性、实用性和预测性等；
2. 结合具体产品，描述其寿命周期成本的内涵。

二、教学内容及知识点

第一节 工程经济学的产生与发展

工程经济学的发展历程；
几位有突出贡献的历史人物及其贡献。

第二节 工程经济学的研究对象及特点

工程经济学的应用领域；
工程经济学的研究对象及特点；
工程技术、投入与产出、必要功能、寿命周期成本等概念。

第三节 投资项目经济评价的基本原则

投资项目经济评价的基本原则及意义。

三、练习题

（一）单选题

1.1 被誉为"工程经济学之父"的人物是（　　）。
　　a. 里格斯　　　　b. 威灵顿　　　　c. 格兰特　　　　d. 布西
1.2 最早研究工程经济问题的年代是（　　）。
　　a. 20世纪70年代　　　　b. 19世纪30年代
　　c. 20世纪20年代　　　　d. 19世纪80年代
1.3 当投资项目的财务分析与国民经济分析的结论不同时，应首先（　　）。
　　a. 满足国民经济需要　　　　b. 考虑两种分析口径要一致
　　c. 满足企业需要　　　　　　d. 进行外部经济效果分析
1.4 在可比性原则中，满足需要上的可比不包括（　　）。
　　a. 产量的可比　　　　b. 价格的可比
　　c. 质量的可比　　　　d. 品种的可比
1.5 不同投资方案在满足需要上的可比，是指（　　）。
　　a. 经济效益可比　　　　b. 消耗费用可比
　　c. 适用性可比　　　　　d. 产品、质量和品种可比
1.6 工程经济学的原理与方法主要用于投资项目可行性研究中的（　　）。
　　a. 融资方案评价　　b. 市场预测　　c. 投资估算　　d. 经济评价

（二）是非题

1.7 （　　）现有文献资料表明，《铁路布局的经济理论》应该是最早探讨工程经济问题的著作。
1.8 （　　）最早提出动态分析方法的是迪安（Dean）。
1.9 （　　）工程经济学是一门评价工程技术方案或投资方案经济可行性的学问。
1.10 （　　）工程经济学研究的核心内容是寻求项目或技术方案的最佳经济效果。
1.11 （　　）当国民经济评价结论与财务评价结论不一致时，项目决策应首先考虑财务评价的结论，因为项目主持人是项目经济效果的直接承担者。
1.12 （　　）时间可比原则是指在进行方案评价时要考虑资金的时间价值。

（三）填空题

1.13 第一次提出用复利法来比较投资方案的著作是_____。
1.14 经典工程经济学的代表著作是格兰特教授的_____。
1.15 我国对工程经济学的研究和应用起步于____世纪____年代。
1.16 20世纪80年代系统阐述工程经济学理论与方法的著作《工程经济学》的作者是_____。
1.17 对两个以上的技术方案或投资方案进行经济效益比较时，必须遵循_____原则。

（四）简答题

1.18 简述在工程经济学的历史沿革中，有重要贡献的几位学者或工程师及其主要贡献。
1.19 简述工程经济学的应用领域。
1.20 简述工程经济学的研究对象。
1.21 工程经济学的主要特点是什么？
1.22 工程经济学与自然科学和社会科学有什么联系？
1.23 在投资项目经济评价过程中应遵循哪些基本原则？
1.24 项目经济评价的可比性原则的主要内容是什么？
1.25 简述国民经济评价与财务评价相结合的原则的内涵。

四、参考答案

（一）单选题

题号	1.1	1.2	1.3	1.4	1.5	1.6
答案	c	d	a	b	d	d

（二）是非题

1.7　是。
1.8　非。更正：不是迪安，是戈尔德曼。
1.9　是。
1.10　非。更正：核心内容是比选出最佳经济效果的技术方案。
1.11　非。更正：应以国民经济评价结论为前提。
1.12　非。更正：在方案比选时要考虑相同的计算期。

（三）填空题

1.13　戈尔德曼的《财务工程》
1.14　《工程经济学原理》
1.15　20，60
1.16　里格斯
1.17　可比性

（四）简答题

1.18　答：（1）美国的建筑工程师威灵顿，在 1887 年出版的《铁路布局的经济理论》是第一部工程经济学的著作。首次将成本分析方法应用于铁路的最佳长度和路线的曲率问题，并提出了工程利息的概念，开创了工程领域的经济评价工作。
（2）20 世纪 20 年代，菲什和戈尔德曼运用数学方法对工程的投资效益进行了分析。菲什系统地阐述了与债券市场相联系的工程投资模型，戈尔德曼为工程的多方案分析提出了复利的计算方法。戈尔德曼在《财务工程》中第一次提出用复利法来确定方案的比较值、进行投资方案评价的思想。

（3）1930年格兰特提出了工程的评价准则，出版了《工程经济学原理》，奠定了经典工程经济学的基础，被誉为"工程经济学之父"。

（4）迪安在1951年发表的《投资预算》一书中提出的现金流量贴现法、投资分配限额法成为工程经济分析中资金与资本研究的基础方法。

（5）1978年，布西的著作《工业投资项目的经济分析》全面系统地总结了工程项目的资金筹集、经济评价、优化决策及项目的风险和不确定性分析等。

（6）1982年，里格斯的《工程经济学》系统地阐述了货币的时间价值、时间的货币价值、货币理论、经济决策和风险及不确定性等工程经济学的内容，将工程经济学的学科水平向前推进了一大步。

1.19 答：工程经济学的原理和方法主要应用于各类投资项目的不同技术方案的经济可行性分析中。例如，计算各类评价指标，编制各类评价报表，探讨不确定因素对经济效果的影响，以判断投资方案在经济上是否可行，比选出经济上最优的投资方案。

1.20 答：工程经济学是以投资项目的技术方案为对象，以如何有效利用项目资源获得满意的经济效果为目的，研究投资方案经济效果评价与必选的学问。它不研究工程技术原理和应用本身，也不研究影响经济效果的各种因素本身。

1.21 答：（1）综合性。工程经济学横跨自然科学和社会科学，所研究的内容既包括技术因素、经济因素，又包括社会因素与生态环境因素。工程经济学与微观经济学紧密联系。

（2）实用性。工程经济学研究的课题、分析的方案都来源于生产建设实际，分析和研究的成果直接用于生产并通过实践来验证分析结果是否正确。

（3）定量性。工程经济学的研究方法是以定量分析为主的。

（4）比较性。工程经济分析通过经济效果的比较，从许多可行的技术方案中选择最优方案或满意的可行方案。

（5）预测性。工程经济分析大多在事件发生之前进行。通过预测使技术方案更接近实际，避免盲目性。

1.22 答：工程经济学横跨自然科学和社会科学两大学科，是融会了工程学和经济学各自特点和内在联系的交叉学科。工程经济学研究各种技术上可行的投资项目或技术方案的经济合理性，从经济的角度考查技术方案的可行性。技术是基础，经济是目的。工程技术的经济方案往往是多目标、多因素的，涉及技术因素、经济因素，也涉及社会因素与生态环境因素。

1.23 答：（1）技术与经济相结合的原则。

（2）财务分析与国民经济分析相结合的原则。

（3）效益与费用计算口径对应一致的原则。

（4）定性分析与定量分析相结合，以定量分析为主的原则。

（5）收益与风险权衡的原则。

（6）动态分析与静态分析相结合，以动态分析为主的原则。

（7）可比性原则。包括满足需要、消耗费用、时间、价格的可比。其中满足需要的可比包括产品品种、产量和质量可比。

1.24　答：（1）满足需要的可比：包括产品品种可比、产量可比和质量可比；

（2）消耗费用的可比；

（3）时间的可比：相比较方案的计算期相同、考虑货币的时间价值、考虑整体效益；

（4）价格的可比。

1.25　答：项目的财务分析是从投资主体的角度考察项目给投资者带来的经济效果。国民经济分析是从整个国家和社会的角度来考察项目的费用和效益。财务分析和国民经济分析都是考虑投入产出的盈利性分析，但各自所代表的利益主体不同。当财务分析与国民经济分析的结论不一致时，应优先满足国民经济分析的结论来进行投资决策。当投资方案符合国民经济和社会发展的需要，但没有较好的财务效果时，一方面，国家从政策上予以扶持，另一方面，投资主体要进一步优化项目的技术方案和投资方案，使项目有较好的经济效益和财务生存能力。

第二章　现金流量及其构成

一、学习的基本要求

（一）识记

1. 现金流出、现金流入、净现金流量的基本概念及相互关系；
2. 现金流量的两种表示方法；
3. 投资项目现金流量的构成要素；
4. 投资的构成、资金来源及其形成的资产；
5. 工程经济学中成本费用的概念和分类，以及经营成本的概念；
6. 直线折旧法和加速折旧法的异同；
7. 税金和利润的概念；
8. 项目现金流量构成中营业收入、税金及附加、总成本费用和利润之间的关系。

（二）理解

1. 建设投资及其与固定资产投资、无形资产投资、其他资产投资、建设期利息和预备费用的关系；
2. 流动资金、流动资产和流动负债的概念及相互关系；
3. 流动资产的表现形式及其特征；
4. 经营成本和总成本费用的关系；
5. 总成本费用的构成要素及其相互关系；
6. 折旧费和摊销费的概念、作用及估算方法；
7. 选择折旧年限和折旧方法的基本原则；
8. 营业收入、销售利润和税后利润的概念及计算方法；
9. 对现金流量图和现金流量表的理解与解读。

（三）应用

1. 编制现金流量表和绘制现金流量图；
2. 折旧费和摊销费的估算；

3. 投资项目寿命期各年净现金流量的计算。

二、教学内容及知识点

第一节 现金流量

现金流出、现金流入、净现金流量的概念；
现金流量图及现金流量表的解读与绘制。

第二节 现金流量的构成

投资的构成；
固定资产投资、无形资产投资、其他资产投资、建设期利息和预备费用等概念；
流动资金投资以及流动资产、流动负债的概念与特征；
投资所形成的三种资产及其特征；
对建设期投资形成的资产进行折旧与摊销的思路；
固定资产的原值、净值、期末残（余）值；
总成本费用的概念及分类方法；
生产成本、期间费用、直接费用、制造费用、销售费用、管理费用、财务费用的概念；
经营成本的概念及计算；
折旧费与摊销费的估算原则与方法；
直线折旧法和加速折旧法的异同；
折旧费和摊销费与净现金流量的关系；
营业收入的概念；
税收的基本作用；
税金的基本概念及常见的主要税种；
营业收入与总成本费用、销售利润和税金及附加的内在联系；
项目亏损年之后各年度所得税的计算原则；
税后利润的分配原则。

三、练 习 题

（一）单选题

2.1 提取法定盈余公积金的基数依据是（　　）。

a. 应付利润　　　　　　　　b. 销售利润
c. 税后利润　　　　　　　　d. 未分配利润

2.2 项目开办费用应计入（　　）。
a. 固定资产　　　　　　　　b. 流动资产
c. 无形资产　　　　　　　　d. 其他资产

2.3 企业的财务费用主要包括占用资金的费用和（　　）。
a. 财务部门的管理费用　　　b. 筹集资金的费用
c. 建设期利息　　　　　　　d. 生产经营期利息

2.4 某设备原始价值16 000元，残值为零，使用年限为5年，用双倍余额递减法计算的第4年折旧额为（　　）。
a. 1728元　　b. 2304元　　c. 1382元　　d. 3200元

2.5 对经营成本产生影响的是（　　）
a. 折旧费　　b. 利息支出　　c. 燃动力费　　d. 摊销费

2.6 假设某投资方案第 t 年营业收入为110万元，当年的折旧为20万元，经营成本为45万元，税金及附加为5万元，所得税率为25%，则该方案第 t 年的净现金流量为（　　）。
a. 30万元　　b. 40万元　　c. 50万元　　d. 60万元

2.7 属于财务费用的是（　　）。
a. 销售费用　　　　　　　　b. 劳动保护费
c. 技术转让费　　　　　　　d. 利息支出

2.8 资本金投资在项目生产经营期的收益来源是：税后利润＋折旧费＋（　　）。
a. 摊销费　　　　　　　　　b. 税金及附加
c. 所得税　　　　　　　　　d. 借款本金偿还

2.9 当销售利润大于零时，以销售利润为基数征收的税种是（　　）。
a. 增值税　　b. 营业税　　c. 所得税　　d. 产品税

2.10 项目全部投资在项目生产经营期的收益来源是：营业收入－税金及附加－经营成本－（　　）。
a. 借款本金偿还　　　　　　b. 所得税
c. 利息支出　　　　　　　　d. 营业外支出

2.11 在一个生产经营周期内变现或者耗用的资产是（　　）。
a. 固定资产　　　　　　　　b. 无形资产
c. 其他资产　　　　　　　　d. 流动资产

2.12 以基本不变的物质形态为多个生产周期服务的资产是（　　）。
a. 固定资产　　　　　　　　b. 无形资产
c. 其他资产　　　　　　　　d. 流动资产

（二）多选题

2.13 下列各种折旧方法中，属于加速折旧的方法有（　　）。
   a. 年数总和法　　　　　　b. MACRS　　　　　　c. 年金法
   d. 双倍余额递减法　　　　e. 直线折旧法

2.14 下列各项中，属于固定资产投资的是（　　）。
   a. 建筑工程费　　　　　　b. 设备购置费　　　　c. 安装工程费
   d. 基本预备费　　　　　　e. 涨价预备费

2.15 总成本费用中应包括（　　）。
   a. 折旧费　　　　　　　　b. 利息支出　　　　　c. 税金及附加
   d. 经营成本　　　　　　　e. 摊销费

2.16 不能完全计入当年损益，应当在以后年度内分期分摊的投资有（　　）。
   a. 固定资产投资　　　　　b. 无形资产投资　　　c. 流动资金投资
   d. 其他资产投资　　　　　e. 项目总投资

2.17 项目总投资包括（　　）。
   a. 建设投资　　　　　　　b. 建设期汇兑损益　　c. 建设期借款利息
   d. 流动资金投资　　　　　e. 营业外支出

2.18 属于无形资产的有（　　）。
   a. 专利权　　　　　　　　b. 商标权　　　　　　c. 著作权
   d. 土地使用权　　　　　　e. 经营特许权

2.19 经营成本是指总成本费用扣除（　　）以后的全部费用。
   a. 折旧费　　　　　　　　b. 摊销费　　　　　　c. 税金及附加
   d. 利息支出　　　　　　　e. 直接人工费

2.20 项目生产经营期的经营成本等于总成本费用减去（　　）。
   a. 折旧费　　　　　　　　b. 税金及附加　　　　c. 摊销费
   d. 利息支出　　　　　　　e. 所得税

2.21 资本金投资在项目生产经营期的收益来源是：营业收入−税金及附加−（　　）。
   a. 经营成本　　　　　　　b. 利息支出　　　　　c. 所得税
   d. 借款本金偿还　　　　　e. 折旧费与摊销费

2.22 属于投资项目流动资产的有（　　）。
   a. 现金　　　　　　　　　b. 银行存款　　　　　c. 应收账款
   d. 预付账款　　　　　　　e. 存货

2.23 投资者的可分配利润须从税后利润中扣减的科目是（　　）。
　　a. 弥补以前年度的亏损　　b. 支付各项税收的滞纳金
　　c. 被没收的财物损失　　d. 提取盈余公积金　　e. 营业外支出
2.24 属于固定资产的是（　　）。
　　a. 厂房　　b. 保险柜　　c. 专利
　　d. 原材料　　e. 智能加工设备
2.25 属于制造费用的有（　　）。
　　a. 原材料　　b. 生产车间的职工福利费　　c. 劳动保护费
　　d. 车间技术员工资　　e. 企业办公耗材

（三）是非题

2.26 （　　）固定资产净值等于固定资产原值减去折旧额。
2.27 （　　）企业可以根据经营状况需要选择固定资产的折旧年限。
2.28 （　　）通常企业更倾向于采用加速折旧方法，因为这更有利于企业的资金流。
2.29 （　　）企业可以根据发展需要，自主选择固定资产的折旧方法。
2.30 （　　）摊销费是总成本费用的组成部分，是现金流出。
2.31 （　　）项目生产经营期的年净现金流量包含有年折旧费。
2.32 （　　）无形资产是指没有物质形态，但却可使拥有者长期受益的资产。
2.33 （　　）投资项目在生产经营期的经常性实际支出称为总成本。
2.34 （　　）固定资产原值随着时间的流逝而变得越来越小。
2.35 （　　）增值税是以商品生产、流通和劳务服务各个环节的增值额为计税依据的。
2.36 （　　）双倍余额递减法的折旧率随设备役龄递减。
2.37 （　　）折旧费是总成本费用的组成部分，是现金流出。
2.38 （　　）年数总和法是一种折旧率不变、折旧基数递减的加速折旧方法。

（四）填空题

2.39 一台设备原值为 10 000 元，残值不计，预计使用年限是 10 年，如用平均年限法计算，年折旧率为_____；若采用双倍余额递减法计算，第 2 年的折旧额为_____。
2.40 项目生产经营期的年营业收入为 200 万元，年经营成本为 100 万元，年折旧费为 40 万元，所得税率为 25%的情况下，该项目年净现金流量为_____万元。

2.41　固定资产净值 = 固定资产原值－_____。

2.42　工业企业总成本费用由生产成本、管理费用、财务费用和_____组成。

2.43　流动资金是流动资产与_____之差。

2.44　为简化计算，一般假设现金流量中各年的经营成本和营业收入等在年_____发生，而投资则发生在年_____。

2.45　增值税是以商品（含应税劳务）在流转过程中产生的增值额作为计税依据而征收的一种_____税。

2.46　期间费用与_____之和等于总成本费用。

2.47　其他资产是指发生在建设期的除固定资产投资和无形资产投资之外的投资所形成的资产，它不能全部计入当年损益，应当在生产经营期_____。

2.48　年折旧率不变的折旧方法包括_____和_____。

2.49　项目投资最终形成的资产包括_____资产、_____资产、_____资产和无形资产。

2.50　期间费用包括管理费用、_____费用和_____费用。

2.51　企业投资活动的资金来源可以分为_____和负债资金。

2.52　在项目寿命周期内的某时刻所产生的_____支出和收入分别称为项目的现金流出和现金流入。

2.53　项目建设期的借款利息通常无须在建设期支付，经_____后计入相应的资产。

2.54　流动资金是指为维持生产所占用的_____。流动负债是指那些要动用_____来归还的各种债务。

2.55　产品成本是产品生产经营活动中_____与_____的货币表现。

2.56　项目生产经营期各年未分配利润等于可供分配利润减去_____、_____。

2.57　从营业收入中扣减的税金及附加包括 _____、_____、_____、_____、_____等。（至少给出 5 个税种）

2.58　年折旧基数不变的折旧方法有_____和_____。

（五）简答题

2.59　简述现金流量的概念；简述在进行投资项目经济分析时，为简化计算，通常分别假设哪些现金流量发生在年末或年初。

2.60　简述建设项目总投资的主要构成，以及相应地形成什么资产。

2.61 简述无形资产的概念，并举例。
2.62 简述流动资金的用途及特点。
2.63 简述利息和折旧对所得税的影响。
2.64 简述加速折旧法的特点和适用条件。
2.65 投资项目生产经营期的净现金流量中包括折旧费吗？为什么？
2.66 现行财务制度为什么要规定各类固定资产的折旧年限和折旧方法？
2.67 简述常见折旧方法所具有的特点。
2.68 什么是固定资产原值、净值、残（余）值？
2.69 什么是经营成本？为什么折旧费、摊销费和借款利息不是经营成本的组成部分？
2.70 简述工业产品总成本费用的细分方法。
2.71 简述税收的主要作用。
2.72 税金及附加包含哪些税种？
2.73 根据现行的国家财税政策，税后利润应如何分配？
2.74 如何计算投资项目的全部投资（负债资金＋资本金）和资本金投资在生产经营期各年的收益回报？
2.75 简述营业收入、总成本费用、税金及附加、利润的关系。
2.76 针对下面所列出的资产，分别说明它们是有形资产还是无形资产，是动产还是不动产，是折旧资产还是非折旧资产。
（1）在聚合物实验室使用的穆尼黏度计；
（2）一辆商用货车；
（3）某产品商标；
（4）一座大跨度金属结构的仓库；
（5）一块未开发的土地；
（6）一个无人制造车间。

（六）计算题

2.77 设备原始价值为 60 000 元，使用年限为 8 年，残值为 0，按双倍余额递减法计算各年的折旧额。
2.78 设备原始价值为 50 000 元，使用年限为 8 年，残值为 0，用年数总和法计算各年折旧额。
2.79 某工程项目耗用建筑工程费 3466 万元，设备购置费 22 331 万元，安装工程费 8651 万元，其他工程费用 8094 万元。建设期利息估算为 4319 万元，试计算该工程的固定资产投资为多少？

2.80 设备原始价值为 50 000 元，使用年限为 5 年，无残值，分别按平均年限折旧法和双倍余额递减法计算各年的折旧额。

2.81 某企业需要一个用于半导体生产的设备，设备投资为 50 000 元，使用年限为 8 年。每年在扣除经营成本后的毛利为 14 000 元，期末残值为零，所得税率为 25%。试确定在以下折旧方法下每年的税后净现金流量。
（1）按平均年限法计算折旧额；
（2）按双倍余额递减法计算折旧额；
（3）按年数总和法计算折旧额。

2.82 某企业购买食品生产设备花费 30 000 元，使用年限为 5 年，残值为 2000 元。该设备投产后每年可节约成本 14 000 元。设所得税税率为 25%。根据下列条件分别求出每年的税后净现金流量。
（1）按平均年限法计算折旧额；
（2）按双倍余额递减法计算折旧额。

2.83 一套用于生产轮胎的设备售价为 35 000 元，使用年限为 5 年，期末残值为 1750 元。使用该套设备后每年能获得销售利润 14 000 元。设所得税税率为 25%，计算每年的税后现金流量。
（1）按平均年限法计提折旧；
（2）按双倍余额递减法计提折旧；
（3）按年数总和法计提折旧。

2.84 某工程项目达到设计生产能力的这一年，应收账款为 1705 万元，存货 6813 万元，现金 49 万元，应付账款为 1483 万元，试估计流动资金为多少？

2.85 某工程项目，第 1 年投资 1000 万元，第 2 年投资 2000 万元，第 3 年投资 1500 万元。从第 4 年起，连续 8 年每年的营业收入 5200 万元，经营成本 2600 万元，折旧费 800 万元，销售税金 160 万元，所得税率为 25%，项目在期末的残值为 700 万元。试计算该项目的税后净现金流量，并在现金流量图中绘制出各类现金流量。

2.86 某建设项目，固定资产投资 3000 万元，固定资产形成率 95%，残值率 10%，折旧年限 10 年，用平均折旧法计算折旧额。

2.87 某厂购置一台设备，该设备原始价值为 10 万元，预计残值率为 10%，预计总工作时间 10 000 小时。预估某期工作时间为 3000 小时，用平均折旧法计算该期应提折旧费多少？

四、参 考 答 案

(一) 单选题

题号	2.1	2.2	2.3	2.4	2.5	2.6	2.7	2.8	2.9	2.10	2.11	2.12
答案	c	d	b	a	c	a	d	a	c	b	d	a

(二) 多选题

题号	2.13	2.14	2.15	2.16	2.17	2.18	2.19	2.20	2.21	2.22	2.23	2.24	2.25
答案	abd	abc	abde	abd	abcd	abcde	abd	acd	abc	abcde	abcd	abe	abcd

(三) 是非题

2.26 非。更正：减去累计折旧额。

2.27 非。更正：不可以。

2.28 是。

2.29 非。更正：不可以。

2.30 非。更正：不是现金流出。

2.31 是。

2.32 是。

2.33 非。更正：称为经营成本。

2.34 非。更正："原值"改为"净值"。

2.35 是。

2.36 非。更正：折旧率不变。

2.37 非。更正：不是现金流出。

2.38 非。更正：折旧基数不变，折旧率递减；或将"年数总和法"改为"双倍余额递减法"。

(四) 填空题

2.39 10%，1600元

2.40　85

2.41　累计折旧额

2.42　销售费用

2.43　流动负债

2.44　末，初

2.45　流转

2.46　生产成本

2.47　分期分摊

2.48　平均年限法，双倍余额递减法

2.49　固定，其他，流动

2.50　销售，财务

2.51　资本金

2.52　实际

2.53　资本化

2.54　全部周转资金，流动资金

2.55　劳动消耗，劳动占用；或：活劳动，物化劳动

2.56　法定盈余公积金，应付利润

2.57　消费税，资源税，城市维护建设税，教育费附加，房产税，土地使用税，车船税，印花税等

2.58　平均年限法，年数总和法

（五）简答题

2.59　答：工程经济分析通常将投资项目或技术方案视为独立的经济系统，考察其经济效果。对这个系统而言，在某时点上流出系统的货币称为现金流出或负现金流量，流入系统的货币称为现金流入或正现金流量；同一时间点上的现金流入和现金流出的代数和称为净现金流量。现金流入、现金流出及净现金流量统称为现金流量。

在工程经济分析中，通常假设投资均发生在年初，营业收入、经营成本及残值回收等均发生在年末。

2.60　答：项目总投资由建设投资（或称固定投资）和流动资金投资两大部分构成。

其中，建设投资包括固定资产投资、无形资产投资、其他资产投资、建设期利息、汇兑损益和预备费用。建设投资主要形成固定资产、无形资产和其他资产。

流动资金投资是在项目投入运营之初预先垫付,在生产经营过程中用于购买原材料、燃料动力、备品备件、支付工资和其他费用,以及被在产品、半成品、产成品和其他存货所占用的周转资金。

2.61 答:无形资产是企业长期使用,能为企业提供某些权力或利益但不具有实物形态的资产。如专利权、商标权、著作权、土地使用权、非专利技术、版权和商誉等。

2.62 答:流动资金是在项目投产前预先垫付,在投产后的生产经营过程中用于购买原材料、燃料动力、备品备件、支付工资和其他费用及被在产品、半成品、产成品和其他存货占用的周转资金。在生产经营过程中,流动资金以现金及各种存款、存货、应收及预付款项等流动资产的形态出现。在项目寿命期结束时,全部流动资金才能退出生产与流通,以货币资金的形式回收。流动资金是流动资产与流动负债的差额。

2.63 答:利息是债权人的收益,计入期间费用;因此,贷款将增大总成本费用,其产生的利息将减少所得税的支出。折旧费和摊销费不是实际的现金流出,不在现金流量的列项中,但它们是总成本费用的构成部分;因此,如果某年计提的折旧费或摊销费增加,将会使该年总成本费用增大,从而减少该年所得税的支出。

2.64 答:(1)特点:在固定资产折旧期内,采用加速折旧法计提的折旧额是逐年减少的,即固定资产在使用期内,其价值补偿是先多后少。
(2)适用条件:经国家授权部门批准的、在国民经济中有重要地位和技术进步较快的企业,以及一些特殊行业企业才能采用加速折旧法。

2.65 答:投资项目生产经营期的净现金流量中包含了折旧费。折旧费虽然是总成本的组成部分,但不是实际支出,是通过会计手段,将在建设期的固定资产投资支出按折旧年限分摊到生产经营期相应年度中,以核算当年应缴付的所得税和可以分配的利润,因而折旧费不是现金流出。当现金流入减去现金流出后,净现金流量中留下了折旧费。摊销费也类似。

2.66 答:一般来说,企业多提和快提折旧费和摊销费,可以少交或缓交所得税。为保证国家正常的税收来源,国家对折旧方法、折旧年限及摊销费的计算均有明确规定。

2.67 答:平均年限法是使用最广泛的一种折旧方法,按照该种方法计算的各年折旧额是相等的。
加速折旧法包括双倍余额递减法和年数总和法。特点是在折旧年限内,年折旧额先多后少,是固定资产价值在使用年限内尽早得到补偿的折旧计算方法。

2.68 答:固定资产原值是项目投资建成时,通过会计核算确定的资产原始价值。

从投资回收视角看，折旧是固定资产在生产经营期各年的回收；从资产磨损视角看，折旧是固定资产损耗在各年的价值转移。折旧是通过一种会计手段来实现的。固定资产原值与累计折旧额的差，称为固定资产净值。

固定资产寿命期结束时的残余价值称为固定资产期末残值。

2.69 答：经营成本是指投资项目在生产经营期的经常性实际支出。折旧费和摊销费不是项目在生产经营期的实际支出，是通过某种会计手段，把建设期的集中支出在生产经营期各年度中分摊，以核算当年应缴付的所得税和可以分配的利润。利息是债权人在项目中的收益，从全投资角度看，利息不是项目的支出。

2.70 答：总成本费用可按照成本中心或经济要素或成本性态来细分。

按成本中心，总成本费用可细分为生产成本、销售费用、财务费用和管理费用。生产成本又可分为直接费用和制造费用，销售费用、财务费用和管理费用统称为期间费用。

按经济要素，总成本费用可细分为外购材料、外购燃料、外购动力、工资及福利费、折旧费、摊销费、利息支出、修理费和其他费用。

按成本性态，总成本费用可细分为固定成本、单位固定成本和变动成本、单位变动成本。

2.71 答：税收是国家凭借政治权力参与国民收入分配和再分配的一种方式，具有强制性、无偿性和固定性的特点。税收是国家取得财政收入的主渠道，也是国家对各项经济活动进行宏观调控的重要杠杆。

2.72 答：税金及附加包含消费税、城市维护建设税、资源税、教育费附加、房产税、土地使用税、车船税、印花税等。

2.73 答：企业的税后利润一般按照下列顺序进行分配：①被没收的财务损失、支付各项税收滞纳金和罚款。②弥补企业以前年度的亏损。③提取法定盈余公积金。法定盈余公积金按照税后利润扣除前两项后的 10%提取。盈余公积金达到注册资金的 50%时不可再提取。④向投资者分配利润，以前年度的未分配利润可以并入本年度向投资者分配。

2.74 答：（1）项目投资在生产经营期的收益回报来源：

营业收入−销售税金及附加−经营成本−所得税

或 折旧额＋摊销费＋利息＋税后利润

（2）资本金投资在生产经营期的收益回报来源：

营业收入−税金及附加−经营成本−所得税−利息−本金

或 折旧额＋摊销费＋税后利润−本金

2.75 答：营业收入、总成本费用、税金及附加、利润的关系如下所示。

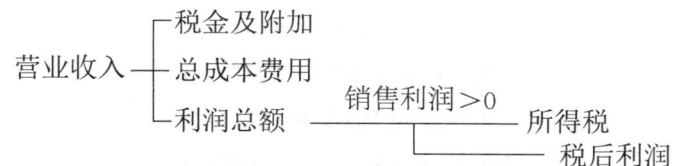

计算公式为：销售利润 = 营业收入－总成本费用－税金及附加

税后利润 = 销售利润×(1－所得税率)

2.76 答：
（1）有形资产　　　　动产　　　　　　非折旧资产
（2）有形资产　　　　动产　　　　　　折旧资产
（3）无形资产　　　　动产　　　　　　非折旧资产
（4）有形资产　　　　不动产　　　　　折旧资产
（5）无形资产*1　　　不动产　　　　　非折旧资产
（6）有形资产　　　　动产＋不动产*2　折旧资产

*1：在中国，土地属国家所有，因此待开发土地指的是土地使用权。在土地上建造房屋和建筑物后，土地使用权成本转入固定资产。

*2：制造车间主要包括车间厂房和车间的设备设施，前者为不动产，后者为动产。

（六）计算题

2.77 解：折旧率 =(2/折旧年限)×100% = 25%

第 1 年折旧额 = 60 000×25% = 15 000(元)

第 2 年折旧额 =(60 000–15 000)×25% = 11 250(元)

第 3 年折旧额 =(60 000–15 000–11 250)×25%≈8438(元)

第 4 年折旧额 =(60 000–34 688)×25%≈6328(元)

第 5 年折旧额 =(60 000–41 016)×25%≈4746(元)

第 6 年折旧额 =(60 000–45 762)×25%≈3560(元)

最后两年折旧额为：(60 000–49 322)/2≈5339(元)

2.78 解：年数总和法折旧率计算式：$\dfrac{8-t}{\left(\dfrac{1}{2}\times(8+1)\times 8\right)} = \dfrac{8-t}{36}$，$t$ 为设备使用年数。计算可得各年折旧率分别为 8/36、7/36、6/36、5/36、4/36、3/36、2/36、1/36，各年折旧额分别为

50 000×(8/36)≈11 111(元)

50 000×(7/36)≈9722(元)

$$50\,000 \times (6/36) \approx 8333(元)$$
$$50\,000 \times (5/36) \approx 6944(元)$$
$$50\,000 \times (4/36) \approx 5556(元)$$
$$50\,000 \times (3/36) \approx 4167(元)$$
$$50\,000 \times (2/36) \approx 2778(元)$$
$$50\,000 \times (1/36) \approx 1389(元)$$

2.79 解：固定资产投资为
$$3466 + 22\,331 + 8651 + 8094 + 4319 = 46\,861(万元)$$

2.80 解：（1）平均年限法
年折旧率 =(1−预计净残值)/折旧年限×100%
$$= (1-0)/5 \times 100\% = 20\%$$
年折旧额 = 固定资产原值×折旧率 = 50 000×20% = 10 000(元)
（2）双倍余额递减法
年折旧率 = 2/折旧年限×100% = 2/5×100% = 40%
第 1 年折旧额 = 50 000×40% = 20 000(元)
第 2 年折旧额 =(50 000−20 000)×40% = 12 000(元)
第 3 年折旧额 =(50 000−20 000−12 000)×40% = 7200(元)
第 4、第 5 年折旧额为 =(50 000−20 000−12 000−7200−0)/2 = 5400(元)

2.81 解：（1）年折旧额 = (50 000−0)/8 = 6250(元)
每年的税后净现金流量 = (14 000−6250)×(1−25%) + 6250
$$= 12\,062.5(元)$$
（2）年折旧率 = 2/8×100% = 25%
第 1 年折旧额 = 50 000×25% = 12 500(元)
第 1 年的税后净现金流量 = (14 000−12 500)×(1−25%) + 12 500
$$= 13\,625(元)$$
第 2 年折旧额 = (50 000−12 500)×25% = 9375(元)
第 2 年的税后净现金流量 = (14 000−9375)×(1−25%) + 9375
$$= 12\,843.75(元)$$
同理可得第 3 至 6 年每年的税后净现金流量分别为：12 257.81 元，11 818.36 元，11 488.77 元，11 241.58 元。第 7、8 年折旧额按余值平均，为 4449.46 元，则税后净现金流量为 11 612.37 元。

（3）第 1 年折旧额 = $\dfrac{8-0}{\dfrac{1}{2} \times (8+1) \times 8} \times 50\,000 \approx 11\,111.11(元)$，

第 1 年的税后净现金流量 = (14 000–11 111.11)×(1–25%) + 11 111.11
$\approx$ 13 277.78(元)

同理可得第 2 至 8 年每年的折旧额和税后净现金流量，如下表所示。

使用年	折旧额/元	税后净现金流量/元
2	9722.22	12 930.56
3	8333.33	12 583.33
4	6944.44	12 236.11
5	5555.56	11 888.89
6	4166.67	11 541.67
7	2777.78	11 194.44
8	1388.89	10 847.22

2.82 解：（1）每年折旧额 = (30 000–2000)/5 = 5600(元)
前 4 年税后净现金流量 = (14 000–5600)×(1–25%) + 5600
= 11 900(元)
第 5 年税后净现金流量 = 11 900 + 2000 = 13 900(元)
（2）双倍余额递减折旧法：
年折旧率 = 2/5×100% = 40%
第 1 年折旧额 = 30 000×40% = 12 000(元)
第 2 年折旧额 = (30 000–12 000)×40% = 7200(元)
第 3 年折旧额 = (30 000–12 000–7200)×40% = 4320(元)
第 4、第 5 年折旧额 = (30 000–12 000–7200–4320–2000)/2 = 2240(元)
第 1 年税后净现金流量 = (14 000–12 000)×(1–25%) + 12 000 = 13 500(元)
第 2 至 5 年税后净现金流量为 12 300 元，11 580 元，11 060 元，11 060 元。

2.83 解：（1）每年折旧额 = (35 000–1750)/5 = 6650(元)
前 4 年每年的净现金流量 = (14 000–6650)×(1–25%) + 6650
= 12 162.5(元)
第 5 年的税后现金流量 = 12 162.5 + 1750 = 13 912.5(元)
（2）年折旧率 = 2/5×100% = 40%
第 1 年折旧额 = 35 000×40% = 14 000(元)
第 1 年的税后净现金流量 = (14 000–14 000)×(1–25%) + 14 000
= 14 000(元)
同理，第 2、第 3 年的税后净现金流量分别为：12 600 元，11 760 元。
第 4、第 5 年折旧额 = (35 000–14 000–8400–5040–1750)/2 = 2905(元)

第 4、第 5 年的税后净现金流量 = (14 000–2905)×(1–25%) + 2905
$$= 11\,226.25(元)$$

（3）第 1 年折旧额 = $\dfrac{5}{\left(\dfrac{1}{2}\times(5+1)\times 5\right)}$ ×(35 000–1750) ≈ 11 083.33(元)

第 2 年折旧额 = $\dfrac{5-1}{\left(\dfrac{1}{2}\times(5+1)\times 5\right)}$ ×(35 000–1750) ≈ 8866.67(元)

第 1 年的税后净现金流量 = (14 000–11 083.33)×(1–25%) + 11 083.33
$$\approx 13\,270.83(元)$$

第 2 年的税后净现金流量 = (14 000–8866.67)×(1–25%) + 8866.67
$$\approx 12\,716.67(元)$$

同理可得第 3 至 5 年的税后净现金流量分别为：12 162.5 元，11 608.33 元，11 054.17 元。

2.84　解：流动资产 = 应收账款 + 存货 + 现金 = 1705 + 6813 + 49 = 8567(万元)
　　　　　流动负债 = 应付账款 = 1483(万元)
　　　　流动资金 = 流动资产–流动负债 = 8567–1483 = 7084(万元)

2.85　解：第 4 年到第 10 年各年所得税为
　　　　　(5200–2600–160–800)×25% = 410(万元)
含所得税现金流量图如下。

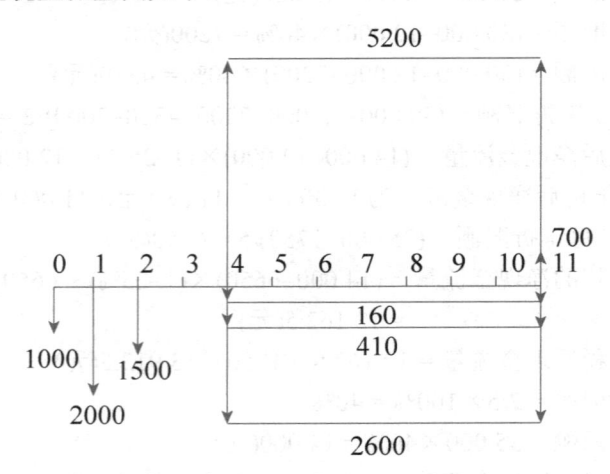

第 4 年到第 10 年各年税后净现金流量为
　　　　　5200–2600–160–410 = 2030(万元)
　　或者　(5200–2600–800–160)×(1–25%) + 800 = 2030(万元)

第 11 年末税后净现金流量为
$$2030 + 700 = 2730(万元)$$

2.86 解：年折旧率 = (1−预计净残值率)/折旧年限 = (1−10%)/10 = 9%
年折旧额 = 固定资产原值×折旧率 = 3000×95%×9% = 256.5(万元)

2.87 解：每工作小时的折旧额 = (设备原值−残值)/预计总工作时
$$= (100\,000 − 100\,000×10\%)/10\,000 = 9(元)$$
该期折旧额为 9×3000 = 27 000(元)。

第三章 资金的时间价值与等值计算

一、学习的基本要求

(一) 识记

1. 资金时间价值的概念及其表现形式；
2. 资金等值计算的概念及其计算思路；
3. 利息、利率的概念及其关系，利息、利率的计算；
4. 单利、复利的定义及其计算；
5. 名义利率和实际利率的概念、公式的推导；
6. 间断计息和连续计息的概念；
7. 资金等值计算的六个基本公式：整付终值计算公式，整付现值计算公式，等额分付终值计算公式，等额分付偿债基金计算公式，等额分付现值计算公式，等额分付资本回收计算公式的推导、系数的表示符号及含义，各对应公式之间的关系及其经济含义，公式的应用。

(二) 理解

1. 决定资金时间价值的因素；
2. 资金为什么存在时间价值？
3. 单利与复利的区别；在项目的经济效果评价中，为什么要采用复利？
4. 名义利率和实际利率的区别及其相互关系；
5. 决定资金等值的因素；
6. 整付终值计算公式、整付现值计算公式、等额分付终值计算公式、等额分付偿债基金计算公式、等额分付现值计算公式、等额分付资本回收计算公式等等值计算公式的关系，等值计算公式的应用条件；
7. 了解变额分付的概念，特殊变额分付的类型。

(三) 应用

1. 具体项目单利、复利的计算；

2. 名义利率和实际利率的计算；
3. 等值计算公式的综合应用；
4. 复利系数表的使用。

二、教学内容及知识点

第一节 资金的时间价值与等值计算的概念

资金的时间价值概念及其表现形式（包括从投资和消费的角度的解释）；
影响资金时间价值的主要因素；
资金等值的概念；
资金时间价值计算的基本方法。

第二节 利息、利率及计算

利息的概念（包括从使用资金和放弃使用资金的角度的理解）；
本金、利率、利息的相互关系及其计算方法；
单利法和复利法的异同；
名义利率与实际利率的概念及二者的换算；
间断利息与连续利息的概念。

第三节 资金的等值计算

资金等值的概念及等值计算的意义；
影响资金等值的三个因素；
折现（贴现）、现值与终值的概念及其相对性；
年金及等额支付的概念；
资金等值计算的基本思路；
整付类型的资金等值计算（一组公式）；
等额分付类型的资金等值计算（两组公式）；
等额分付系列等值计算公式的现金流量模型；
六个复合利率系数以及六个等值计算公式的相互关系与灵活运用；
变额分付的概念及特殊变额分付的类型。

三、练 习 题

(一) 单选题

3.1 公积金贷款的计息周期为月，月利率为3‰，则贷款的名义年利率约为（　　）。
　　a. 8‰　　　　b. 8%　　　　c. 3.6%　　　　d. 3.6‰

3.2 等额分付终值系数$(F/A, i, n)$与（　　）。
　　a. i 成正比　　b. i 成反比　　c. n 成正比　　d. i, n 有关

3.3 $(P/F, i, n)(F/A, i, n)(F/P, i, n)(A/F, i, n) = $（　　）。
　　a. $1 + I$　　　b. 0　　　　c. 1　　　　d. $1/(1 + i)$

3.4 公式 $A = F(A/F, i, n)$ 中的 F 应发生在（　　）。
　　a. 第一期等额支付时刻的前一期　　　b. 与最后一期等额支付时刻相同
　　c. 与第一期等额支付时刻相同　　　　d. 任意时期

3.5 某人储备养老金，每年末存款 10 000 元，已知银行存款年利率为3%，计算20年后他的养老金总数可以应用的公式是（　　）。
　　a. 等额分付终值　　　　　　　　　b. 等额分付偿债基金
　　c. 等额分付现值　　　　　　　　　d. 等额资本回收系数

3.6 整付终值系数与整付现值系数之间的关系是（　　）。
　　a. 一定的倍数关系　　　　　　　　b. 互为倒数
　　c. 差值为 1　　　　　　　　　　　d. 没有任何关系

3.7 公式 $A = P(A/P, i, n)$ 中的 P 应发生在（　　）。
　　a. 第一期等额支付时刻的前一期　　　b. 与最后一期等额支付时刻相同
　　c. 与第一期等额支付时刻相同　　　　d. 任意时刻

(二) 多选题

3.8 决定资金等值的因素有（　　）。
　　a. 资金额的大小　　　b. 资金发生的时间　　　c. 利率
　　d. 资金的现值　　　　e. 资金的终值

3.9 等额分付现值公式应满足的条件是（　　）。
　　a. 每次支付金额相等
　　b. 支付期 n 中每期间隔相等

c. 每次支付金额可以不等

d. 第一次支付在第一期初，以后每次支付均在期末

e. 第一次支付在第一期末，以后每次支付均在期末

3.10 当现金流序列成等差递减时，等差递减序列的现值可表示为（　　）。

a. 等额年金为 A_1 的复利现值部分中减去对应变额资金复利现值部分

b. 等额年金为 A_n 的复利现值部分中减去对应变额资金复利现值部分

c. 等额年金为 A_1 的复利现值部分中加上对应变额资金复利现值部分

d. 等额年金为 A_n 的复利现值部分中加上对应变额资金复利现值部分

e. 等额年金为 A_n 的复利现值部分中减去等额年金为 A_1 资金复利现值部分

（三）是非题

3.11 （　　）在相同的利率下，数额相等、发生在不同时间的两笔现金流量的价值不相等。

3.12 （　　）在资金的等值计算中，等式 $(A/F, i, n) = (A/P, i, n) + i$ 成立。

3.13 （　　）资本回收公式中的现值与第一期的等额年值发生在同一时刻。

3.14 （　　）$(A/F, i, n) = 1/(F/A, i, n)$ 成立。

3.15 （　　）有关资金时间价值的计算公式是在复利公式的基础上演算而来的。

3.16 （　　）从投资者的角度看，资金的时间价值表现为资金具有增值特性。从消费者的角度看，资金的时间价值是对放弃现时消费带来的损失所做的必要补偿。

3.17 （　　）把某一时点的资金金额换算成另一时点的等值金额的过程称为"折现"。

3.18 （　　）若一年中复利计息的次数大于 1，则年实际利率高于其名义利率。

3.19 （　　）复利计息法比单利计息法更符合资金的时间价值规律。

3.20 （　　）影响资金等值的因素有资金的流向、流量以及利率。

（四）填空题

3.21 年利率为 12%，一年计息 4 次，则年实际利率是 _____ 。

3.22 资金只有在 _____ 中才能增值。

3.23 设名义年利率为 r，一年中计息次数为 m，则年实际利率为 _____ 。

3.24 设立一项永久性奖励基金，两年后开奖，以后每年开奖一次，每次奖金额为 20 万元，设 8% 的年利率一直保持不变，现在应存入 _____ 万元。

3.25 项目贷款 100 万元，年利率为 10%，5 年还清贷款，若采用等额分付法偿还，则第 1 年应还的本金为_____万元，利息为_____万元。

3.26 工程计划投资 100 万元，准备 5 年后启动，若年利率为 8%，现在起每年初须向银行存入_____。

3.27 资金等值是指发生在_____时点金额不等而价值_____的资金。

3.28 把将来某一时点的资金金额换算成现在的等值金额的换算过程称为_____。

3.29 资金时间价值的大小，从投资角度看主要取决于_____、通货膨胀率和项目投资的风险。

3.30 资金时间价值的一般表现形式有_____。

3.31 某企业进行项目投资 400 万元，其中从银行贷款 300 万元，贷款期限为 5 年，年利率为 10%，则此企业 5 年后应偿还银行的本利和是_____万元。

3.32 $(F/A, i, n)/(P/A, i, n) =$_____。

3.33 $(P/A, i, n)(F/P, i, n)(A/F, i, n) =$_____。

(五) 简答题

3.34 什么是资金的时间价值？资金为什么具有时间价值？

3.35 资金增值的前提条件是什么？资金时间价值的表现形式是什么？

3.36 名义利率与实际利率的关系是怎样的？

3.37 利息的计算方法有哪两种？如何计算？

3.38 如何理解资金等值？决定资金等值的三要素是哪些？

3.39 资金等值的计算方法有哪些？

3.40 在项目的经济效果评价中，为什么要采用复利？

3.41 为什么要研究资金的时间价值？

(六) 计算题（本部分习题如不特别指明，均按复利计算）

3.42 某公司从银行贷款 1000 万元，利率为 10%，第 10 年末一次偿清本利和。试分别用单利法和复利法计算本利和各是多少？

3.43 下列各题的现金流入与现金流出等值，求未知数的值。

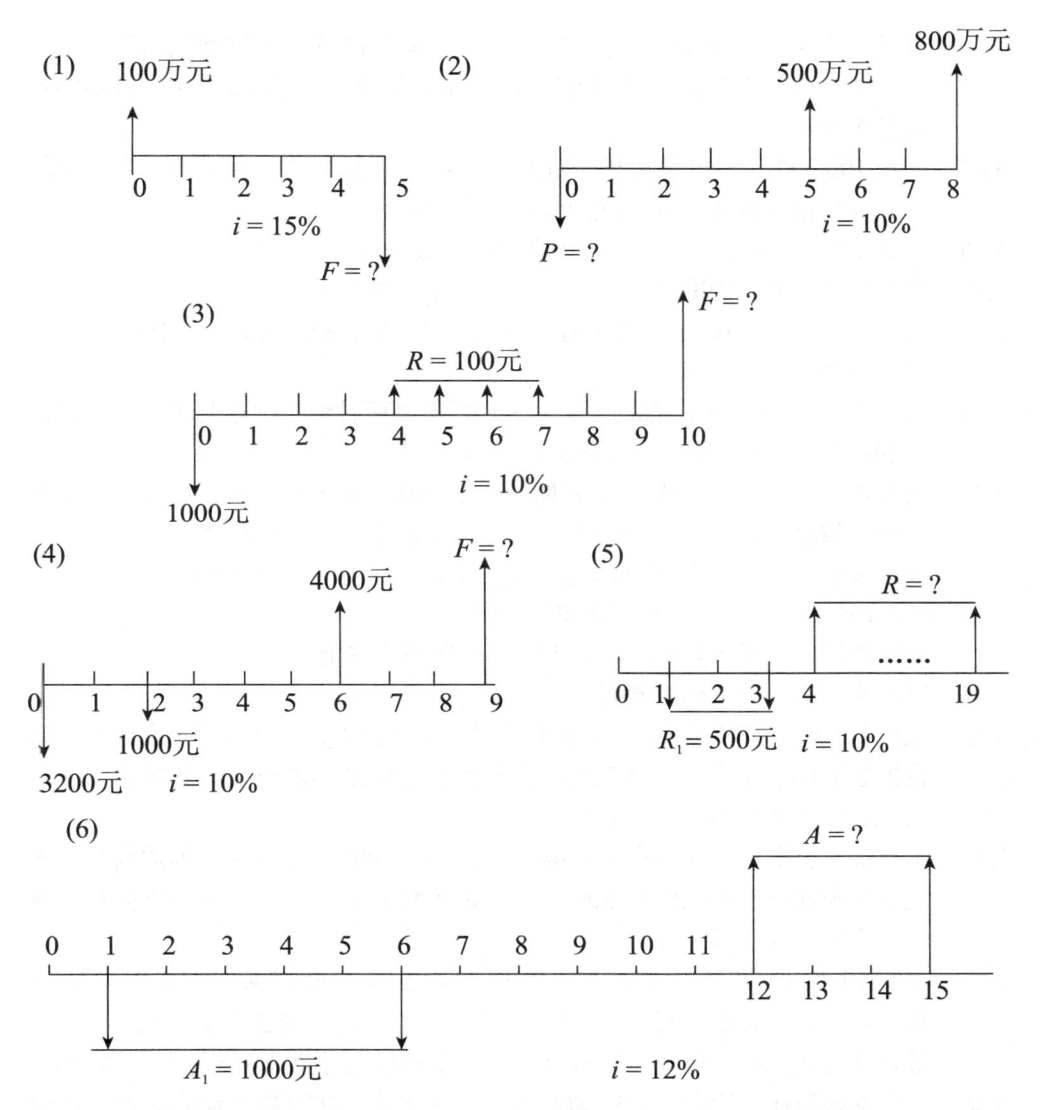

(1) 100万元 ... 0 1 2 3 4 5 $i=15\%$ $F=?$

(2) 500万元 800万元 ... 0 1 2 3 4 5 6 7 8 $i=10\%$ $P=?$

(3) $R=100$元 $F=?$ 0 1 2 3 4 5 6 7 8 9 10 $i=10\%$ 1000元

(4) 4000元 $F=?$ 0 1 2 3 4 5 6 7 8 9 1000元 3200元 $i=10\%$

(5) $R=?$ 0 1 2 3 4 ...... 19 $R_1=500$元 $i=10\%$

(6) $A=?$ 0 1 2 3 4 5 6 7 8 9 10 11 12 13 14 15 $A_1=1000$元 $i=12\%$

3.44 某工程项目预计需投资人民币 35 亿元（其中：60%自筹、40%贷款，贷款利率为 10%），假设在项目建设期的 18 年内一直不偿还贷款及利息。试计算：①建设期期末时，所欠贷款的利息是多少？②所欠贷款利息是贷款本金的几倍？③建设期期末共欠贷款本金及利息是多少？

3.45 假如在孩子第 4 个生日时存入一笔钱，以便孩子从第 18 到第 22 个生日（包括这两个生日在内），每个生日都可提取 2000 元。设可以获得 8%的利率，请问一次存入的总金额是多少？

3.46 假定按 3.45 题所述的情况，按计算所得的总金额进行投资无法实现。现先在第 4 个生日投资 1500 元，然后从第 5 到第 12 个生日（包括这两个生日在内）每年等额存款。设利率为 8%，请问从第 5 到第 12 个生日每年的存款是多少？

3.47 借款 100 000 元，年名义利率为 12%，要求在 20 年内以每半年计息一次的方式等额偿还借款，求每次的偿还额度。

3.48 一笔基金以 8% 的年利率需要多少时间可成为自身的 3 倍？

3.49 按月计息的名义利率 20%，相当于年实际利率多少？

3.50 某人现在投资 5000 元，名义利率 10%，按连续复利方式计算，10 年末可得多少资金？

3.51 在银行存款 1000 元，存期 5 年，试计算下列两种情况的本利和：①单利，年利率 7%；②复利，年利率 5%。

3.52 某人获得 10 000 元贷款，偿还期为 5 年，利率为 10%。在下列几种还款方式中，按复利计算法计算此人还款总额和利息总额各是多少？
（1）每年末只偿还 2000 元本金，所欠利息第 5 年末一次还清；
（2）每年末偿还 2000 元本金和当年利息；
（3）每年末偿还所欠利息，第 5 年末一次还清本金；
（4）第 5 年末一次还清本利。

3.53 某厂今天存入银行 500 万元，预计在第 2 年末再存入 500 万元，在第 8 年末将提取 1000 万元用于技术改造，其余准备在第 10 年末一次取出 2500 万元，问 15% 的利率能否实现该计划？

3.54 东华实业公司计划从现在起的第 10 年末需 2500 万元存款。为达到此目的该公司现在一次存入银行 500 万元，银行利率 15%，求第 3 年末需存入银行多少万元才能满足计划？

3.55 某炼铁厂计划从现在算起，第 6 年末和第 10 年末分别需要提取现金 80 万元和 100 万元，若银行利率 $i=8\%$，若从现在起每年末等额存款，连存 5 年，解答下列问题：①每年存款多少万元？②银行支付企业利息总额为多少？

3.56 某厂准备现在一次存入银行 800 万元，希望从存款的第 3 年末开始，连续 7 年每年末等额取完存款本利，若银行利率 $i=10\%$，计划每年等额取出 250 万元现金，问能否实现？

3.57 某投资工程，第 4 年投产，生产期 20 年，预测投产后年均净收益 180 万元，若期望投资收益率为 15%，如果第 1 年投资 400 万元，第 2 年投资 300 万元，试求第 3 年尚需投资多少万元？（注：投资均发生在年初。以下等同）

3.58 某人每半年末存款 1000 元，连续存了 4 次，半年利率为 10%，问在最后一次存款的第 2 年末，他积蓄了多少钱？

3.59 某项投资在第 1 年投入 1500 万元，第 3 年投入 1500 万元，第 6 年投入

3000 万元，在第 15 年收回残值 2000 万元。问在报酬率 10%的条件下寿命期内每年的报酬至少是多少？

3.60 某市投资 5000 万元新建一民办学校，准备开建后 10 年内收回投资，平均每个学生的学费是 8000 元/年，当年利率为 6%时，该学校平均每年的在校学生至少应为多少？

3.61 在 30 年中，第 1 年末存入 2000 元，以后隔一年的年末存入 2000 元，直到第 30 年，在利率为 15%时，第 30 年末一次取出多少元？

3.62 某企业兴建一工业项目，第 1 年投资 1000 万元，第 2 年投资 2000 万元，第 3 年投资 1500 万元，投资均在年初发生，其中第 2 年和第 3 年的投资由银行贷款，年利率为 10%。该项目从第 3 年开始投产，当年就获利并偿还贷款，生产经营期为 10 年，每年获净收益 1000 万元，银行贷款从投产后分 5 年等额偿还，问企业是否能用其收益实现还款计划？

3.63 某企业年初从银行贷款 1200 万元，并商定从第 2 年开始每年末偿还 250 万元，若银行利率按 10%计算，那么该企业大概在第几年可还清这笔贷款？

3.64 一家银行向其储户提供的名义利率为 6%，按日计息，请问储户获得的实际年利率是多少？

3.65 名义利率为 10%，按连续复利方式计息，10 年中每年末（包括第 10 年末）存入 2000 元，它的现值是多少？

3.66 王某生于 2007 年 7 月 1 日，他的叔叔为他建立一笔基金。这笔基金是从 2008 年 7 月 1 日存入 1000 元开始建立；以后每年 7 月 1 日，都存入 1000 元，直到 2019 年 7 月 1 日（包括 2019 年 7 月 1 日在内）。从王某的第 18 个生日起（即 2025 年 7 月 1 日），在 4 年内每年提取 2500 元。剩下的基金继续储蓄直到 2037 年 7 月 1 日王某 30 岁时，全部支付给他。假设该基金利率为 8%，请问在王某第 30 个生日时，他可得多少钱？

3.67 试写出等额分付本利和公式及公式应满足的条件，并推导此公式。

3.68 企业因资金短缺提出贷款 6000 万元，现有两家银行有贷款意向，甲银行的条件是年利率 6%，每年末仅须偿还贷款的利息部分，第 4 年底还清本金和第 4 年的利息；乙银行的条件是年利率 7%，但要求在 4 年的时间里每年末等额偿还本利。当企业仅考虑还款数量时，问哪一家银行的条件更有利？

3.69 A 方案资料如下表，求 A 方案可行的追加投资 x 的范围（基准收益率为 10%）。

使用年	投资/万元	收益/万元
0	600	
1	x	

续表

使用年	投资/万元	收益/万元
2		300
3		200
4		200
5		200
6		200

3.70 有 A、B 两个方案，数据如下表所示（单位：万元）。假定两项目的投资收益率均为 20%。

问当 B 方案期初投资 x 为多少时两方案的经济效果等同？

方案	使用年份					
	0	1	2	3	4	5
A	−12 000	1 000	4 000	6 000	7 000	5 000
B	−x	7 000	9 000	10 000	10 000	7 000

3.71 某人每月存款 1000 元，期限三年，年利率 12%，每季度复利一次，问第 3 年末可得的本利和为多少？

3.72 某公司以 300 万元的价格购买一套流水线。首付 50 万元，余额三次付清。自首付之日起的第 1 年末支付 100 万元，当年利率为 5%；第 2 年末支付 75 万元，当年利率为 7%；第 3 年末支付 75 万元，当年利率为 10%。试求须支付的利息总额。

3.73 一笔基金经过约 12 年的时间成为自身的两倍，求其增值的年利率。

3.74 现以两种方式存入银行 1 万元，按复利计算。若利率为 6%，存 10 年；若利率为 12%，存 5 年。那么，年利率增加一倍与计息期数减少一半之间是否有关系？

3.75 现投入一笔资金到一个 7 年期的项目，期望从第 2 年起到结束前一年能回收到 7 万元/年的收益，并在最后一年得到 10 万元。如项目的回报率是 15%，则期初投资可以是多大？

3.76 某人计划退休时能够得到 50 万元，现在起准备连续 40 年内，每年末以 100 元的差额成等差数列递增存钱。银行的利率是 7%，求此人的第一笔所存款项额是多少？

3.77 某公司要筹建一项医疗基金。准备第 1 年末拿出 5 万元的利润，第 2 年至第 6 年各年末均拿出 3 万元的利润，年利率为 5%。第 6 年末取出全部资金转为基金。基金的年利率为 9.5%。建立基金后，公司打算在今后的 20 年内每两年的年末等额取出一笔钱，用于员工的保健。那么这笔钱的额度是多少？

3.78 某企业新购买一大型设备，成交价为 20 万元。卖方允许两种付款方式：一是付现金；二是首付 7 万元，然后连续三年每年的年末等额支付 5 万元。若企业使用设备的报酬率至少是 15%，则应该如何选择？

3.79 某企业从银行贷款 600 万元，贷款利率为 15%，使用年限为 3 年。若企业于第 1 年末偿还银行 200 万元，则到最后期限时，应还银行多少钱？

3.80 我国银行某时段整存整取定期存款年利率为：1 年期 1.98%；5 年期 2.88%。如果你有 10 000 元估计 5 年内不会使用。方法一：按 1 年期存入，到期取出本利和再次存入；方法二：直接存 5 年期（注：定期存款按照单利计息）。两种存法相比，利息差额有多少？

3.81 以按揭贷款方式购房，贷款 10 万元，假定年利率为 12%，15 年内按月等额分期付款，每月应付多少？

3.82 某企业准备引进一条生产线，引进此生产线需要 150 万元，企业有两种付款方式：一种就是在签约时一次付清；还有一种就是签约时付出 50 万元，生产线两年后投入运营，以后从每年的销售额 400 万元中提取 5%用于还款（第 3 年末开始），使用期 8 年，年利率为 10%。问企业采取何种付款方式合算？

3.83 贷款上大学，年利率为 6%，每学年初贷款 10 000 元，4 年毕业，毕业 1 年后开始还款，5 年内按年等额偿还，每年应付多少？

3.84 某公司发行的股票目前市值每股 100 元，第 1 年股息 6%，预计以后每年股息增加 1 元。假设 10 年后股票能以原值的 1.5 倍卖出。若 10 年内希望达到 10%的投资收益率，问目前投资购进该股票是否合算？

3.85 某公司拥有一处还可使用 20 年的商用房屋预备出手。如果是出租，目前每平方米的月租金是 60 元，假设每年初支付当年的租金，预计租金水平在今后 20 年内每年上涨 6%。如果将该房屋卖掉，每平方米目前市值是 7000 元，若投资收益率为 15%，问该公司是出租还是出让？

3.86 有一汽车，在使用期的 8 年内，其维修费用前 3 年等额为 1000 元，后 5 年逐年递增 100 元。若以 10%的年利率计算，试计算这笔费用的终值和现值。

3.87 如果预计 10 年后某股票会升值为 30 万元，它现在的购买价格为 6.5 万元。预计股利为每年 3000 元，若相同风险项目的机会成本为 12%，那么这笔交易包括收益和成本的终值是多少？

3.88 一个汽车修理部的一台钻床在将来 5 年内的操作费分别为：1100 元、1225 元、1350 元、1475 元、1600 元（每年比上一年增加 125 元），如果使用 12%的折现率，这些费用的现值是多少？

3.89 在准备一个新的建筑项目的经济分析中，估计建筑经营第 1 年的收入为 1000 万元，且以后每年以 8%的比率递增，分析时间为 10 年，资金的机会成本为 12%，求在此时间内收入的现值为多少？

3.90 某工程项目第 1 年初从银行贷进 200 万元，在以后的 4 年中，每年多贷 100 万元，贷款利率为 8%，如果此项目于第 1 年初及每年的年末均是等额贷款，则每次的借贷额是多少？

3.91 若某人想从明年起的 10 年中，每年末从银行提取 1000 元，若按照 6%的年利率计算，则他现在应存入银行多少钱？

3.92 如果某工程两年建成并投产，投产后的寿命期为 10 年，每年净收益为 10 万元，按照 10%的折现率计算刚好能够在寿命期内把期初投资全部收回。问该工程期初所投入的资金为多少？

3.93 某企业年初从银行贷款 3000 万元，协议从第 2 年起每年末偿还 900 万元，按照 15%计息，那么该企业大约几年可以还清贷款？

3.94 某家庭想买一辆汽车，销售商提供了两种付款方法：一种是一次付清购车费用 30 万元；另一种是首期付款 10 万元，以后的每年底付清 4 万元，连续支付 7 年，若银行利率为 7%，请计算哪一种付款方式在总付款金额上更加有利？

3.95 某房地产开发商开发期房，今年初投资 15 000 万元兴建了一批商品房，一年内建成，获得首期支付的房款 7500 万元，若此开发商想获得 50%的收益率，则在今后的两年内，每年应共向房主等额收取多少房款？

3.96 某企业以资本金 200 万元和银行贷款 300 万元投资建设一项目，银行贷款利率为 12%，3 年一次性还本付息，则此项目的年投资收益率至少为多少才不至于因拖欠银行贷款而使信誉受损？

四、参 考 答 案

（一）单选题

题号	3.1	3.2	3.3	3.4	3.5	3.6	3.7
答案	c	d	c	b	a	b	a

（二）多选题

题号	3.8	3.9	3.10
答案	abc	abe	ad

（三）是非题

3.11　是。

3.12　非。更正：不成立。

3.13　非。更正：现值在第 1 年初，第一期年值发生在第 1 年末。

3.14　是。

3.15　是。

3.16　是。

3.17　非。更正：称为等值计算。

3.18　是。

3.19　是。

3.20　非。更正：影响因素是资金数额、资金发生的时刻以及利率。

（四）填空题

3.21　12.55%

3.22　生产与交换过程

3.23　$i = (1 + r/m)^m - 1$

3.24　214.335

3.25　16.38，10

3.26　$100(P/F, 8\%, 1)(A/F, 8\%, 5) = 15.78$ 万元

3.27　不同，相等

3.28　"折现"或"贴现"

3.29　投资收益率

3.30　盈利和利息

3.31　483.153

3.32　$(1 + i)^n$

3.33　1

（五）简答题

3.34　答：时间是一种特殊的资源，这是时间的常规价值。将资金投入生产与流通环节后，由于劳动者的工作，资金在生产与流通过程中获得了一定的收益，即是因为资金在生产和流通环节中的作用，投资者得到了收益或赢

利，使资金发生增值。换言之，资金在使用过程中产生了增值。不同时间发生的等额资金在价值上的差别，就是资金的时间价值。

在商品经济条件下，资金在生产与交换过程中产生了增值，给投资者带来利润，其实质是由于劳动者在生产与流通过程中创造了价值。从投资者的角度看，资金的时间价值表现为资金具有增值特性。从消费者的角度来看，资金的时间价值是对放弃现时消费带来的损失所做的必要补偿，这是因为资金用于投资后不能再用于现时消费。个人储蓄和国家积累的目的也是如此。

3.35 答：资金只有运作才会增值。资金的时间价值从投资角度看，主要取决于投资收益率、通货膨胀率和项目投资的风险。

盈利和利息是资金时间价值的两种表现形式，它们是时间因素的体现，是衡量资金时间价值的绝对尺度。

3.36 答：若名义年利率为 r，一年中计息次数为 n，则实际利率 i 与名义年利率 r 的关系为

$$i = \left(1 + \frac{r}{n}\right)^n - 1$$

3.37 答：利息的计算方法分为单利法和复利法两种。

（1）单利法是每期均按原始本金 P 计息，即不管计息周期 n 为多少，每经一期按原始本金计息一次，利息不再生利息。单利计息的本利和 F_n 计算公式为 $F_n = P + P \cdot n \cdot i$。

（2）复利法按本金与累计利息额的和计息，也就是说除本金计息外，利息也生利息，每一计息周期的利息都要并入下一期的本金，再计利息。本金 P 在年利率是 i 的条件下，当计息期数为 n 时，复利计算的本利和 F_n 计算公式为 $F_n = P(1 + i)^n$。

3.38 答：资金等值是指在时间因素的作用下，在不同的时期（时点）绝对值不等的资金具有相等的经济价值。

决定资金等值的三要素是：①资金数额；②资金发生的时刻；③利率。

3.39 答：整付：整付终值公式和整付现值公式。

等额分付：等额分付终值公式、等额分付偿债基金公式、等额分付现值公式、等额分付资本回收公式。

变额分付：等差序列公式、等比序列公式。

3.40 答：从理论上讲，资金是在不停地运动着的，每时每刻都会在生产和流通环节中增值，资金增值的情况正如复利所表达的，所以复利计息更加符合资金在社会再生产过程中得益的实际。因此，工程经济分析中一般采用复利计算。

3.41 答：资金的时间价值是工程技术经济分析中重要的基本原理之一，是用动态分析法对项目投资方案进行对比、选择的依据和出发点。资金的时间价值是客观存在的，是商品生产条件下的普遍规律，只要商品生产存在，资金就具有时间价值。要正确地评价工业项目或技术方案的经济效果，不仅要考虑投资额与收回的效益的大小，还必须考虑投资与效益发生的时间，有效地利用"资金只有运作才会增值"的规律，以便取得更好的经济效益，促进经济和生产的发展。

（六）计算题（本部分习题如不特别指明，均按复利计算）

3.42 解：单利法 $F = P + P \times i \times n = 1000 + 1000 \times 10\% \times 10 = 2000$(万元)
 复利法 $F = P(1+i)^n = 1000 \times (1+10\%)^{10} \approx 2594$(万元)

3.43 解：（1）$F = P(F/P, 15\%, 5) = 100 \times 2.011 = 201.1$(万元)
（2）$P = 500(P/F, 10\%, 5) + 800(P/F, 10\%, 8) = 683.67$(万元)
（3）$F = 1000(F/P, 10\%, 10) - 100(P/A, 10\%, 4)(F/P, 10\%, 7) = 1976.17$(元)
（4）$F = 3200(F/P, 10\%, 9) + 1000(F/P, 10\%, 7) - 4000(F/P, 10\%, 3) = 4170.16$(元)
（5）$R = 500(F/A, 10\%, 3)(A/P, 10\%, 16) = 211.5$(元)
（6）$A = 1000(P/A, 12\%, 6)(F/P, 12\%, 11)(A/P, 12\%, 4) = 4708.56$(元)

3.44 解：①建设期末欠贷款利息 $35 \times 40\% \times (F/P, 10\%, 18) - 35 \times 40\% = 63.84$(亿元)
②所欠贷款利息是本金的 $63.84/(35 \times 40\%) = 4.56$ 倍
③建设期末欠贷款的本利和 $35 \times 40\% \times (F/P, 10\%, 18) = 77.84$(亿元)

3.45 解：设一次存入的总金额为 P，画出现金流量图如下：
$$P = 2000(F/A, 8\%, 5)(P/F, 8\%, 18) = 2936(元)$$
或者 $P = 2000(P/A, 8\%, 5)(P/F, 8\%, 13) = 2936$(元)

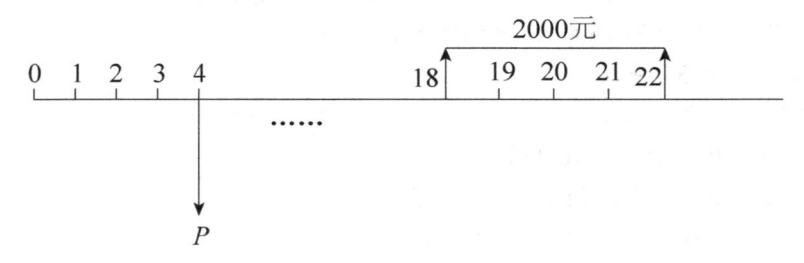

3.46 解：设从第 5 到第 12 个生日每年的存款为 A，画出现金流量图如下

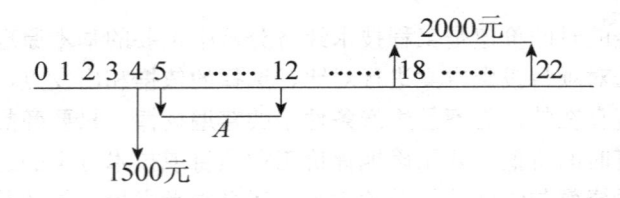

```
                              2000元
 0 1 2 3 4 5 ······ 12 ······ |18 ······ |22
         |      A
       1500元
```

$$A = [2000(P/A, 8\%, 5)(P/F, 8\%, 13) - 1500](A/P, 8\%, 8) = 250.36(元)$$

3.47 解：每次等额偿还的本利和为
$$A = 100\,000(A/P, 6\%, 40) = 6646(元)$$

3.48 解：因为 $F = P(1 + 8\%)^n$，根据题意得到
$$P(1 + 8\%)^n = 3P$$
即 $(1 + 8\%)^n = 3$
则 $n = \lg 3 / \lg(1 + 8\%) = 14.27(年)$
需要 14.27 年才能成为自身的 3 倍。

3.49 解：名义利率 $= 20\%$，则年实际利率 $= (1 + 20\%/12)^{12} - 1 = 21.94\%$

3.50 解：$P = 5000$，$n = 10$，$r = 10\%$，
则 $F = Pe^{rn} = 5000e^{0.1 \times 10} = 5000 \times 2.718\,28 = 13\,591.4(元)$

3.51 解：①单利计息本利和为 $F = P(1 + i \cdot n) = 1000(1 + 5 \times 7\%) = 1350(元)$
②复利计息本利和为 $F = P(1 + i)^5 = 1000(1 + 5\%)^5 = 1276(元)$

3.52 （1）解：每年利息为
$$I_1 = 10\,000 \times 10\% = 1000(元)$$
$$I_2 = (10\,000 - 2000 + 1000) \times 10\% = 900(元)$$
$$I_3 = (10\,000 - 4000 + 1000 + 900) \times 10\% = 790(元)$$
$$I_4 = (10\,000 - 6000 + 1000 + 900 + 790) \times 10\% = 669(元)$$
$$I_5 = (10\,000 - 8000 + 1000 + 900 + 790 + 669) \times 10\% = 535.9(元)$$
因为前 4 年每年还款 2000 元本金，第 5 年末共欠本金及利息共计 5359 元，所以还款总额为 $2000 \times 4 + 5359 = 13\,359(元)$
利息为 $I = 3359(元)$

（2）现金流量图如下
$I_1 = 10\,000 \times 10\% = 1000(元)$
$I_2 = (10\,000 - 2000) \times 10\% = 800(元)$
$I_3 = (10\,000 - 4000) \times 10\% = 600(元)$
$I_4 = (10\,000 - 6000) \times 10\% = 400(元)$
$I_5 = (10\,000 - 8000) \times 10\% = 200(元)$
还款总额为 $2000 \times 5 + 1000 + 800 + 600 + 400 + 200 = 13\,000(元)$
利息为 $I = I_1 + I_2 + I_3 + I_4 + I_5 = 3000(元)$

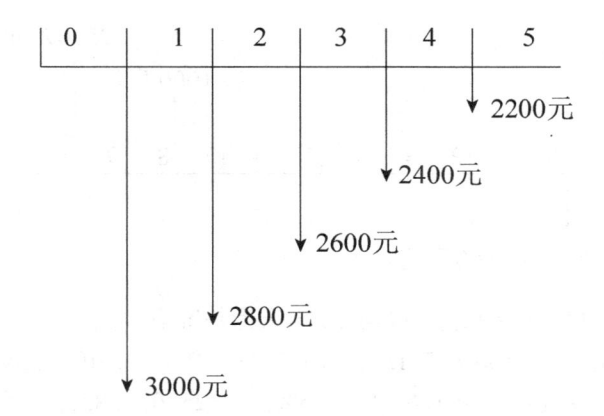

```
    0   1   2   3   4   5
                        ↓
                        2200元
                    ↓
                    2400元
                ↓
                2600元
            ↓
            2800元
    ↓
    3000元
```

（3）现金流量图如下

$$I_1 = I_2 = I_3 = I_4 = I_5 = 10\,000 \times 10\% = 1000(元)$$

还款总额为 $1000 \times 5 + 10\,000 = 15\,000(元)$

利息为 $1000 \times 5 = 5000(元)$

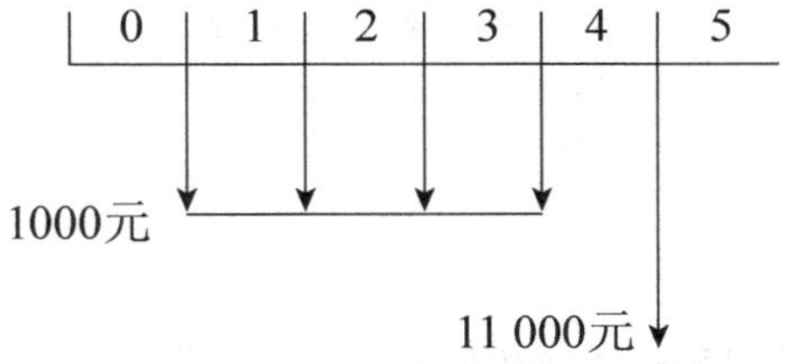

```
    0   1   2   3   4   5
        ↓   ↓   ↓   ↓
    1000元
                        ↓
                        11 000元
```

（4）现金流量图如下

$$F = P(F/P, 10\%, 5) = 10\,000(1 + 10\%)^5 = 16\,110(元)$$

$$I = F - P = 16\,110 - 10\,000 = 6110(元)$$

还款总额 $F = 16\,110(元)$

利息 $I = F - P = 6110(元)$

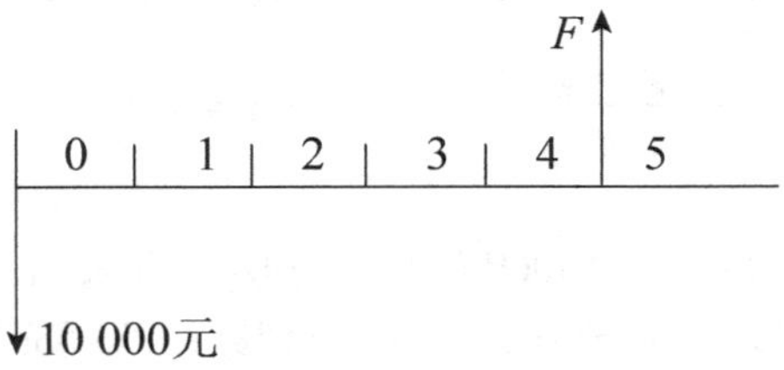

```
                        F↑
    0   1   2   3   4   5
    ↓
    10 000元
```

3.53 解：现金流量图如下所示

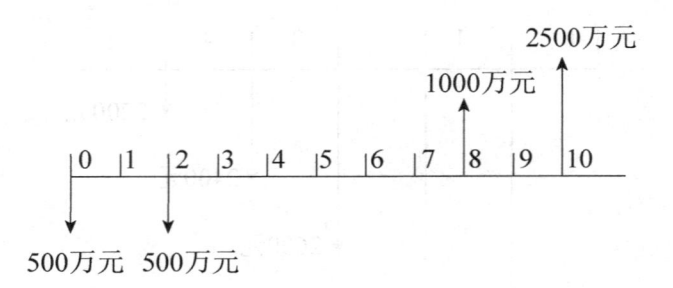

假设 15% 的利率能实现。以第 10 年末为基准点，则

现金流出 $F_1 = [500(P/F, 15\%, 2) + 500](F/P, 15\%, 10) = 3553(万元)$

现金流入 $F_2 = 1000(F/P, 15\%, 2) + 2500 = 3823(万元)$

因为 $F_1 < F_2$，故 15% 的利率不能实现。

3.54 解：现金流量图如下

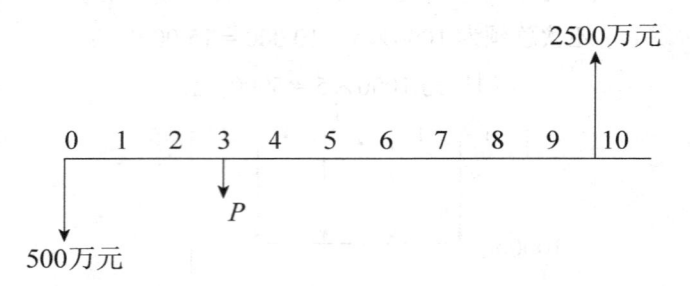

$P = [2500 - 500(F/P, 15\%, 10)](P/F, 15\%, 7) = (2500 - 500 \times 4.046) \times 0.3759$
$= 179.3(万元)$

3.55 解：①现金流量图如下

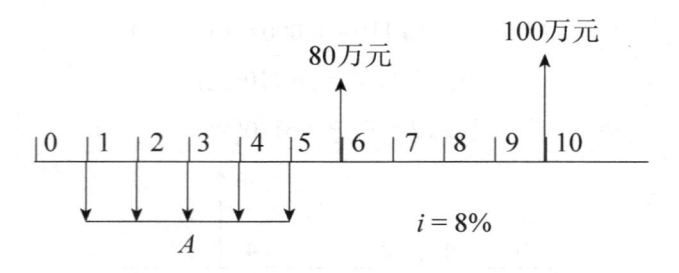

$A = [80(P/F, 8\%, 1) + 100(P/F, 8\%, 5)](A/F, 8\%, 5) = 24.23(万元)$

②第 6 年本利和 $F_6 = A(F/A, 8\%, 5)(1 + 8\%) = 153.53(万元)$

第 6 年末利息为 $153.53 - 5 \times 24.23 = 32.38(万元)$

第 6 年末取出 80 万元后得 $153.53 - 80 = 73.53(万元)$

本金为 $73.53 - 32.38 = 41.15(万元)$

第 10 年末的本利和为 100 万元

所以存款所得利息额为(100–41.15) = 58.85(万元)

3.56 解：现金流量图如下所示

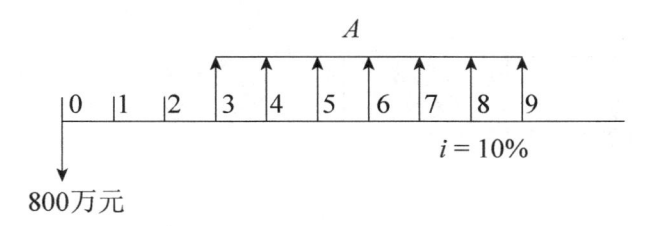

$$A = 800(F/P, 10\%, 2)(A/P, 10\%, 7) = 198.8(万元)$$

因为 $A<250$ 万元，所以不能实现每年等额取出 250 万元现金。

3.57 解：投资一般发生在年初，故现金流量图为

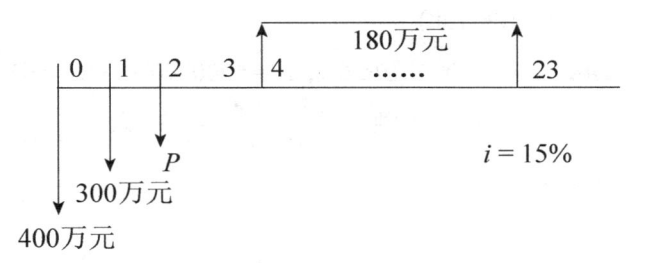

$$P = 180(P/A, 15\%, 20)(P/F, 15\%, 1)–300(1 + 15\%)–400(1 + 15\%)^2$$
$$= 979.67–874 = 105.67(万元)$$

第 3 年尚需投资 105.67 万元。

3.58 解：现金流量图如下

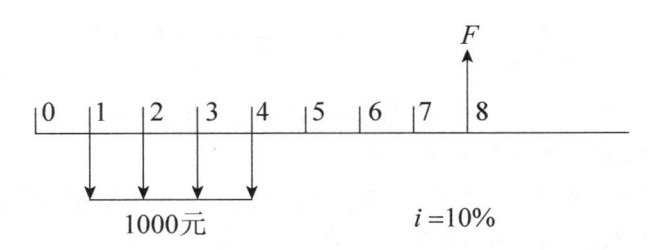

在最后一次存款的第 2 年末，积蓄的金额为

$$F = 1000(F/A, 10\%, 4)(F/P, 10\%, 4) = 6794.42(元)$$

3.59 解：现金流量图如下

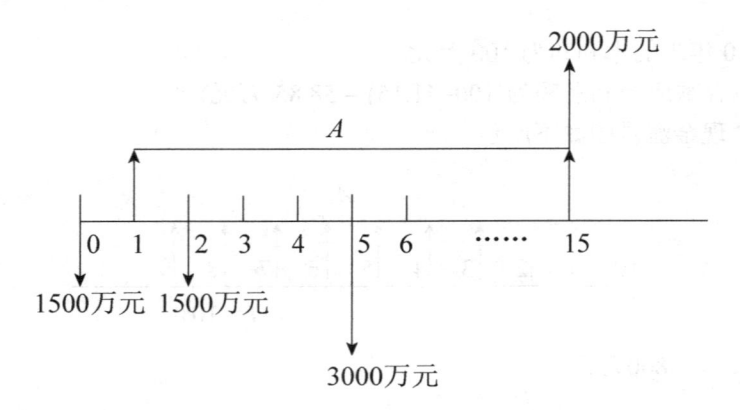

[图：现金流量图，0-15期，1、2期各1500万元流出，5期3000万元流出，15期2000万元流入，A为每期报酬]

每年报酬是

$$A = [1500 + 1500(P/F, 10\%, 2) + 3000(P/F, 10\%, 5)$$
$$-2000(P/F, 10\%, 15)](A/P, 10\%, 15)$$
$$= 542.12(万元)$$

3.60 解：$A = P(A/P, i, n) = 5000(A/P, 6\%, n) = 5000 \times 0.13587 = 679.35(万元)$

$$在校学生人数 = \frac{6\,793\,500}{8000} = 850(人)$$

3.61 解：现金流量图如下

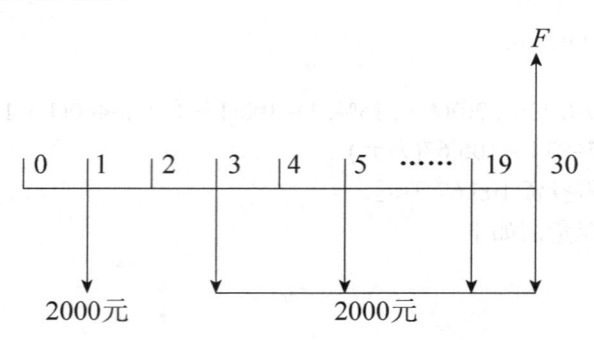

[图：现金流量图，0-30期，1期2000元流出，3、5……19期2000元流出，30期F流入]

年利率为15%，两年的利率为$(1 + 15\%)^2 - 1 = 32.25\%$

设第30年末一次取出F元，则

$$F = 2000(F/A, 32.25\%, 15)(F/P, 15\%, 1) = 464\,959.78(元)$$

注：$(F/A, 32.25\%, 15)$需要按照计算公式计算。

3.62 解：现金流量图如下

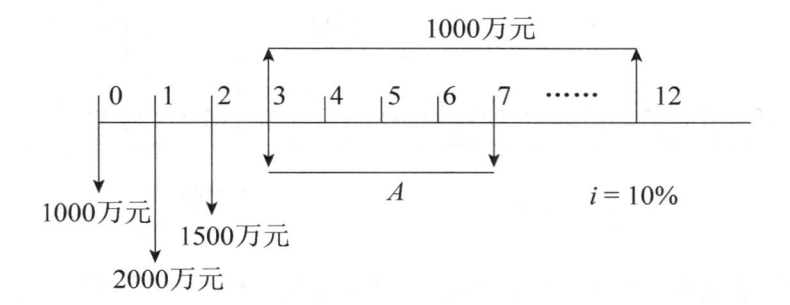

第 2、第 3 年贷款在第 3 年初的本利和为

$$F = 2000(1 + 10\%) + 1500 = 3700(万元)$$

折算为 5 年内等额偿还额 $A = 3700(A/P, 10\%, 5) = 976.06(万元)$

因为 976.06 万元＜1000 万元，所以企业能用其收益实现还款计划。

3.63 解：现金流量图如下

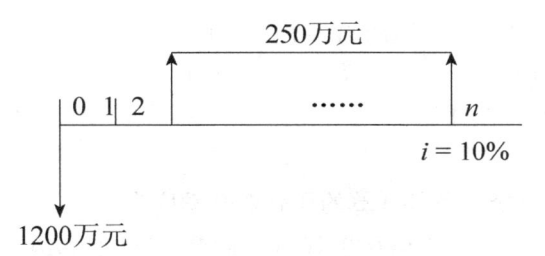

设第 n 年还清贷款，则

$$1200(1 + 10\%) = 250(P/A, 10\%, n-1)$$

$$1200 \times 1.1 = 250 \times [(1.1^{(n-1)}-1)/(0.1 \times 1.1^{(n-1)})]$$

$$n-1 = 7.9, n = 8.9$$

则企业可以在第 8.9 年还清贷款。

3.64 解：$i = (1 + r/n)^n - 1 = (1 + 6\%/365)^{365} - 1 = 1.0618 - 1 = 6.18\%$

3.65 解：实际利率 $i = e^r - 1 = e^{0.1} - 1 = 10.517\%$

现值 $P = 2000(P/A, 10.517\%, 10)$

$= 2000 \times \{[(1 + 10.517\%)^{10} - 1]/[10.517\% \times (1 + 10.517\%)^{10}]\}$

$= 12\ 020.88(元)$

3.66 解：令初始时刻点对应 2007 年 7 月 1 日，依次类推。现金流量图如下所示

设王某第 30 个生日时，可得 F 元。

$F = 1000(F/A, 8\%, 12)(F/P, 8\%, 18) - 2500(F/A, 8\%, 4)(F/P, 8\%, 9)$

$= 53\ 313.04(元)$

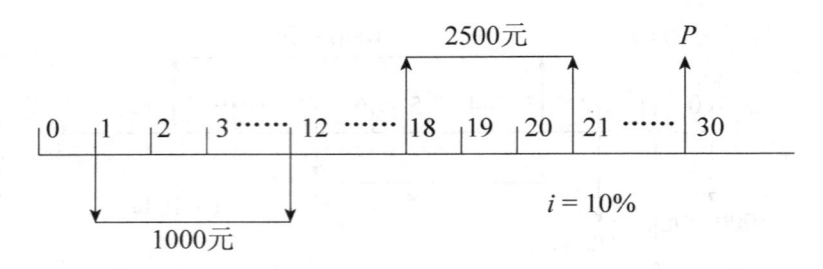

```
        2500元           P
         ↕              ↑
0  1  2  3 …… 12 …… 18 19 20 21 …… 30
   ↓        ↓
   1000元                i = 10%
```

3.67 解：公式应满足的条件①每期支付金额相同（A 值）；②支付间隔相同（如一年）；③每次支付都在对应的期末，现值发生在等额支付的前一期，终值与最后一期支付同时发生。

推导 $F = A(1+i)^{n-1} + A(1+i)^{n-2} + A(1+i)^{n-3} + \cdots + A(1+i) + A$

$= A[(1+i)^{n-1} + (1+i)^{n-2} + (1+i)^{n-3} + \cdots + (1+i) + 1]$

所以 $F = A\left[\dfrac{(1+i)^n - 1}{i}\right]$

而 $P = F \times \dfrac{1}{(1+i)^n} = A\left[\dfrac{(1+i)^n - 1}{i}\right] \times \dfrac{1}{(1+i)^n}$

即 $P = A\left[\dfrac{(1+i)^n - 1}{i(1+i)^n}\right]$

3.68 解：按甲银行贷款条件计算的还款资金额度为

$F_甲 = 4 \times 6000 \times 6\% + 6000 = 7440(万元)$

按乙银行贷款条件计算的还款资金额度为

$F_乙 = 4 \times 6000(A/P, 7\%, 4) = 7085.52(万元)$

$F_甲 > F_乙$，所以乙银行的条件更有利。

3.69 解：$600 + x(P/F, 10\%, 1) \leqslant [300 + 200(P/A, 10\%, 4)](P/F, 10\%, 2), x \leqslant 189$

3.70 解：$x - 12\,000 = (7000 - 1000)(P/F, 20\%, 1) + (9000 - 4000)(P/F, 20\%, 2) + (10\,000 - 6000)(P/F, 20\%, 3) + (10\,000 - 7000)(P/F, 20\%, 4) + (7000 - 5000)(P/F, 20\%, 5) x - 12\,000 = 13\,037.5(万元)$

可以求得：$x = 25\,037.5$ 万元

3.71 解：$1000(1 + 12\%/4)^{12} = 1425.76(元)$

第 3 年末本利和为 1425.76 元

3.72 解：须支付的利息总额为 $250 \times 5\% + 150 \times 7\% + 75 \times 10\% = 30.5(万元)$

3.73 解：设 P 为该基金原数额，则有

$P(1 + x\%)^{12} = 2P$

$x\% \approx 6\%$

3.74 解：利率为 6%，存 10 年，本利和为 $F_1 = (1 + 6\%)^{10} = 1.791(万元)$

利率为 12%，存 5 年，本利和为 $F_2 = (1 + 12\%)^5 = 1.762(万元)$

所以，年利率增加一倍与计息期数减少一半之间近似相等。

3.75 解：设期初投资为 P

$P = 7 \times (P/A, 15\%, 5)/(1 + 15\%) + 10 \times (P/F, 15\%, 7) = 24.162(万元)$

3.76 解：已知 $F = 50$ 万元，$n = 40$，$G = 100$，$i = 7\%$，则由公式

$$F = \left(A_1 + \frac{G}{i}\right)(F/A, i, n) - \frac{nG}{i}$$

可求得 $A_1 = 1362.24$ 元。

3.77 解：第 6 年末的基金额为

$F = 5(F/P, 5\%, 5) + 3(F/A, 5\%, 5) = 25.958(万元)$

基金的年利率为 9.5%，则两年期的利率为 $(1 + 9.5\%)^2 - 1 \approx 20\%$

所以，每两年可以取得的保健额为

$A = F(A/P, 20\%, 10) = 6.1845(万元)$

3.78 解：第一种方式现值为 20 万元；

第二种方式现值为：$P = 7 + 5 \times (P/A, 15\%, 3) = 18.415$ 万元 < 20 万元

所以应该选择第二种方式。

3.79 解：应还银行 $600(1 + 15\%)^3 - 200(1 + 15\%)^2 = 648.025(万元)$

3.80 解：$F_1 = 10\,000(1 + 1.98\%)^5 = 11\,029.99(元)$

$F_2 = 10\,000(1 + 2.88\% \times 5) = 11\,440(元)$

$F_2 - F_1 = 11\,440 - 11\,029.99 = 410.01(元)$

3.81 解：每月应偿还额 $A = 100\,000(A/P, 1\%, 180) = 1200.17(元)$

3.82 解：$P = 50 + 20(P/A, 10\%, 8)(P/F, 10\%, 2) = 138.177(万元)$

P 小于 150 万元，所以选择分期付款方式。

3.83 解：$A = \dfrac{10\,000(F/A, 6\%, 4)(F/P, 6\%, 1)}{(P/A, 6\%, 5)} = 11\,818.2(元)$

3.84 解：$n = 10$，$A_1 = 100 \times 6\% = 6$，$G = 1$，$i = 10\%$，$F = 100 \times 1.5 = 150$，则

$P = A_1 \dfrac{(1+i)^n - 1}{i(1+i)^n} + G\left[\dfrac{(1+i)^n - (1+ni)}{i^2(1+i)^n}\right] + F\dfrac{1}{(1+i)^n}$

$= 6(P/A, 10\%, 20) + G(P_G/G, 10\%, 20) + F(P/F, 10\%, 20)$

$= 128.78$ 元 > 100 元

所以应该购进该股票。

3.85 解：$n = 20$，$A_1 = 60 \times 12(F/P, 15\%, 1)$，则

$P_1 = A_1(P/A, i, h, n) = A_1 \times 8.9338 = 7397.19$

$P_2 = 7000$

因为 $P_1 > P_2$，所以出租更合适。

3.86 解：费用发生在年末，把所有费用折算到第 3 年末的时点上，则此时点的总费用为

$$1000(F/A, 10\%, 3) + 100(P/G, 10\%, 5) = 3996.18(元)$$

这笔费用的现值为 $3996.18(P/F, 10\%, 3) = 3002.37(元)$

这笔费用的终值为 $3996.18(F/P, 10\%, 5) = 6435.89(元)$

3.87 解：$F_{10} = -65\,000(F/P, 12\%, 10) + 3000(A/F, 12\%, 10) + 300\,000$
$= 150\,770(元)$

3.88 解：$n = 5, A = 1100, G = 125, i = 12\%$
$P = A(P/A, 12\%, 5) + G(P/G, 12\%, 5)$
$= 1100(P/A, 12\%, 5) + 125(P/G, 12\%, 5)$
$= 4766(元)$

3.89 解：$A_1 = 1000, i = 12\%, h = 8\%, n = 10$

$$P = A_1\left[\frac{1-(F/P, h, n)(P/F, i, n)}{i-h}\right] = 7622(万元)$$

3.90 解：此工程项目共贷进的资金折成终值为

$$F = 200(F/A, 8\%, 5) + 100(F_G/G, 8\%, 5) = 2251.525(万元)$$

则每个时点的贷款额 $A = F(A/F, 8\%, 5) = 2251.525 \times 0.170\,46 = 383.8(万元)$

或者 $P = 200 \times \dfrac{300}{1+8\%} + \dfrac{400}{(1+8\%)^2} + \dfrac{500}{(1+8\%)^3} + \dfrac{600}{(1+8\%)^4} = 1658.59(万元)$

则每个时点的贷款额 $A = 1658.59(P/F, 8\%, 1)(A/P, 8\%, 5) = 384.6(万元)$

3.91 解：$P = A(P/A, 6\%, 10) = 1000 \times 7.360 = 7360(元)$

3.92 解：$P = 10(P/A, 10\%, 10)(P/F, 10\%, 2) = 50.78(万元)$

3.93 解：设企业大约 n 年内还清贷款，则有

$$3000 = 900 \times \frac{(1+15\%)^n - 1}{15\%(1+15\%)^n} \times \frac{1}{(1+15\%)}$$

解得 n 约为 6.5 年。

3.94 解：第二种方案的总付款额现值为

$$P_2 = 4(P/A, 7\%, 7) + 10 = 4 \times 5.389 + 10 = 31.556(万元)$$
$$P_2 > P_1 = 30(万元)$$

所以第一种方案更加有利。

3.95 解：$P = 15\,000 - 7500 = 7500(万元)$ $A = P(A/P, i, n)$

$$A = P(A/P, 50\%, 2) = 7500\frac{0.5(1-0.5)^2}{(1-0.5)^2 - 1} = 6750(万元)$$

3.96 解：3 年后应还本付息共
$$300(F/P, 12\%, 3) = 300 \times 1.405 = 421.5(万元)$$
所以每年至少收益为
$$A = 421.5(A/F, 12\%, 3) = 421.5 \times 0.296\ 35 = 124.9(万元)$$
所以，年收益率为 $124.9/(200 + 300) \times 100\% = 24.98\%$

第四章　投资项目经济评价的基本方法

一、学习的基本要求

（一）识记

1. 经济效益的静态评价方法的概念；
2. 静态投资回收期法和投资收益率法的基本概念、理论计算公式、实际计算公式、判别准则以及各自的优缺点；
3. 净现值法的概念、计算公式、判别准则及具体计算；
4. 费用现值法的概念、计算、判别准则及应用时的注意事项；
5. 净年值法的概念、计算、判别准则及具体计算；
6. 费用年值法的概念、计算、判别准则；
7. 净现值率法的概念、计算、判别准则及使用场合；
8. 动态投资回收期的概念、计算及判别准则；
9. 内部收益率的概念、理论计算公式、判别准则，实际计算公式的推导过程及具体应用；
10. 寿命期相同的互斥方案的选择方法：差额分析法及其指标；
11. 差额净现值、差额内部收益率、差额投资回收期的计算及应用；
12. 寿命期不等的互斥方案的选择方法：年值法、最小公倍数法、年值折现法、差额内部收益率法的计算、判别准则及各自的应用条件；
13. 有资源约束方案的选择方法：独立方案互斥化法、内部收益率排序法、净现值率排序法的基本步骤；
14. 混合方案选择的基本思路。

（二）理解

1. 经济效益的静态评价方法的应用条件；
2. 静态评价方法和动态评价方法的区别；
3. 静态回收期的特点和应用；
4. 净现值法的优缺点、应用条件；

5. 净现值函数的特点；
6. 净现值法和净现值率法的异同；
7. 费用现值和费用年值的使用条件；
8. 内部收益率的经济含义、判别准则和唯一性讨论；
9. 互斥方案的特点、评价方法和评价应具备的基本条件；
10. 方案比较时，对寿命期不等的方案的处理思路和办法；
11. 有资源约束方案的评价方案的具体选择；
12. 混合方案评价的思路和方法。

（三）应用

1. 静态投资回收期、投资收益率等静态评价方法在项目初始评估阶段的具体应用；
2. 净现值、净年值、费用现值、费用年值、净现值率、动态投资回收期、内部收益率等动态评价方法在项目评价中的应用；
3. 各种方案的选择。

二、教学内容及知识点

第一节 静态评价方法

静态评价的特点；
静态投资回收期的概念、计算及评价准则；
静态投资收益率的概念、计算及评价准则。

第二节 动态评价方法

评价指标的分类；
净现值的概念、计算及评价准则；
净现值函数的概念与特征；
净现值的经济含义；
净现值对折现率的敏感性概念及对投资决策的意义；
净现值的优缺点；
费用现值与费用年值的概念、计算及评价准则；

使用费用现值与费用年值指标的前提条件；
净年值的概念、计算及评价准则；
净年值的经济含义；
净年值与净现值的关系；
净现值率的概念、计算及评价准则；
净现值率的经济含义；
动态投资回收期的概念、计算及评价准则；
内部收益率的定义、经济含义、计算方法及评价准则；
用线性插值法近似求解内部收益率时，用于插值计算的 i_1 和 i_2 应满足的两个条件；
常规项目与非常规项目的现金流量差异；
内部收益率唯一性含义；
内部收益率的优缺点；
累计净现金流量曲线和累计折现值曲线的绘制方法；
识别累计净现金流量曲线和累计折现值曲线所反映的几个静态和动态评价指标（如投资总额、投资现值、动态投资回收期、静态投资回收期、寿命周期的累计净现金流量和累计折现值）；
折现率 $i>$IRR，$i=$IRR，$i<$IRR 时的累计净现值曲线的特征。

第三节 投资方案的选择

相关方案、非相关方案、互斥方案、独立方案、混合方案的概念；
绝对经济效果检验与相对经济效果检验的概念及目的；
净现值指标和内部收益率指标在相对经济效果检验中的正确性；
用增量分析法进行寿命期相同、投资额不同的互斥方案比选的基本思路及比选实质；
用（差额）净现值、差额内部收益率对寿命期相同、投资额不同的方案进行比选的方法（概念、计算和评价准则等）；
用差额投资回收期对年产量相同和不同的方案进行比选的基本思路、比较计算和评价准则；
对寿命期不等的互斥方案进行比选时的可比性处理思路与方法；
用年值法对寿命期不等的互斥方案进行比选的优点；
对寿命期不等的互斥方案进行比选时，使用内部收益率法应满足的条件、计算方法和评价准则；
有约束的独立方案的概念；
用互斥化法和效益指标排序法（IRR、NPVR）解决有约束独立方案比选问题的基本思路和方法；

对混合型方案进行比选的主要步骤及方法。

三、练 习 题

（一）单选题

4.1 净现值率是净现值与（   ）的比值。
   a. 投资总额   b. 投资现值   c. 投资年值   d. 投资未来值

4.2 有甲、乙两方案，其寿命期甲较乙长，在各自的寿命期内，两方案的净现值大于0且相等，则（   ）。
   a. 甲方案较优 b. 乙方案较优 c. 两方案一样 d. 无法评价

4.3 某项目在第5年的累计净现金流量为零，表明该项目的静态投资回收期（包括建设期）（   ）。
   a. 大于5年   b. 小于5年   c. 等于5年   d. 无法判断

4.4 设 C_1、C_2 为两比较方案的年经营成本，$C_2<C_1$，K_1、K_2 为两个比较方案的项目投资，且 $K_2>K_1$，静态差额投资回收期是（   ）。
   a. $(C_2-C_1)/(K_2-K_1)$ b. $(C_2-C_1)/(K_1-K_2)$
   c. $(K_2-K_1)/(C_1-C_2)$ d. $(K_2-K_1)/(C_2-C_1)$

4.5 内部收益率是指项目在（   ）。
   a. 期末不能回收投资的收益率   b. 期末刚好回收投资的收益率
   c. 期末超额回收投资的收益率   d. 达到基准收益水平的收益率

4.6 三个投资方案 A、B、C，其投资额 $K_A>K_B>K_C$，差额投资回收期分别为 $T_{A-B}=3.4$ 年，$T_{B-C}=4.5$ 年，$T_{A-C}=2$ 年，若基准投资回收期为5年。则方案从优到劣的顺序为（   ）。
   a. A–B–C   b. B–C–A   c. C–B–A   d. 不能确定

4.7 属于动态评价指标的是（   ）。
   a. 投资利润率 b. 投资利税率 c. 内部收益率 d. 平均报酬率

4.8 在一定生产规模限度内，随产量增减呈正比例变化的是（   ）。
   a. 固定成本   b. 单位固定成本 c. 变动成本   d. 单位变动成本

4.9 互斥方案比选时，用净现值法和增量内部收益率法进行项目优选的结论（   ）。
   a. 相同   b. 不相同   c. 不一定相同 d. 近似

4.10 产品费用中，有一部分费用与产量无关，称为（   ）。

  a. 固定成本 b. 变动成本 c. 单位固定成本 d. 生产成本

4.11 方案寿命期内，使净现金流量的净现值等于零时的收益率称为（ ）。
  a. 净现值率 b. 投资收益率 c. 内部收益率 d. 折现率

4.12 如果项目 1 和项目 2 的净现值相等时的折现率为 i^*，基准折现率为 i_0，则仅当（ ）时，净现值法和内部收益率法的评价结论是一致的。
  a. $i^* > i_0$ b. $i^* < i_0$ c. $i^* = i_0$ d. i^* 和 i_0 之间无关

4.13 按照差额内部收益率的比选准则，若 $\Delta IRR < i_0$，则（ ）。
  a. 投资小的方案为优 b. 投资大的方案为优 c. 所有方案都不可行

4.14 多方案决策中，如果各个投资方案的现金流量是独立的，其中任一方案的采用与否均不影响其他方案是否采用，则方案之间存在的关系为（ ）。
  a. 正相关 b. 负相关 c. 独立 d. 互斥

4.15 某建设项目，当 $i_1 = 20\%$ 时，净现值为 78.70 万元；当 $i_2 = 23\%$ 时，净现值为 −60.54 万元，则该建设项目的内部收益率为（ ）。
  a. 14.35% b. 21.75% c. 35.65% d. 32.42%

4.16 某建设项目的现金流量如下表，若基准收益率为 12%，则该方案的净现值为（ ）万元。

年份	现金流入/万元	现金流出/万元
0	0	100
1	50	10
2	50	10
3	50	10
4	60	10

  a. 27.86 b. 72.45 c. 34.20 d. 35.52

（二）多选题

4.17 差额投资回收期不大于基准投资回收期，则说明（ ）。
  a. 投资小的方案可行 b. 投资大的方案可行 c. 增加的投资可行
  d. 增加的投资不可行 e. 投资大的方案较优

4.18 对能满足同一需要的各种技术方案进行动态评价时，如果逐年收益没有办法或没有必要具体核算，则可采用（ ）。
  a. 内部收益率法 b. 净现值法 c. 净现值率法
  d. 费用现值法 e. 费用年值法

4.19 净现值法的主要局限有（　　）。
   a. 不能进行方案间的比选　　　　b. 不能反映投资效率
   c. 基准收益率的确定较为困难　　d. 没有考虑资金的时间价值
   e. 寿命期不等的方案比选时不满足时间的可比性

4.20 对于常规项目，若 IRR＞i_0，则表明（　　）。
   a. 方案可行　　　b. 方案不可行　　　c. NPV＞0
   d. NAV＞0　　　e. NPV＜0

4.21 用线性插值法求解内部收益率时，选用的两个折现率 i_1 和 i_2 应满足的条件是（　　）。（设 $i_1＞i_2$）
   a. $|i_1-i_2|\leqslant 5\%$　　b. $i_1/i_2\leqslant 1$　　c. NPV(i_1)＞NPV(i_2)
   d. NPV(i_1)＞0，NPV(i_2)＜0　　e. NPV(i_2) = NPV(i_1)

4.22 在对投资方案进行经济效益评价时，经济上可以接受的方案是（　　）。
   a. 投资回收期＞基准投资回收期　　b. 净现值≥0　　c. 净年值≥0
   d. 内部收益率≥基准收益率　　e. 投资收益率≥0

4.23 单方案静态投资决策指标有（　　）。
   a. 内部收益率　　b. 投资效益率　　c. 净年值
   d. 净现金流量　　e. 投资回收期

4.24 在进行寿命期不同的互斥方案选择时，可采用的方法是（　　）。
   a. 最小公倍数法　　b 差额内部收益率　　c. 年值法
   d. 差额净现值法　　e. 资金利润率

（三）是非题

4.25 （　　）若项目投资的内部收益率增大，则资本金的内部收益率也同比例增大。

4.26 （　　）内部收益率的大小主要与项目的初始投资有关。

4.27 （　　）投资项目的直接收益即为内部收益，间接收益即为外部收益。

4.28 （　　）常规项目的净现值大小随基准折现率的增加而减少。

4.29 （　　）有三个方案，其投资 $K_A＞K_B＞K_C$，若差额投资内部收益率 $\Delta IRR_{A-B}\geqslant i_0$（基准折现率），$\Delta IRR_{B-C}\leqslant i_0$，则 B 方案最优。

4.30 （　　）若方案的净现值小于零，则表明此方案为亏损方案。

4.31 （　　）项目计算期不会影响投资项目的内部收益率。

4.32 （　　）按方案的内部收益率计算的动态投资回收期等于方案的寿命期。

4.33 （　　）采用 NPV 或 IRR 最大准则都能保证互斥方案比选结果的正确性。

4.34 （　　）两互斥方案比选时，若 $\Delta IRR＜i_0$，则表明投资小的方案可行。

4.35　（　　）投资收益率与项目的寿命期及折旧年限有关。
4.36　（　　）净年值与费用年值是等效评价指标。
4.37　（　　）内部收益率反映了投资的使用效率。
4.38　（　　）在常规投资项目中，只要累计净现金流量大于零，则其内部收益率方程有唯一解，此解就是项目的内部收益率。

（四）填空题

4.39　用 NPV 和 IRR 两个指标共同进行多方案评价与优选时，当出现 $NPV_1 < NPV_2$ 而 $IRR_1 > IRR_2$ 时，可用_____或_____指标来评价与优选方案。

4.40　净现值率是净现值与_____的比值。它的经济含义是_____。

4.41　当方案的建设投资发生在期初且各年的净收益均等时，投资回收期与投资收益率之间具有_____的关系。

4.42　用现值法对经济寿命不同的方案进行比较时，必须采用_____的计算期，才具有时间上的可比性。

4.43　当两个比较方案的年产量不同时，若差额投资回收期小于基准投资回收期，_____的方案较优。

4.44　通常工程项目经济评价以_____为主，静态为辅。

4.45　投资回收期是以项目投产后的_____回收项目投资所需要的时间。

4.46　差额投资回收期是指在不计利息的情况下，用投资额大的方案比投资额小的方案所节约的经营成本，来回收其_____投资所需要的期限。

4.47　投资项目评价的经济指标一般可以分作三大类，分别是_____、_____、_____。

4.48　静态评价方法的最主要和最明显的缺点是_____。

4.49　静态投资回收期是反映项目财务上_____的重要指标，是用来考察_____的经济效益指标。

4.50　用投资回收期的长短来评价方案，反映了_____得到补偿的速度。

4.51　净年值法是对各比较方案收益的_____进行比较，以_____较大的方案为优。

4.52　当两个比较方案的投资、经营成本和年产量均不相同时，若差额投资回收期小于基准投资回收期，则表明_____的方案较优。

4.53　年费用比较法是将各技术方案寿命期内的总费用换算成_____年费用，并以计算值最小的方案为最优方案。

4.54 净现值小于零，则表明技术方案的收益_____达到要求的基准收益水平。

4.55 对于投资全在期初的方案在寿命周期内净现值的大小与所选定的折现率有关，折现率越小的则净现值_____。

4.56 用费用现值对多方案进行比选时，各方案的产出应_____，且计算期应_____。

4.57 一般将经济效益评价方法分为_____、动态评价法和_____。

4.58 在评价技术方案的经济效益时如果不考虑资金的_____，则称为静态评价法。

4.59 动态评价法包括_____、_____、_____、_____、_____、_____、_____和外部收益率法。

4.60 使用投资回收期法评价方案，取舍方案的决策标准是_____。

4.61 投资收益率法是工程项目投产后每年取得的净收益与_____之比。

4.62 净现值率是按_____求得的，方案在计算期内的_____的比率。

4.63 净现值（NPV）法只能在已知方案所有_____的情况下使用。

4.64 使用净现值率评价方案时，基准收益率定得越高，被选中的方案就越_____。

4.65 内部收益率（IRR）是指方案的_____等于零时的收益率。

4.66 使用直线插值法计算内部收益率时，若代入某个 i 值进行计算发现净现值为正，下一步应以一个较_____的 i 值进行计算。

4.67 动态投资回收期法主要是为了克服静态投资回收期法_____的缺点。

（五）简答题

4.68 效益评价指标有哪些类型？
4.69 静态评价方法和动态评价方法的区别是什么？
4.70 什么是静态投资回收期？它的特点是什么？
4.71 如何用净现值进行方案评价？净现值法有何优缺点？
4.72 净现值函数有什么特点？
4.73 净现值法和净现值率法有什么区别？
4.74 费用现值和费用年值的使用条件是什么？
4.75 简述影响内部收益率大小的因素。内部收益率的经济含义、判别准则是什么？

4.76 互斥方案的特点是什么？如何评价？评价时应具备什么基本条件？
4.77 方案比较时，对寿命不等的方案处理方法有哪些？如何使用？
4.78 互斥方案比较的增量分析指标有哪些？各有什么特点？
4.79 有资源约束的独立方案有哪些评价方法，如何选择？
4.80 对混合方案如何进行选择？
4.81 用净现值和内部收益率对互斥方案比选时，为什么说净现值在任何情况下都能给出正确的结论？
4.82 在资金限制的条件下，简述多方案选择用净现值指数排序法的优点及存在的问题。
4.83 怎样用内部收益率法进行多方案项目的选优？
4.84 为什么 IRR 不能直接用于多项目的比选？

（六）计算题

4.85 拟新建某化工厂，其现金流量如下表所示（单位：万元）。若行业基准投资回收期为11年，试计算其投资回收期，并判断经济上是否可行。

项目	年份	现金流入	现金流出	净现金流量	累计净现金流量
建设期	1		8 935	−8 935	−8 935
	2		24 570	−24 570	−33 505
	3		11 164	−11 164	−44 669
生产经营期	4	24 794	22 621	2 173	−42 496
	5	31 878	24 888	6 990	−35 506
	6	35 420	27 250	8 170	−27 336
	7	35 420	26 657	8 763	−18 537
	8	35 420	26 961	8 459	−10 114
	9	35 420	27 352	8 068	−2 046
	10	35 420	27 503	7 917	5 871
	11	35 420	27 494	7 926	13 797
	12	35 420	27 494	7 926	21 723

4.86 某厂计划改建总装车间，现有甲、乙两方案，甲方案采用流水线，总投资为40万元，年经营成本为20万元；乙方案采用自动线，总投资为60万元，

年经营成本为 12 万元。两方案年生产量相同,设基准投资回收期为 5 年,哪个方案经济效益为优?

4.87 试进行方案选优(方案见下表,各方案均无残值,投资及收益的单位均为万元,$i_0 = 10\%$)。

方案	建设期/年	第1年投资	第2年投资	生产经营期/年	投产后年收益
A	2	1200	0	16	240
B	2	200	800	14	220

4.88 某公司有 A、B、C、D 四个可供选择的独立方案,方案的寿命期均为 5 年,5 年后的残值均为零,每个方案都是不可分割的。期初投资和每年净收益如下表所示。(设基准收益率 $i_0 = 10\%$)

方案	投资额/万元	年净收益/万元	方案	投资额/万元	年净收益/万元
A	200	90	C	400	140
B	300	110	D	450	150

假设资金的数额不限,最佳选择是什么?若可利用资金总额为 800 万元,最佳选择是什么?

4.89 两建厂方案,A 方案投资为 1200 万元,年经营成本 300 万元,年产量为 1000 台;B 方案投资为 800 万元,年经营成本 260 万元,年产量 800 台,基准投资回收期为 6 年,哪个方案为优?

4.90 一车间,有三个可行方案,A 方案投资为 1000 万元,年经营成本 120 万元;B 方案投资为 1100 万元,年经营成本 115 万元;C 方案投资为 1400 万元,年经营成本 105 万元,基准投资回收期为 5 年,哪个方案为优?

4.91 生产某产品的两个投资项目甲和乙,甲项目投资 1900 万元,年收入 1000 万元,年经营成本 520 万元;乙项目投资 3200 万元,年收入 1600 万元,年经营成本 800 万元。若基准投资回收期为 6 年(设甲乙两个项目的产品价格相同);请用差额投资回收期法分析方案的优劣。

4.92 购买一台机床,已知该机床的制造成本为 6000 元,售价为 8000 元,预计运输费需 200 元,安装费用为 200 元。该机床运行投产后,每年可加工工件 2 万件,每件净收入为 0.2 元,该机床的初始投资几年可回收?如基准投资回收期为 4 年,则购买此机床是否合理?(不计残值)

4.93 方案 A、B 在项目计算期内的现金流量如下表所示(单位:万元),试用静态方法评价其可行性，用动态评价指标比较其经济性的优劣（$i_0 = 10\%$）。

方案	0	1	2	3	4	5
A	−500	−500	500	400	300	200
B	−800	−200	200	300	400	500

4.94 生产同种产品有甲、乙两条生产线可供选择。甲的投资额和年净收入分别为 6700 万元和 1300 万元，乙的投资额和年净收入分别为 3700 万元和 730 万元，若基准投资回收期为 7 年，选哪条生产线合适？

4.95 某公司有五个可供选择的独立方案 A、B、C、D、E，寿命期均为 10 年，期初投资和每年净收益如下表所示，当投资限额分别为 1000 万元，2000 万元时，最优方案组合分别是什么？（$i = 10\%$）

现金流项目	投资/万元	年净收益/万元	现金流项目	投资/万元	年净收益/万元
A	275	84	D	520	135
B	350	92	E	700	180
C	460	118			

4.96 某投资工程，建设期 2 年（第 1 年投资 2000 万元），生产经营期 13 年，投产后预计年收益 400 万元，生产经营期期末残值 200 万元，若 $i_c = 10\%$，试计算该投资项目的净现值，并判断项目是否可行。

4.97 某投资工程项目，建设期 2 年。第 1 年投资 1200 万元，第 2 年投资 1000 万元，第 3 年投产当年年收益 100 万元，项目生产经营期 14 年，若从第 4 年起到生产经营期末的年收益为 390 万元，基准投资收益率 12%，试计算并判断：①项目是否可行？②若不可行，从第 4 年起的年收益须增加多少万元，才能使基准投资收益率为 12%？

4.98 某轧钢厂投资工程，建设期 2 年，生产经营期 18 年，基建投资 600 万元，流动资金 400 万元，基建资金于第 1 年一次投入，无残值。若期望投资收益率为 15%，试求该项目投产后的年销售利润至少为多少（设流动资金在生产经营期初投入）才是可行的？

4.99 某人用 5000 万元买到一块土地 20 年的使用权，想利用这块土地做以下几种投资。投资项目寿命期均为 20 年，资料如下表（单位：万元）。若基准折现率为 12%，试选择较优方案。

项目	总投资	年收益	20年末残值	项目	总投资	年收益	20年末残值
土地出租A	55 000	7 000	0	开旅店C	80 000	12 000	4 000
开饭店B	70 000	9 500	3 000	开杂货店D	65 000	8 000	2 000

4.100 某公司现有资金800万元用于新建项目，预计建设期2年。有甲、乙、丙三个方案，其建设期各年投资如下表，生产经营期均为20年，若投产后的年收益均为180万元，期望投资收益率为10%，试用NPV法从下列方案中选优。

方案	第1年投资/万元	第2年投资/万元
甲	800	0
乙	300	500
丙	100	700

4.101 某厂原为人工搬运，每年搬运费为8200元，现拟采用运输带，则需投资15 000元，运转后每年支出人工费为3300元，电力400元，杂项费300元，此运输带可用10年，无残值，若最低收益率为10%，问该厂是否安装此运输带取代人工搬运？

4.102 从矿山到选矿场运输矿石有两个可行方案，资料如下表，请选最佳方案（$i_c = 15\%$）。

方案		投资/元	年操作维修费/元	残值/元	经济寿命/年
甲	矿车	450 000	60 000	50 000	8
	道路	230 000	3 000	20 000	12
乙	架空索道	1 750 000	25 000	100 000	24

4.103 若$i_c = 10\%$，试用年值法从下列两方案中选优。

方案	一次投资/万元	年收益/万元	残值/万元	寿命期/年
A型	18	6	2	10
B型	25	9	0	12

4.104 某工程项目建设期2年，第1年投资450万元，生产经营期10年，若投产后年净收益为65万元，生产经营期末回收残值10万元，基准投资收益

率 10%，试计算并判断：①项目是否可行？②项目的 IRR 是多少？

4.105 某化工工程项目建设期 2 年，第 1 年投资 1800 万元，生产经营期 14 年，若投产后预计年净收益 270 万元，无残值，基准投资收益率 10%，试用 IRR 来判断项目是否可行？

4.106 某工程投资 25 000 万元，经济寿命 10 年，每年收益 3000 万元，残值 7000 万元，基准投资收益率 5%，试计算项目的 IRR 是多少？项目是否可行？

4.107 试进行方案选优（各方案均无残值，$i_0 = 12\%$）。

方案	建设期/年	第 1 年投资/万元	第 2 年投资/万元	生产经营期/年	年收益/万元
A	2	500	700	14	240
B	2	400	600	12	200

4.108 从下面给出的资料中，用 NPV 法选出最佳发电机组。（$i_0 = 10\%$）

机组	一次投资/万元	年收益/万元	残值/万元	寿命期/年
A 型	150	50	0	4
B 型	450	100	0	12

4.109 有 A、B 两个方案，其费用和计算期如下表所示，基准折现率为 10%。试用最小公倍数法和费用年值法比选方案。

方案	投资/万元	年经营成本/万元	计算期/年
A	150	15	15
B	100	20	10

4.110 五星公司的某产品生产需要一种化学精加工工艺，预计产品市场寿命期为 6 年。方案一，花 105 万元购买工艺设备，人员培训费 20 万元，年运营和维修成本为 35 万元，设备残值 21 万元；方案二，每年以 70 万元的价格把该工艺转包出去。基准收益率为 12%，你建议采用哪个方案？

4.111 某项工程有三个投资方案，资料如下表，用差额投资内部收益率法选择最佳方案。（$i_0 = 10\%$）

方案	投资/万元	年收益/万元	寿命期/年
A	2000	580	10
B	3000	780	10
C	4000	920	10

4.112 某制造公司拥有一座仓库,用来储存电泵产品的成品。由于公司正在淘汰电泵产品生产线,其考虑改变现有的结构来制造一条新的产品生产线。其工厂产品工程师认为仓库可以修建来满足两条新的生产线中的一条。两种产品方案分析期为 8 年,现金流量(单位:万元)数据如下表。

产品	仓库修建	设备	年收益	年运行和维修设备	产品寿命期	设备残值
产品 A	11 500	25 000	215 000	126 000	8 年	25 000
产品 B	18 900	315 000	289 000	168 000	8 年	35 000

期望的投资回报率是 15%。那么应当生产哪种产品呢?

4.113 为满足运输需要,可在两地间建一条公路或架一座桥梁,也可既建公路又架桥梁。若两项目都上,由于运输量分流,两项目都将减少收入,现金流量表如下表。当 $i_0 = 10\%$ 时,请选择最佳方案(单位:万元)。

方案	0	1	2~10
建公路 A	−200	−100	120
架桥梁 B	−100	−50	60
建公路和架桥梁 C	−300	−150	150

4.114 有 6 个可供选择的独立方案,各方案初始投资及每年净收益如下表所示,当资金预算为 2700 万元时按净现值指数排序法,对方案作出选择($i_0 = 12\%$,单位:万元)。

方案	投资	(1~10)年净收益	方案	投资	(1~10)年净收益
A	600	250	D	750	285
B	640	280	E	720	245
C	700	310	F	680	210

4.115 某公司有三个独立方案 A、B、C,寿命期均为 10 年,期初投资和每年净

收益如下表所示，当投资限额为 800 万元时，用独立方案互斥化法求最优方案组合（$i_0 = 10\%$）。

方案	投资/万元	每年净收益/万元
A	200	42
B	375	68
C	400	75

4.116 某公司有五个可供选择的独立方案，计算期均为 10 年，期初投资和每年净收益如下表所示，当投资限额为 1000 万元，2000 万元时，最优方案组合分别是什么？（$i_0 = 10\%$）。

方案	投资/万元	年净收益/万元
A	275	84
B	350	92
C	460	118
D	520	135
E	700	180

4.117 某公司欲充分利用资本金，现有以下投资方案可供选择：A、B、C 为投资对象，彼此间相互独立。各投资对象分别有 3 个、4 个、2 个互斥的方案，计算期均为 8 年，如下表所示，$i_0 = 10\%$。当投资限额为 500 万元、700 万元时，该如何选择方案？

投资对象	方案	投资额/万元	年收益/万元
A	A_1	300	90
	A_2	400	95
	A_3	500	112
B	B_1	100	10
	B_2	200	44
	B_3	300	60
	B_4	400	90
C	C_1	200	43
	C_2	300	61

4.118 某公司下设三个工厂 A、B、C，各厂都有几个互斥的技术改造方案，如下表所示，各方案寿命期都是 10 年（$i_0 = 12\%$）。①假如每个工厂都可以采用维持现状的方案（即不投资），那么在投资限额为 4000 万元时，如何选择方案？②如果 B 厂方案必须要上，那么当投资限额为 3000 万元、4000 万元时，选择哪些方案为好？

工厂	方案	初期投资/万元	比现状增加的年净收益/万元
A	A_1	1000	272
A	A_2	2000	511
B	B_1	1000	200
B	B_2	2000	326
B	B_3	3000	456
C	C_1	1000	509
C	C_2	2000	639
C	C_3	3000	878

4.119 三个互斥方案 A、B、C，寿命期不等，各自的现金流量如下表所示，试进行比选（基准折现率为 10%，单位：万元）。

方案	0	1	2	3	4	5	6
A	−1000	400	400	400	400		
B	−1400	700	700	700			
C	−2500	700	700	700	700	700	700

4.120 企业现从银行一次贷款 1000 万元，拟在从第 3 年开始的 5 年内还清。当年利率为 8% 时，企业每年初应等额偿还的金额是多少？

4.121 某公司在分配中心有两种运输商品的设备供选择：使用一个运送系统或者叉车。公司希望分配中心能在接下来 10 年运行，然后它将被改建成一个工厂直销店。运送系统能使用 8 年，而叉车能使用 6 年。两种选择的设计不同但是有相同的生产能力做相同的工作。两种选择的预期现金流量，包括维修成本、残值和税收影响如下表。

使用年	运送系统/元	叉车/元	使用年	运送系统/元	叉车/元
0	−68 000	−40 000	5	−13 000	−15 000
1	−13 000	−15 000	6	−13 000	−15 000
2	−13 000	−15 000	7	−13 000	
3	−13 000	−15 000	8	−13 000	
4	−13 000	−15 000			

如果公司使用运送系统，那么在第 8 年将花费 18 000 元对系统进行全面维修以延长其寿命期。期望寿命期（10 年）结束时的预计残值有 6000 元；如果公司使用叉车，那么在第 6 年结束时，预期残值为 4000 元，然后以每年 8000 元的价格租赁叉车。在这种情况下，当 $i = 12\%$ 时公司应当选择哪种设备？

4.122 现在一个机械厂需要更换一种磨损的磨砂机器。有两种不同型号供选择：①型号 A 是半自动化设备，需要初始投资 150 000 元，3 年中每年的年运行成本为 55 000 元，第 3 年将被替换，预计残值为 15 000 元。②型号 B 是有 5 年寿命期的全自动化设备，需要原始投资 230 000 元，预计残值为 35 000 元，预计年运行和维修成本为 30 000 元。假设当前使用的型号预计可以继续无限期使用。$i = 15\%$ 时，应当选择哪个？

4.123 拟建一容器厂，初建投资为 5000 万元，预计寿命期 10 年中每年可得净收益 800 万元，第 10 年末残值可得 2000 万元，试问该项目的内部收益率是多少？

4.124 A 方案寿命 5 年，期初投资 300 万元，每年末净收益为 96 万元，B 方案寿命 3 年，期初投资 100 万元，每年末净收益为 42 万元，试用差额内部收益率法来比较哪一个方案较好（基准折现率为 10%）？

4.125 某公司拟在相邻的两个街区开快餐店。若只开一家快餐店，其现金流量如下表所示（单位：万元）。若同时开两家店，则两家店 1~8 年的现金流量将分别减少 1/3。设基准折现率为 10%。请你提出开店的决策建议。

方案	0	1	2~8
方案 A（一家快餐店）	−200	60	90
方案 B（一家快餐店）	−300	90	120

4.126 某工程项目的运输系统有汽车运输方案和铁路运输方案。汽车运输方案投资 4.4 万元，年经营成本 2.8 万元，计算期为 5 年；铁路运输方案投资

13.4万元，年经营成本1.5万元，计算期为10年。基准收益率为10%，试选择最优方案。

4.127 用下表数据计算净现值和内部收益率，基准折现率为 10%，并判断项目是否可行。

投资年	净现金流量/万元	投资年	净现金流量/万元
0	−50	4	60
1	−80	5	60
2	40	6	60
3	60		

4.128 投建一条铁路，有两种方案，数据分别如下表所示。

方案	初始费用/万元	年运营维护费/万元	年收益/万元	经济寿命/年	残值
方案1	10 200	400	2000	40	0
方案2	14 000	200	2600	40	0

基准收益率为12%，哪一个方案更经济？或者工程是否该放弃？

4.129 假定一个城市运输系统有两个被选的提议。第一个寿命为20年，第二个寿命为40年，系统的初始费用分别为1亿元和1.5亿元。两者的收益都为每年0.3亿元，基准收益率为12%，无残值。应选择哪个提议？

4.130 一条河上一座桥的初始成本为500万元，在30年中它每年的收益为80万元。桥的寿命期期末的残值估计为5万元。渡河的另一个备选方案是建立一个渡口，初始成本为20万元。每年的收益为6万元，10年的寿命期期末残值为2万元。如果基准收益率为15%，应该选择哪个方案？

4.131 拟投资一个自动洗衣店，洗衣机和烘干机各须花费5000元。寿命期为3年，期末无残值。租金、工资和维护费约为每年1.1万元，每年的总收入为2万元，经营期为3年，若基准收益率为20%，是否应该投资洗衣店？

4.132 一台机器的初始成本为2200元，经过4年的使用后残值为500元，若基准折现率为25%，其费用年值为多少？

4.133 有两种型号的自动装卸车，数据如下表：

型号	成本/元	年维修费/元	经济寿命/年	残值/元
1	150 000	10 000	10	15 000
2	100 000	12 000	5	10 000

设基准折现率为25%，应选择哪个型号？

4.134 两种水泵，各自数据如下表所示：

型号	寿命期/年	初始成本/元	年维修费/元	残值/元
1	15	7 000	800	700
2	20	10 000	500	1 000

若基准折现率为 10%，计算费用年值，应选择用哪种水泵？

4.135 一家航空公司计划投入使用一种新型飞机，有 A、B、C 三种机舱座位安排方式可以选择，每一种方式的收益和成本如下表：

机舱座位安排		年净收益/万元	初始成本/万元
A	经济舱 250 个 头等舱 65 个	6 730	23 110
B	经济舱 300 个 头等舱 30 个	6 745	23 170
C	经济舱 350 个	6 771	23 260

飞机的寿命为 15 年，基准折现率为 25%，每种座位安排方式下的飞机残值均为 500 万元。该航空公司应该选择哪种方式？

4.136 公交系统使用三种汽车：汽油型、天然气型和柴油型。无论哪种汽车每 5 年都需要更换发动机。具体数据如下表所示。如果基准折现率为 18%，请计算出每种车型的费用年值，并比较哪种最经济？

汽车类型	初始成本/元	经济寿命/年	发动机成本/元	发动机寿命/年	转售价格/元
1 汽油型	145 000	10	17 000	5	18 000
2 天然气型	146 400	9	15 000	5	18 500
3 柴油型	153 000	10	47 000	5	19 000

四、参考答案

（一）单选题

题号	4.1	4.2	4.3	4.4	4.5	4.6	4.7	4.8	4.9	4.10	4.11	4.12	4.13	4.14	4.15	4.16
答案	b	c	c	c	b	a	c	c	c	a	c	b	a	c	b	a

(二) 多选题

题号	4.17	4.18	4.19	4.20	4.21	4.22	4.23	4.24
答案	ce	de	bce	acd	ad	bcd	be	abc

(三) 是非题

4.25 非。更正：当项目投资的内部收益率增大时，资本金内部收益率的变化要根据债务比来看。

4.26 非。更正：内部收益率的大小不仅与项目初始投资有关，还与各年的净收益有关。

4.27 非。更正：直接收益与间接收益不等同于内部收益与外部收益。

4.28 是。

4.29 非。更正：B 方案最劣。

4.30 非。更正：NPV＜0，说明该方案不可行。

4.31 是。

4.32 是。

4.33 非。更正：IRR 最大准则不能保证互斥方案比选的正确性。

4.34 非。更正：$\Delta IRR < i_0$，且两方案的 NPV 均大于零时，投资小的方案为优。

4.35 非。更正：投资收益率与项目的寿命期有关。

4.36 非。更正：在一定条件下，净年值与净现值是等效评价指标。

4.37 非。更正：净现值率反映了投资的使用效率。

4.38 是。

(四) 填空题

4.39 （差额）净现值，差额内部收益率

4.40 投资现值，单位投资现值所取得的净现值额

4.41 互为倒数

4.42 相同

4.43 投资大

4.44 动态

4.45 净收益

4.46 多支出

4.47 时间型指标，价值型指标，效率型指标

4.48 不考虑资金的时间价值

4.49 投资回收能力，项目投资盈利水平

4.50 投资

4.51 等值的等额序列年值，净年值

4.52 投资大

4.53 与其等值的等额支付序列

4.54 未

4.55 越大

4.56 相同，相等

4.57 静态评价法，不确定评价法

4.58 时间价值

4.59 净现值法，净现值率法，净年值法，费用现值法，费用年值法，动态投资回收期法，内部收益率法

4.60 基准投资回收期

4.61 总投资额

4.62 基准折现率，净现值与其全部投资现值

4.63 现金流入和流出（净现金流量）

4.64 少

4.65 净现值

4.66 大

4.67 未考虑时间因素

（五）简答题

4.68 答：一般可以分作三大类：第一类是以时间单位计量的时间型指标，如投资回收期；第二类是以货币单位计量的价值型指标，如净现值、净年值、费用现值、费用年值等；第三类是反映资金利用效率的效率型指标，如投资收益率、内部收益率、净现值指数等。这三类指标从不同角度考察项目的经济性，在对项目方案进行经济效益评价时，应当尽量同时选用这三类指标以利于较全面地反映项目的经济性。

4.69 答：静态评价是指在对项目和方案效益与费用进行计算时，不考虑资金的时间价值，不进行复利计算。因此，一般地讲，静态评价比较简单、直观、使用方便，但不够精确。经常应用于可行性研究初始阶段的粗略分析

和评价，以及方案的初选阶段。

动态评价是指在对项目和方案效益与费用进行计算时，充分考虑到资金的时间价值，要采用复利计算方法，把不同时间点的效益流入和费用流出折算为同一时间点的等值价值，为项目和方案的技术经济比较确立相同的时间基础，并能反映未来时期的发展变化趋势。动态评价主要用于项目最后决策前的可行性研究阶段。动态评价是经济效益评价的主要评价方法。

4.70 答：静态投资回收期是指在不考虑资金时间价值的条件下，以项目的净收益（包括利润和折旧）抵偿项目投资（包括固定资产投资和流动资金投资）所需的时间。

用投资回收期评价投资项目时，需要与根据同类项目的历史数据和投资者意愿确定的基准投资回收期相比较。设基准投资回收期为 P_c，判别准则为：若 $P_t \leqslant P_c$，则项目可以考虑接受；若 $P_t > P_c$，则项目应予以拒绝。

静态投资回收期是反映项目财务上投资回收能力的重要指标，是用来考察项目投资盈利水平的经济效益指标。

静态投资回收期的优点：第一，概念清晰、反映问题直观，计算方法简单；第二，也是最重要的，该指标不但在一定程度上反映项目的经济性，而且反映项目的风险大小。缺点在于：第一，它没有反映资金的时间价值；第二，由于它舍弃了回收期以后的收入与支出数据，故不能全面反映项目在寿命期内的真实效益，难以对不同方案的比较选择作出正确判断。

4.71 答：净现值法是在建设项目的财务评价中计算投资效果的一种常用的动态分析方法。净现值指标要求考虑项目寿命期内每年发生的现金流量，净现值是指按一定的折现率（基准折现率），将各年的净现金流量折现到同一时点（计算基准年，通常是期初）的现值累加值。

对单一方案而言，若 NPV≥0，表示项目实施后的收益率不小于基准收益率，方案予以接受；若 NPV<0，表示项目的收益率未达到基准收益率，应予拒收。

多方案比较时，以净现值大的方案为优。

净现值法的优点：①考虑了投资项目在整个经济寿命期内的收益，在决定短期利益时常常使用某年的净利润，净现值则往往在决定长期利益时使用；②考虑了投资项目在整个经济寿命期内的更新或追加投资；③反映了纳税后的投资效果；④既能在费用效益对比上进行评价，又能和别的投资方案进行收益率的比较；⑤可进行多方案比较。

净现值法的缺点：① 预先确定折现率 i_0，这给项目决策带来了困难；②净现值比选方案时，没有考虑到各方案投资额的大小，因而不能直接反映资金的利用效率。

4.72 答：净现值函数一般有以下特点：①同一净现金流量的净现值随 i 的增大而减小，故基准折现率 i_0 越大，则净现值就越小，甚至为零或负值，因而可被接受的方案也就越少；②净现值随折现率的增大可从正值变为负值，因此，必然会有当 i 为某一数值 i^* 时，使得净现值 NPV = 0。

4.73 答：净现值是指按一定的折现率（基准折现率），将各年的净现金流量折现到同一时点（计算基准年，通常是期初）的现值累加值。净现值比选方案时，没有考虑到各方案投资额的大小，因而不能直接反映资金的利用效率。

净现值率是按基准折现率求得的方案计算期内的净现值与其项目投资现值的比率。为了考察资金的利用效率，可采用净现值率作为净现值的补充指标。

4.74 答：在对多个方案比较选优时，如果诸方案产出价值相同，或者诸方案能够满足同样需要但其产出效益难以用价值形态（货币）计量（如环保、教育、保健、国防）时，可以通过对各方案费用现值或费用年值的比较进行选择。

4.75 答：内部收益率与项目初始投资和项目在寿命期内各年的净现金流量有关。内部收益率是用以研究项目投资的经济效益问题的指标，其数值大小表达的并不是一个项目初始投资的收益率，而是尚未回收的投资余额的年盈利率。内部收益率的经济含义可以这样理解：在项目的整个寿命期内按利率 i = IRR 计算，始终存在未能收回的投资，而在寿命期结束时，投资恰好被完全收回。也就是说，在项目寿命期内，项目始终处于"偿付"未被收回的投资的状况。

内部收益率的判别准则：计算求得的内部收益率 IRR 要与项目的基准收益率 i_0 相比较，当 IRR $\geqslant i_0$ 时，表明项目的收益率已达到或超过基准收益率水平，项目可行；反之，当 IRR $< i_0$ 时，表明项目不可行。

4.76 答：互斥方案，即在多方案中只能选择一个，其余方案必须放弃。方案不能同时存在，方案之间的关系具有互相排斥的性质。

在对互斥方案进行评价时，经济效果评价包含了两部分内容：一是考察各个方案自身的经济效果，即进行绝对效果检验，用经济效果评价标准（如 NPV$\geqslant$0，NAV$\geqslant$0，IRR$\geqslant i_0$）检验方案自身的经济性，称为绝对（经济）效果检验。凡通过绝对效果检验的方案，就认为它在经济效果上是可以接受的，否则就应予以拒绝。二是考察哪个方案相对最优，称为相对（经济）效果检验。一般先以绝对经济效果检验方法筛选方案，然后以相对经济效果检验方法优选方案。

互斥型方案进行比较时，必须具备以下的可比性条件：①被比较方案的费用及效益计算口径一致；②被比较方案具有相同的计算期；③被比较方案现金流量具有相同的时间单位。

4.77 答：对于寿命期不等的互斥方案进行比选，同样要求方案间具有可比性。满足这一要求需要解决两个方面的问题：一是设定一个合理的共同分析期；二是给寿命期不等于分析期的方案选择合理的方案接续假定或者残值回收假定。

（1）年值法，是指投资方案在计算期的收入及支出按一定的折现率换算为等值年值，用以评价或选择方案的一种方法。

（2）现值法，如果要使用现值指标进行方案比选，必须设定一个共同的分析期。分析期的设定通常有以下几种方法：① 最小公倍数法。此法是以不同方案使用寿命的最小公倍数作为研究周期，在此期间各方案分别考虑以同样规模重复投资多次，据此算出各方案的净现值，然后进行比较选优；② 年值折现法。按某一共同的分析期将各备选方案的年值折现得到用于方案比选的现值。

（3）差额内部收益率法，求解寿命期不等互斥方案间差额内部收益率的方程可令两方案净年值相等。

4.78 答：差额净现值：对于互斥方案，利用不同方案的差额现金流量来计算净现值。其分析过程是：首先计算两个方案的净现金流量之差，然后分析投资大的方案相对投资小的方案所增加的投资在经济上是否合理，即差额净现值是否大于零。若 $\Delta NPV \geq 0$，表明增加的投资在经济上是合理的，投资大的方案优于投资小的方案；反之，则说明投资小的方案是更经济的。

差额内部收益率：是指相比较两个方案的各年净现金流量差额的现值之和等于零时的折现率。用差额内部收益率比选方案的判别准则是：若 $\Delta IRR > i_0$，则投资大的方案为优；若 $\Delta IRR < i_0$，则投资小的方案为优。

差额投资回收期：指在不计利息的条件下一个方案比另一个方案多支出的投资，用年经营成本的节约额逐年回收所需的时间。计算差额投资回收期 P_a，当 P_a 小于基准投资回收期 P_c 时，说明追加的投资经济效益是好的，选择投资大的方案；若 $P_a > P_c$，说明追加的投资不经济，应选择投资小的方案。

4.79 答：独立方案互斥化法和效率指标排序法。当方案的个数增加时，其组合数将成倍增加。所以独立方案互斥化方法比较适用于方案数比较小的情况。当方案数目较多时，可采用效率指标排序法。但用内部收益率或净现值指数排序来评选独立方案，并不一定能保证获得最佳组合方案。只有当各方案投资占总投资比例很小或者入选方案正好分配完总投资时才能保证获得最佳组合方案，因此没有分配的投资无法产生效益。

4.80 答：混合方案选择的程序如下：①按组际间的方案互相独立、组内方案互相排斥的原则，形成所有各种可能的方案组合；②以互斥型方案比选的原则筛选组内方案；③在总的投资限额下，以独立型方案比选原则选择最优的方案组合。

4.81 答：投资额不等的互斥方案比选的实质是判断增量投资（或差额投资）的经济合理性，即投资大的方案相对于投资小的方案多投入的资金能否带来满意的增量收益。显然，若增量投资能够带来满意的增量收益，则投资额大的方案优于投资额小的方案，若增量投资不能带来满意的增量收益，则投资额小的方案优于投资额大的方案。净现值最大等价于净现值相减，即等价于差额净现值，所以净现值最大原则是正确的。内部收益率最大与差额内部收益率的结果是不一致的。（可用净现值函数来进一步说明。）

4.82 答：用净现值指数排序来评选独立方案，并不一定能保证获得最佳组合方案。只有当各方案投资占总投资比例很小或者入选方案正好分配完总投资时才能保证获得最佳组合方案，因为没有分配的投资无法产生效益。但它的优点是计算简单。

4.83 答：对互斥方案，寿命期相等时用差额内部收益率，寿命期不等时用净年值相等来计算差额内部收益率后进行比较。独立方案可用内部收益率排序法来比较方案。

4.84 答：内部收益率最大准则只在基准折现率大于被比较的两方案的差额内部收益率的前提下成立，也就是说，如果将投资大的方案相对于投资小的方案的增量投资用于其他投资机会，会获得高于差额内部收益率的盈利率时，用内部收益率最大准则进行方案比选的结论就是正确的。但是若基准折现率小于差额内部收益率，用内部收益率最大准则选择方案就会导致错误的决策。IRR 是由方案的现金流量决定的，而基准折现率是人为确定的，不依赖于具体比选方案的差额内部收益率，故用内部收益率最大准则比选方案是不可靠的。

（六）计算题

4.85 解：投资回收期

$$P_t = \frac{累计净现金流量开始}{出现正值年份数} - 1 + \frac{上年累计净现金流量的绝对值}{当年净现金流量}$$

= 10−1 + 2046/7917 = 9.26(年) < 11(年)   故方案经济上合理。

4.86 解：已知 $K_甲 = 40$ 万元，$K_乙 = 60$ 万元，$C'_甲 = 20$ 万元，$C'_乙 = 12$ 万元，两方案产量相同，$K_甲 < K_乙$ 和 $C'_甲 > C'_乙$，故可计算差额投资回收期 $P_a = (K_乙 - K_甲)/(C'_甲 - C'_乙) = 2.5$ 年 < 5 年，故乙方案为优。

4.87 解：$NAV_A = -1200(A/P, 10\%, 18) + 240(P/A, 10\%, 16)(P/F, 10\%, 2)$
$\times (A/P, 10\%, 18) = 42.89(万元) > 0$；

$NAV_B = -[200 + 800(P/F, 10\%, 1)](A/P, 10\%, 16) + 220(P/A, 10\%, 14)$
$\times (P/F, 10\%, 2)(A/P, 10\%, 16) = 52.68(万元) > 0$；

$NAV_A < NAV_B$，故方案 B 较优。

4.88 解：$NPV_A = -200 + 90(P/A, 10\%, 5) = -200 + 90 \times 3.79079 = 141.17(万元)$

$NPV_B = -300 + 110(P/A, 10\%, 5) = 116.9869(万元)$

$NPV_C = -400 + 140(P/A, 10\%, 5) = 130.71067(万元)$

$NPV_D = -450 + 150(P/A, 10\%, 5) = 118.6185(万元)$

$NPVR_A = 141.17/200 = 0.70585$，$NPVR_C = 130.71067/400 = 0.3268$，

$NPVR_B = 116.9869/300 = 0.389956$，$NPVR_D = 118.6185/450 = 0.2636$

资金的数额不限时，全选。资金总额为 800 万元时，选择 A、C 方案。

4.89 解：$P_a = \dfrac{\dfrac{800}{1000} - \dfrac{1200}{1000}}{\dfrac{300}{1000} - \dfrac{260}{800}} = 8(年) > 6 年$ 所以 B 优。

4.90 解：$P_{a_{AB}} = \dfrac{1100 - 1000}{120 - 115} = 20(年) > 5 年$ 所以 A 比 B 优；

$P_{a_{AC}} = \dfrac{1400 - 1000}{120 - 105} \approx 26.7(年) > 5 年$ 所以 A 比 C 优；A 最优。

4.91 解：$(3200-1900)/(800-480) \approx 4(年)$，乙方案较优。

4.92 解：初始成本 $8000 + 200 + 200 = 8400(元)$，

年收入 $20\,000 \times 0.2 = 4000(元)$

$P_t = 8400/4000 = 2.1(年) < 4 年$

因此购买此机床是合理的。

4.93 解：单位：万元

投资年末	0	1	2	3	4	5
现金流量 A	−500	−500	500	400	300	200
现金流量 B	−800	−200	200	300	400	500
累计现金流量 A	−500	−1000	−500	−100	200	400
累计现金流量 B	−800	−1000	−800	−500	−100	400
现金流量现值 A	−500	−454.5	−413	300.4	204.9	124.2
现金流量现值 B	−800	−181.8	165.2	225.3	273.2	310.5
累计现金流量现值 A	−500	−954.5	−541.5	−241.1	−36.2	88
累计现金流量现值 B	−800	−981.8	−816.6	−591.3	−318.1	−7.6

A：$P_t = 4-1 + 100/300 \approx 3.33(年)$,

$P_d = 5-1 + 36.2/124.2 \approx 4.29(年)$，NPV = 88 万元，A 优

B：$P_t = 5-1 + 100/500 = 4.2(年)$，$P_d > 5$ 年，NPV = -7.6 万元

4.94　解：$P_a = \dfrac{6700-3700}{1300-730} \approx 5.3(年) < 7$ 年　　因此选甲。

4.95　解：$NPV_A = -275 + 84(P/A, 10\%, 10) = -275 + 84 \times 6.144\,57 = 241.14(万元)$

$NPV_B = -350 + 92(P/A, 10\%, 10) = 215.3(万元)$

$NPV_C = -460 + 118(P/A, 10\%, 10) = 265.06(万元)$

$NPV_D = -520 + 135(P/A, 10\%, 10) = 309.52(万元)$

$NPV_E = -700 + 180(P/A, 10\%, 10) = 406.02(万元)$

$NPVR_A > NPVR_B > NPVR_D > NPVR_E > NPVR_C$，$NPV_E > NPV_D > NPV_C > NPV_A > NPV_B$

（1）投资限额为 1000 万元时，组合 K(E + D) > 1000 万元，K(B + E) > 1000 万元，K(C + E) > 1000 万元，剔除。

$NPV_{A+B} = 456.44(万元)$，$NPV_{A+C} = 506.2(万元)$，$NPV_{A+D} = 550.66(万元)$，$NPV_{A+E} = 647.16(万元)$，$NPV_{B+C} = 480.36(万元)$，$NPV_{B+D} = 524.82(万元)$，$NPV_{C+D} = 574.58(万元)$

NPV_{A+E} 最大，选择 A、E 两个方案。

（2）投资限额为 2000 万元时，组合 K(A + B + C + D + E) > 2000(万元)，K(B + C + D + E) > 2000(万元)，剔除。在其余四个组合中，K(E + D + C + A) = 1955(万元)的组合净现值最大，$NPV_{A+C+D+E} = 1221.74$ 万元，计算结果如下表所示。

方案 NPV	A	B	C	D	E	组合的投资	组合的 NPV
	241.14	215.3	265.06	309.52	406.02		
组合 1	275	350	460	520	700	2305	—
组合 2	—	350	460	520	700	2030	—
组合 3	275	—	460	520	700	1955	1221.74
组合 4	275	350	—	520	700	1845	1171.98
组合 5	275	350	460	—	700	1785	1127.52
组合 6	275	350	460	520	—	1605	1031.02

选择 A、C、D、E 四个方案。

4.96　解：$NPV = -2000 + 400(P/A, 10\%, 13)(P/F, 10\%, 2) + 200(P/F, 10\%, 15)$

$= 396.11(万元) > 0$

因此该项目可行。

4.97　解：①NPV = –1200–1000(*P/F*, 12%, 1) + 100(*P/F*, 12%, 3) + 390(*P/A*, 12%, 13)×(*P/F*, 10%, 3) = –238.5(万元)＜0

因此项目不可行。

②NPV = –1200–1000(*P/F*, 12%, 1) + 100(*P/F*, 12%, 3)
　　　　+ *A*(*P/A*, 12%, 13) (*P/F*, 10%, 3)≥0

A = 442.17(万元)

增加额为 442.17–390 = 52.17(万元)

4.98　解：NPV = –600–400(*P/F*, 15%, 2) + *A*(*P/A*, 15%, 18) (*P/F*, 15%, 2)
　　　　　+ 400(*P/F*, 15%, 20)≥0

年销售利润 *A*≥189.49 万元才可行。

4.99　解：NPV$_A$ = –55 000 + 7000(*P/A*, 12%, 20) = –2713.92(万元)

NPV$_B$ = –70 000 + 9500(*P/A*, 12%, 20) + 3000 (*P/F*, 12%, 20) = 1270.69(万元)

NPV$_C$ = –80 000 + 12 000(*P/A*, 12%, 20) + 4000 (*P/F*, 12%, 20) = 10 047.96(万元)

NPV$_D$ = –65 000 + 8000(*P/A*, 12%, 20) + 2000 (*P/F*, 12%, 20) = –5037.14(万元)

NPV$_C$ 最大，选 C。

4.100　解：NPV$_甲$ = –800 + 180(*P/A*, 10%, 20) (*P/F*, 10%, 2) = 466.49(万元)

NPV$_乙$ = –300–500(*P/F*, 10%, 1) + 180(*P/A*, 10%, 20)(*P/F*, 10%, 2)
　　　　　= 511.94(万元)

NPV$_丙$ = –100–700(*P/F*, 10%, 1) + 180(*P/A*, 10%, 20) (*P/F*, 10%, 2)
　　　　　= 530.127(万元)

NPV$_丙$ 最大，丙最优。

4.101　解：AC = 15 000(*A/P*, 10%, 10) + 3300 + 400 + 300 = 6441.6(元)＜8200 元

因此选择安装。

4.102　解：甲方案的矿车和道路的寿命期不同，甲方案寿命期取二者的最小公倍数 24 年，即矿车（3×8）年，道路（2×12）年，与乙方案寿命期相等。可以用费用年值法或费用现值法来比选。

AC$_{矿车}$ = [450 000[1 + (*P/F*, 15%, 8) + (*P/F*, 15%, 16)]–50 000[(*P/F*, 15%, 8) +
　　　　　 (*P/F*, 15%, 16) + (*P/F*, 15%, 24)]](*A/P*, 15%, 24) + 60 000
　　　　= 156 640 万元

AC$_{道路}$ = [230 000[1 + (*P/F*, 15%, 12)]–20 000[(*P/F*, 15%, 12) + (*P/F*, 15%, 24)]]
　　　　　(*A/P*, 15%, 24) + 0.3
　　　　= 44 741 万元

AC$_甲$ = AC$_{矿车}$ + AC$_{道路}$ = 201 381 万元

$AC_Z = 25\ 000 + 1\ 750\ 000(A/P, 15\%, 24) - 100\ 000(A/F, 15\%, 24)$
$= 296\ 459.5(万元)$

$AC_甲 < AC_Z$ 因此甲优。

4.103 解：$NAV_A = -18(A/P, 10\%, 10) + 6 + 2(A/F, 10\%, 10) = 3.2(万元)$
$NAV_B = -25(A/P, 10\%, 12) + 9 = 5.33(万元) > 3.2\ 万元$ 因此 B 优。

4.104 解：①$NPV = -450 + 65(P/A, 10\%, 10)(P/F, 10\%, 2) + 10(P/F, 10\%, 12)$
$= -116.73(万元) < 0$

②$i = 5\%, NPV = 10.82；i = 8\%, NPV = -72.1(万元)$
因此 $IRR = 5\% + 10.82/(10.82 + 72.1) \times 3\% = 5.39\%$

4.105 解：$i = 8\%, NPV = -1800 + 270(P/A, 8\%, 14)(P/F, 8\%, 2) = 108.39(万元)$
$i = 10\%, NPV = -1800 + 270(P/A, 10\%, 14)(P/F, 10\%, 2) = -156.18(万元)$
因此 $IRR = 8\% + 108.39/(156.18 + 108.39) \times 2\% = 8.82\% < 10\%$
项目不可行。

4.106 解：$i = 5\%, NPV = -25\ 000 + 3000(P/A, 5\%, 10) + 7000(P/F, 5\%, 10)$
$= 2462.56(万元)$
$i = 8\%, NPV = -25\ 000 + 3000(P/A, 8\%, 10) + 7000(P/F, 8\%, 10)$
$= -1627.43(万元)$
因此 $IRR = 5\% + 2462.56/(2462.56 + 1627.43) \times 3\% = 6.8\% > 5\%$
项目可行。

4.107 解：$NAV_A = -500(A/P, 12\%, 16) - 700(A/P, 12\%, 16)(P/F, 12\%, 1)$
$+ 240(P/A, 12\%, 14)(P/F, 12\%, 2)(A/P, 12\%, 16) = 20.52(万元)$
$NAV_B = -400(A/P, 12\%, 14) - 600(A/P, 12\%, 14)(P/F, 12\%, 1)$
$+ 200(P/A, 12\%, 12)(P/F, 12\%, 2)(A/P, 12\%, 14) = 7.83(万元)$
$NAV_A > NAV_B$ 因此 A 优。

4.108 解：$NPV_A = -150 - 150(P/F, 10\%, 4) - 150(P/F, 10\%, 8) + 50(P/A, 10\%, 12)$
$= 18.3(万元)$
$NPV_B = -450 + 100(P/A, 10\%, 12) = 231.4(万元)$
$NPV_A < NPV_B$ 因此 B 优。

4.109 解：①最小公倍数法
$PC_A = 150 + 15(P/A, 10\%, 30) + 150(P/F, 10\%, 15) = 327.38(万元)$
$PC_B = 100 + 20(P/A, 10\%, 30) + 100(P/F, 10\%, 10) + 100(P/F, 10\%, 20)$
$= 341.95(万元)$
$PC_A < PC_B$ 因此 A 优。

②费用年值法

ACₐ = 15 + 150 (*A/P*, 10%, 15) = 34.72(万元)

AC_B = 20 + 100 (*A/P*, 10%, 10) = 36.27(万元)

ACₐ＜AC_B　　因此 A 优。

4.110　解：PC₁ = 105 + 20 + 35×(*P/A*, 12%, 6)−21×(*P/F*, 12%, 6) = 258.26(万元)

PC₂ = 70×(*P/A*, 12%, 6) = 287.8(万元)

由于 PC₁＜PC₂，选择方案一。

4.111　解：先求各方案的内部收益率均大于基准投资收益率，均为可行方案。

i = 15%, ΔNPV₁ = −(3000−2000) + (780−580)(*P/A*, 15%, 10) = 3.8(万元)

i = 20%, ΔNPV₂ = −(3000−2000) + (780−580)(*P/A*, 15%, 10) = −161.6(万元)

ΔIRR_AB = 15% + 3.8/(3.8 + 161.6)×5% = 15.1%＞10%，　　因此 B 比 A 优。

i = 5%, ΔNPV₁ = −(4000−3000) + (920−780)(*P/A*, 5%, 10) = 81.04(万元)

i = 8%, ΔNPV₂ = −(4000−3000) + (920−780)(*P/A*, 8%, 10) = −60.6(万元)

ΔIRR_BC = 5% + 81.04/(81.04 + 60.6)×3% = 6.7%＜10%

因此 B 比 C 优，故 B 优。

4.112　解：NPVₐ = −365 000 + 89 000(*P/A*, 15%, 8) + 25 000(*P/F*, 15%, 8)

　　　　　= 42 544(元)

NPV_B = −504 000 + 121 000(*P/A*, 15%, 8) + 35 000(*P/F*, 15%, 8) = 50 407(元)

选择 NPV 最大的方案，因此，生产产品 B 更经济。

4.113　解：NPVₐ = −200−100(*P/F*, 10%, 1) + 120(*P/A*, 10%, 9)(*P/F*, 10%, 1)

　　　　　= 337.35(万元)

NPV_B = −100−50(*P/F*, 10%, 1) + 60 (*P/A*, 10%, 9) (*P/F*, 10%, 1)

　　　　　= 168.68(万元)

NPV_C = −300−150(*P/F*, 10%, 1) + 150 (*P/A*, 10%, 9) (*P/F*, 10%, 1)

　　　　　= 348.96(万元)

NPV_C 最大，因此 C 最优。

4.114　解：NPVₐ = −600 + 250(*P/A*, 12%, 10) = 812.5(万元), NPVRₐ = 1.35　　—③

NPV_B = −640 + 280(*P/A*, 12%, 10) = 942(万元), NPVR_B = 1.47　　—②

NPV_C = −700 + 310(*P/A*, 12%, 10) = 1051.5(万元), NPVR_C = 1.50　　—①

NPV_D = −750 + 285(*P/A*, 12%, 10) = 860.31(万元), NPVR_C = 1.15　　—④

NPV_E = −720 + 245(*P/A*, 12%, 10) = 664.3(万元), NPVR_C = 0.92　　—⑤

NPV_F = −680 + 210(*P/A*, 12%, 10) = 506.5(万元), NPVR_C = 0.74　　—⑥

K(A + B + C + D) = 2690 万元，选 A、B、C、D。

4.115　解：

方案组合	投资总数/万元	净现值/万元
A	200	58.07
B	375	42.83
C	400	60.84
A B	575	100.9
A C	600	118.91
B C	775	103.67
A B C	975	161.74

选组合 AC。

4.116 解：先计算出五个方案的净现值，然后排序。

$NPV_A = 241.14$(万元)　—④

$NPV_B = 215.3$(万元)　—⑤

$NPV_C = 265.06$(万元)　—③

$NPV_D = 309.52$(万元)　—②

$NPV_E = 406.02$(万元)　—①

限 1000 万元：$K(C+D) = 460 + 520 = 980$(万元)　$NPV_{CD} = 574.58$(万元)

$K(A+E) = 275 + 700 = 975$(万元)　$NPV_{AE} = 647.16$(万元)

因此选 A、E。

限 2000 万元：$K(A+C+D+E) = 275 + 460 + 520 + 700 = 1955$(万元)

$NPV_{ACDE} = 1221.74$(万元)

因此选 A、C、D、E。

4.117 解：$NPV_{A_1} = 181.14$ 万元，$NPV_{A_2} = 106.82$ 万元，$NPV_{A_3} = 97.51$ 万元，$NPV_{B_1} = -46.65$ 万元，$NPV_{B_2} = 34.74$ 万元，$NPV_{B_3} = 20.958$ 万元，$NPV_{B_4} = 80.14$ 万元，$NPV_{C_1} = 29.4$ 万元，$NPV_{C_2} = 25.43$ 万元

限 500 万元：$K(A_1 + B_2) = 500$ 万元，$NPV_{A_1B_2} = 215.88$ 万元　因此选 A_1、B_2。

限 700 万元：$K(A_1 + C_2) = 600$ 万元　$NPV_{A_1C_2} = 206.57$ 万元

$K(A_1 + B_2 + C_1) = 700$ 万元　$NPV_{A_1B_2C_1} = 245.28$ 万元　因此选 A_1、B_2、C_1。

4.118 解：$NPV_{A_1} = 536.8$ 万元，$NPV_{A_2} = 887.2$ 万元，$NPV_{B_1} = 130$ 万元，$NPV_{B_2} = -158$ 万元，$NPV_{B_3} = -423.5$ 万元，$NPV_{C_1} = 1875.96$ 万元，$NPV_{C_2} = 1610.49$ 万元，$NPV_{C_3} = 1960.89$ 万元

①$K(A_1 + C_3) = 4000$ 万元 $NPV_{A_1C_3} = 2497.69$ 万元

$K(A_2 + B_1 + C_1) = 4000$ 万元 $NPV_{A_2B_1C_1} = 2893.16$ 万元

因此选 A_2、B_1、C_1。

②限 3000 万元：$K(B_1 + C_2) = 3000$ 万元 $NPV_{B_1C_2} = 1740.49$ 万元

$K(A_1 + B_1 + C_1) = 3000$ 万元 $NPV_{A_1B_1C_1} = 2542.76$ 万元

因此选 A_1、B_1、C_1。

限 4000 万元：$K(A_2 + B_1 + C_1) = 4000$ 万元 $NPV_{A_2B_1C_1} = 2893.16$ 万元

$K(B_1 + C_3) = 4000$ 万元 $NPV_{B_1C_3} = 2090.89$ 万元

$K(A_1 + B_1 + C_2) = 4000$ 万元 $NPV_{A_1B_1C_2} = 2277.29$ 万元

因此选 A_2、B_1、C_1。

4.119 解：年值法。

$NAV_A = -1000(A/P, 10\%, 4) + 400 = 84.53$(万元)；

$NAV_B = -1400(A/P, 10\%, 3) + 700 = 137.046$(万元)；

$NAV_C = -2500(A/P, 10\%, 6) + 700 = 125.975$(万元)。

B 方案最优。也可用年值折现法和最小公倍数法来计算。

4.120 解：$1000 = A(P/A, 8\%, 5)(P/F, 8\%, 1)$，$A = 270.5$ 元

4.121 解：$PC1_1 = 68\,000 + 13\,000(P/A, 12\%, 10) + 18\,000(P/F, 12\%, 8)$
$-6\,000(P/F, 12\%, 10) = 146\,791$(元)

$PC2_2 = 40\,000 + 15\,000(P/A, 12\%, 10) + 8000(P/A, 12\%, 4)(P/F, 12\%, 6)$
$-4000(P/F, 12\%, 6) = 130\,208$(元)

使用叉车是更好的选择。

4.122 解：$AC_1 = [-150\,000 - 55\,000(P/A, 15\%, 3) + 15\,000(P/F, 15\%, 3)](A/P, 15\%, 3)$
$= 116\,377$(元)

$AC_2 = [-230\,000 - 30\,000(P/A, 15\%, 5) + 35\,000(P/F, 15\%, 5)](A/P, 15\%, 5)$
$= 93\,422$(元)

所以选择 B 型号。

4.123 解：$-5000 + 800(P/A, IRR, 10) + 2000(P/F, IRR, 10) = 0$

用插值试算法可求出 $IRR = 12.75\%$。

4.124 解：A、B 方案寿命期不等。

（1）绝对经济效果评价。用线性插值法计算各方案的 IRR，判断可行与否。

$-300 + 96(P/A, IRR_A, 5) = 0$ $IRR_A = 18.14\% > 10\%$，因此可行。

$-100 + 42(P/A, IRR_B, 3) = 0$ $IRR_B = 12.53\% > 10\%$，因此可行。

（2）相对经济效果评价。令两方案净年值相等，线性插值求解 ΔIRR。

$-300(A/P, \Delta IRR, 5) + 96 = -100(A/P, \Delta IRR, 3) + 42$

$\Delta \text{IRR} = 20.77\% > 10\%$，因此选 A 方案。

4.125 解：单位：万元

方案	0	1	2～8	净现值
方案 A	−200	60	90	252.88
方案 B	−300	90	120	312.92
方案 A+方案 B	−500	100	140	210.53

应该只开一家店，选择方案 B。

4.126 解：$AC_{汽} = 2.8 + 4.4(A/P, 10\%, 5) = 3.9607(万元)$
$AC_{铁} = 1.5 + 13.4(A/P, 10\%, 10) = 3.6808(万元)$
因此铁路运输好。

4.127 解：$NPV = -50 - 80(P/F, 10\%, 1) + 40(P/F, 10\%, 2)$
$+ 60(P/A, 10\%, 4)(P/F, 10\%, 2) = 67.515(万元) > 0$
$IRR = 25.87\% > 10\%$
方案可行。

4.128 解：$NPV_1 = -10200 + (2000-400)(P/A, 12\%, 40) = 3000(万元)$
$\Delta NPV_{12} = -(14000-10200) + [(2600-200)-(2000-400)](P/A, 12\%, 40)$
$= 2800(万元) > 0$
因此方案 2 优于方案 1。

4.129 解：$NAV_1 = 0.3 - 1(A/P, 12\%, 20) = 0.166(亿元)$
$NAV_2 = 0.3 - 1.5(A/P, 12\%, 40) = 0.118(亿元)$。因此选择方案 1。

4.130 解：$NAV_1 = 80 - 500(A/P, 15\%, 30) + 5(A/F, 15\%, 30) = 3.86(万元)$
$NAV_2 = 6 - 20(A/P, 15\%, 10) + 2(A/F, 15\%, 10) = 2.11(万元)$
因此选择方案 1。

4.131 解：$AC = 5000(A/P, 20\%, 3) = 2374(元)$
每年的利润为 20 000 − 11 000 − 2374 = 6626(元)，因此应该投资。

4.132 解：$AC = 2200(A/P, 25\%, 4) - 500(A/F, 25\%, 4) = 845(元)$

4.133 解：$AC_1 = 150\,000(A/P, 25\%, 10) - 15\,000(A/F, 25\%, 10) + 10\,000$
$= 51\,560(元)$
$AC_2 = 100\,000(A/P, 25\%, 5) - 10\,000(A/F, 25\%, 5) + 12\,000$
$= 47\,967(元) < AC_1$，因此选择型号 2。

4.134 解：$AC_1 = 7000(A/P, 10\%, 15) - 700(A/F, 15\%, 15) + 800 = 1689(元)$
$AC_2 = 10\,000(A/P, 10\%, 20) - 1000(A/F, 10\%, 20) + 500 = 1657(元) < AC_1$，
因此选择型号 2。

4.135 解：$NPV_A = -23\ 110 + 6730(P/A, 25\%, 15) + 500(P/F, 25\%, 15)$
= 2656.07(万元)；

$NPV_{B-A} = -60 + 15(P/A, 25\%, 15) = -2$(万元)，A 优于 B；

$NPV_{C-A} = -150 + 41(P/A, 25\%, 15) = 8.2$(万元)，C 优于 A。

因此选择方案 C。

4.136 解：$AC_1 = 145\ 000(A/P, 18\%, 10) - 18\ 000(A/F, 18\%, 10)$
$+ 17\ 000(P/F, 18\%, 5)(A/P, 18\%, 10) = 33\ 152$(元)

$AC_2 = 146\ 400(A/P, 18\%, 9) - 18\ 500(A/F, 18\%, 9)$
$+ 15\ 000(P/F, 18\%, 5)(A/P, 18\%, 9) = 34\ 576$(元)

$AC_3 = 153\ 000(A/P, 18\%, 10) - 19\ 000(A/F, 18\%, 10)$
$+ 47\ 000(P/F, 18\%, 5)(A/P, 18\%, 10) = 37\ 808$(元)

AC_1 最小，因此选择汽油型。

第五章　投资项目的风险与不确定性分析

一、学习的基本要求

（一）识记

1. 盈亏平衡分析法的计算公式的推导、盈亏平衡点的确定与计算；
2. 敏感性分析的一般步骤、单因素敏感性分析的基本方法；
3. 经济效果的期望值、标准差、离散系数的概念及概率分析的基本思路；
4. 决策树的概念、构成、绘制及应用。

（二）理解

1. 不确定性分析的含义以及进行不确定性分析的意义；
2. 盈亏平衡分析的经济含义，代数法和几何法的比较；
3. 多方案进行盈亏平衡分析的一般步骤；
4. 敏感性分析的含义、目的和步骤；
5. 如何进行概率分析，其中期望值和离散系数的经济含义；
6. 决策树的构成及使用。

（三）应用

盈亏平衡分析、敏感性分析、概率分析、风险分析等不确定性分析方法的应用。

二、教学内容及知识点

第一节　项目风险与不确定性分析概述

工程项目有风险的原因；
进行不确定性分析的目的。

第二节　盈亏平衡分析法

盈亏平衡分析的目的；
固定成本、变动成本、单位固定成本、单位变动成本与产量的变化关系；
盈亏平衡点概念及经济含义；
求解盈亏平衡点的图解法和代数法；
盈亏平衡点的产量、营业收入、生产能力利用率、价格和单位变动成本的概念、计算及经济含义；
盈亏平衡指标的数量变化与项目风险大小的关系；
优劣平衡分析的基本思路及对互斥方案进行比选的方法。

第三节　敏感性分析

敏感性分析的目的；
常见的不确定因素；
敏感性分析的步骤；
单因素敏感性分析方法（临界点、变动趋势和最敏感因素等）。

第四节　概率分析

概率分析的作用及方法；
期望值、标准差和离散系数的经济含义；
标准差和离散系数的异同；
方案评价指标的不同取值的概率描述。

第五节　风险决策

风险决策的概念；
一级和多级决策树对风险决策问题的描述方法和决策方法；
用方差和离散系数决策方案时的不同；
用期望值和方差（或离散系数）比选方案的方法。

三、练 习 题

（一）单选题

5.1 敏感性分析是常用的一种评价经济效益的（　　）。
　　a. 确定性分析方法　　　　　　b. 不确定性分析方法
　　c. 静态分析方法　　　　　　　d. 动态分析方法

5.2 生产性建设项目的市场需求量距盈亏平衡点产量越远，则项目（　　）。
　　a. 安全性越小　　　　　　　　b. 抗风险能力越小
　　c. 安全性越大　　　　　　　　d. 发生亏损的机会大

5.3 某方案实施后有三种可能：情况好时，净现值为1200万元，概率为0.4；情况一般时，净现值为400万元，概率为0.3；情况差时净现值为−800万元。则该项目的期望净现值为（　　）。
　　a. 600万元　　　b. 400万元　　　c. 360万元　　　d. 500万元

5.4 某建设项目年产量为6000件，设产品的单价为4000元，单位产品可变费用为2740元，预计年固定成本为320万元，则该项目的盈亏平衡点的年产量是（　　）。
　　a. 2540件　　　b. 3847件　　　c. 4152件　　　d. 5090件

5.5 某企业年产量4万件，年固定成本为20万元，其单位可变成本为15元，产品市场价格为25元/件，该企业当年免征销售税金，则该企业当年盈亏平衡点价格为每件（　　）。
　　a. 15元　　　　b. 18元　　　　c. 20元　　　　d. 25元

5.6 某企业进行设备更新，年固定成本为10万元，利用新设备生产的产品其单位可变成本为5元/件，产品售价为10元，假设企业生产函数为线性，盈亏平衡产量为（　　）。
　　a. 1万件　　　　b. 2万件　　　　c. 3万件　　　　d. 0.5万件

5.7 盈亏平衡点单位产品变动成本计算是根据（　　）。
　　a. 固定成本、设计生产能力和确定的售价
　　b. 盈亏平衡价格、设计生产能力和确定的成本
　　c. 确定的产量、固定成本和确定的售价
　　d. 盈亏平衡价格、确定的产量和固定成本

5.8 敏感性分析中敏感因素的来源是（　　）。
　　a. 经济评价指标　　　　　　　b. 不确定因素

c. 现金流量发生时刻　　　　　d. 投资方案

5.9 单因素敏感性分析中，设不确定因素甲、乙、丙、丁均发生 10%的变化，使评价指标相应地产生 30%、25%、15%、10%的变化，则最敏感因素是（　　）。

　　a. 丁　　　　　b. 丙　　　　　c. 乙　　　　　d. 甲

5.10 X方案经济效果的标准差是1.5，Y方案经济效果的标准差是1.4，如果X、Y两方案的经济效果的期望值相等，则两方案的风险大小关系为（　　）。

　　a. X 的风险大于 Y 的风险　　　b. X 的风险小于 Y 的风险

　　c. 无法确定　　　　　　　　　d. X 的风险与 Y 的风险相等

5.11 在一定的生产规模下，与产量无关的成本费用称为（　　）。

　　a. 固定成本　　b. 变动成本　　c. 单位固定成本　　d. 生产成本

5.12 关于不确定性分析说法正确的是（　　）。

　　a. 进行不确定性分析可以完全避免投资决策的失误

　　b. 进行不确定性分析可以掌握不确定性因素对项目经济评价的影响程度

　　c. 进行不确定性分析可以避免所有的风险

　　d. 以上三种都对

5.13 某方案实施后有三种可能：情况好时，净现值为 1200 万元，概率为 0.4；情况一般时，净现值为 400 万元，概率为 0.3；情况差时净现值为-800 万元。则该项目的离差系数为（　　）。

　　a. 3.6　　　　　b. 8.28　　　　　c. 19.07　　　　　d. 2.30

（二）多选题

5.14 影响盈亏平衡点产量的因素有（　　）。

　　a. 设计生产能力　　　b. 总固定成本　　　c. 产品价格

　　d. 单位产品变动成本　　e. 所得税

5.15 对建设项目进行不确定性分析的目的是（　　）。

　　a. 减少不确定性对经济效果评价的影响　　b. 预测项目承担风险的能力

　　c. 增加项目的经济效益　　　　　　　　　d. 确定项目财务上的可靠性

　　e. 提高投资决策的科学性

5.16 不确定性分析的方法有（　　）。

　　a. 价值分析　　　　　b. 盈亏平衡分析　　　c. 敏感性分析

　　d. 概率分析　　　　　e. 功能分析

5.17 线性盈亏平衡分析的前提条件是（　　）。

　　a. 产量小于销售量

b. 单位可变成本不随产量的变化而变化
　　　c. 销售单价不随产量的变化而变化
　　　d. 总成本费用可分解为固定成本和变动成本
　　　e. 按销售量组织生产，产品销售量等于产品产量
5.18　项目的风险与不确定性主要来源于（　　　）。
　　　a. 项目组织内部　　　b. 项目环境　　　c. 技术和工艺的变革
　　　d. 资金来源　　　　　e. 政府财务政策的改变
5.19　若按设计生产能力进行生产和销售，项目盈亏平衡点的销售价格取决于（　　　）。
　　　a. 盈亏平衡点产量　　b. 产品价格　　　c. 设计年产量
　　　d. 变动成本　　　　　e. 固定成本

（三）是非题

5.20　（　　）敏感性越高的因素给项目带来的风险越大。
5.21　（　　）在不确定因素中，发生变化的概率较大的次敏感因素对项目的财务效果的影响有可能大于发生变化的概率较小的最敏感因素产生的影响。
5.22　（　　）决策树方法采用的决策原则为满意原则。
5.23　（　　）盈亏平衡点产量越大，或盈亏平衡单位产品价格越高，则项目的风险越大。
5.24　（　　）盈亏平衡生产能力利用率应该小于或等于设计的生产能力利用率。
5.25　（　　）单位产品的固定成本不随产品的产量变化而变化。
5.26　（　　）决策树法所依据的决策原则是最大可能原则。
5.27　（　　）通常把盈亏平衡价格设置为产品的市场价格。
5.28　（　　）盈亏平衡单位产品变动成本是根据确定的产量设定的。
5.29　（　　）在概率分析中，不确定因素的概率分布是未知的。

（四）填空题

5.30　概率分析是研究＿＿＿＿＿＿的一种定量研究不确定性的方法。
5.31　盈亏平衡点是指在盈亏平衡图上，当达到一定的产量（销售量）时，营业收入等于＿＿＿＿＿＿，项目不盈不亏的那一点。
5.32　决策树法所依据的决策原则是＿＿＿＿＿＿原则。
5.33　固定成本占总成本的比例越大，项目的经营风险＿＿＿＿＿＿，且盈亏

平衡产量 Q^* _____。

5.34 项目寿命期的随机现金流为 $Y_t(t = 0, 1, 2, \cdots)$，则随机净现值 NPV$_t$ = _____，若 Y_t 的期望值为 $E(Y_t)$，则净现值的期望值 $E(NPV)$ = _____。

5.35 常用的不确定分析方法主要有_____、敏感性分析和_____。

5.36 盈亏平衡分析是根据方案的成本与收益相等的关系来确定_____进而选择方案的一种不确定分析方法。

5.37 盈亏平衡点越低，说明方案获利潜力_____。

5.38 盈亏平衡点在盈亏平衡图中表现为_____和_____两条关系线的交点。

5.39 在用盈亏平衡点对两个方案进行分析和评价时，要特别注意对比方案的_____必须和同一经济参量有关，当该经济参量取某一数值时，对比方案的_____相等。

5.40 当对比不同工艺方案时，若对比方案的工艺成本相同，则该工艺下的产量称为对比工艺方案的_____。

5.41 敏感性分析（亦称灵敏度分析），是指研究某些_____对经济效益评价值的影响程度，从许多不确定因素中找出_____，并提出相应的控制对策，供决策者分析研究。

5.42 使经济效益评价值产生强敏感性的不确定因素称为_____。

5.43 敏感性分析的指标应该与_____的评价指标一致。

5.44 为了减少工程经济评价结论的偏差，提高经济分析的可靠性，需要进行_____。

5.45 概率分析方法是在已知_____的情况下，通过计算_____和_____来反映方案的风险程度。

（五）简答题

5.46 为什么要进行不确定性分析？

5.47 怎样进行盈亏平衡分析？如何对多方案进行盈亏平衡分析？

5.48 敏感性分析的目的是什么？包括哪几个步骤？

5.49 如何对方案进行概率分析？其中期望值和离散系数的经济含义各是什么？

5.50 互斥方案的期望值相等时怎样评价？

5.51 影响方案经济效果的大多数因素都是随机变量，由于随机变量的不确定性，决策者应该如何取值？

5.52 什么是投资方案的敏感因素？如何确定？

5.53 在敏感性分析过程中，为测定某不确定因素是不是敏感因素，可采用哪两种方式？

（六）计算题

5.54 新建一钢厂，如果设计能力为年产 400 万吨，预计每吨售价 5000 元，总固定成本为 20 亿元，单位产品可变成本为 4000 元。试通过盈亏平衡分析，对该方案进行评价。

5.55 某项目生产能力为 3 万件/年，产品售价 3000 元/件，总成本费用 7800 万元，其中固定资本 3000 万元，总变动成本与产量呈线性关系。请进行盈亏平衡分析。

5.56 某家具制造厂生产一种书柜，售价 150 元，年固定费用为 19 万元，每生产一个书柜的材料费为 52 元，支付工人工资 20 元，其他变动费用为 8 元，请作出如下决策：①要使工厂不亏本，每年至少要生产多少？②如果该工厂第 1 年内只能生产 2000 台，按这一产量进行生产，企业能获利吗？如果是考虑在第 1 年允许亏损 3 万元以下进行生产，企业该如何操作？③如果企业要获得 10 万元/年的利润，至少应该生产多少？④如果企业最大生产能力为 5000 台/年，那么企业最高可得多少利润？

5.57 某厂生产钢材的设计能力为 1.8 万吨/年，每吨钢材价格为 5500 元，单位产品变动成本为 3200 元/吨，总固定成本为 4140 万元，使用期限为 6 年，按平均年限法分摊。试作出以下分析：①以生产能力利用率表示的盈亏平衡点；②当价格、固定成本和变动成本分别变动±10%时，对生产能力利用率盈亏平衡点的影响，并指出敏感因素。

5.58 某厂生产一产品，售价为 20 元，单位产品成本 15 元，固定成本总额为 240 000 元，目前生产能力为 60 000 件。求盈亏平衡点产量和销售量为 60 000 件时的利润额。

该厂通过市场调查后发现该产品需求量将超过目前的生产能力，因此准备扩大生产规模。扩大生产规模后，当产量不超过 100 000 件时，固定成本将增加 80 000 元，单位产品变动成本将下降到 14.5 元，求此时的盈亏平衡点并作图比较。

5.59 一个核电站的建设成本为 100 亿元，这里给出一些估计数据：寿命期是 30 年，年收益为 30 亿元，年经营成本 15 亿元，期末无残值。问：①在估计数据中包含了税收等因素的影响，此项目可接受的最大折现率为多少？②当该项目的资金收益率定在 15%时，此项目是否可行？③为使项目可行，在其他的原始数据保持不变的条件下，项目的年收益需要上升到多少或者项目的建设费用必须减少到多少？

5.60 某项目预计年产量 3 万件，其年固定成本为 3000 万元，产品单价为 2460 元/件。如果目标利润为 120 万元，请问该产品单位变动成本应控制在什么范围？

5.61 某小型石油钻井公司必须在租借地产上钻探和出售租借权之间作出决策，油田租借权可卖 100 万元。钻井时花费 750 万元可钻一口油井或一口气井或一口混合井或一口干井。到目前为止，在该油田已钻探了 65 口井，成功记录如下：油井 18 口，气井 12 口，混合井 20 口，干井 15 口。
预计开采成功的井能用 15 年，各类井的净现金流量按 40%的基准折现率计算的净现值为：油井 850 万元，气井 1500 万元，混合井 1200 万元，干井 0 元。
试用决策树描述两方案和可能事件，并作出方案决策。

5.62 某工地有一批施工机械，从 5～9 月暂时不用，到 10 月份又将重新使用。该地区在 5～9 月可能遭受洪水侵袭，于是有两种选择：一种是将机械运走，用时再运回，往返需运输费用 1000 元；另一种是将机械留在原地，若将机械留在原地，又有两种选择：一种是用 400 元做一个平台放置机械，这样做可防高水位但不能防大洪水；另一种是不做平台，但遇高水位要损失 4000 元；如果遇到大洪水，无论有无平台，均遭受损失 12 000 元。从历史水文资料预测：5～9 月份正常水位的概率是 0.75，高水位的概率是 0.22，大洪水的概率是 0.03。请用决策树分析如何处理该设备。

5.63 某大型零售商品联营店为改善营业条件扩大其销路，正面临三种投资方案：一是不扩建；二是小型扩建，需要投资 50 万元；三是大型扩建，需要投资 100 万元。不同条件下受决策影响的净现金流量现值如下表所示。试画出决策树，分析比较三种方案，为该店提出决策建议。

营业条件	估计的概率	各方案净现金流量现值/万元		
		不扩建	小型扩建	大型扩建
好	0.25	115	128	155
中等	0.6	100	108	110
差	0.15	10	3	−24

5.64 某工程项目设计生产能力为生产某种零件 4 万件，单位产品售价为 2000 元，生产总成本为 4800 万元，其中固定成本为 2000 万元，变动成本为 2800 万元，试求：①盈亏平衡点的产量和生产能力利用率，并画出盈亏平

衡简图；②若当年实际生产量为 3 万件，试判断该企业的盈亏状况；③若计划盈利 3000 万元，应如何安排产量？

5.65 为生产某产品有两种方案，建大厂或建小厂。建大厂需投资 15 万元，建小厂需投资 8 万元，两厂使用期限都是 10 年，估计在此期间产品销路好的概率为 0.7，销路差的概率为 0.3，两个方案的年损益值如下表所示，试用决策树方法进行方案选择（基准折现率为 10%）。

方案	建大厂/(万元/年)	建小厂/(万元/年)
销路好 0.7	4.6	1.9
销路差 0.3	−0.9	0.2

5.66 某产品价格为 6 元，单位可变成本为 4 元/件，生产该种产品的固定成本为 4000 元，试计算利润为 1500 元的产量。

5.67 某电网供电地区缺电严重，而该电网挖潜后其供电设备可多供电能满足需要，由于燃料供应原因，有以下两个方案可供选择：①本地区低质燃料方案。固定成本 5000 万元，单位变动成本 8 元/(MW·h)，电价 130 元/(MW·h)，交纳税金 30.15 元/(MW·h)。②外地购进高质燃料方案。固定成本 900 万元，单位变动成本 55 元/(MW·h)，电价 180 元/(MW·h)，交纳税金 45.15 元/(MW·h)。试用盈亏平衡分析法进行项目方案决策。

5.68 某投资项目有两个方案，一个是建大厂，另一个是建小厂。建大厂须投资 3000 万元，建小厂须投资 1600 万元，使用年限均为 10 年，估计在此期间产品销路好的概率是 0.7，销路差的概率是 0.3，$I = 10\%$，两方案年净收益如下表。试以决策树法决策。

自然状态	概率	大厂方案/万元	小厂方案/万元
销路好	0.7	1000	400
销路差	0.3	−200	10

若上述条件分前三年和后七年两期考虑，建小厂方案投入生产三年后产品销路好，增加投资 160 万元再服务七年，每年净收益与大厂方案相同。由于扩建和改建工艺先进，产品又新颖，预测后七年产品销路好概率为 0.9，销路差的概率为 0.1，当前三年销路不好时，后七年的销路也不会好，试对这一问题进行决策。

5.69 某宾馆有房间 800 个，每个房间每晚收费 300 元，每住一个房间要花费水电、卫生用品、床上用品折旧等 120 元，宾馆固定成本开支平均每月（30 天计）194.4 万元，问该宾馆的开房率要达到多少才能达到盈亏平衡？如果有大型会议，订下宾馆全部房间 10 天，宾馆给予会议承办方一定的价格折扣，那么宾馆每个房间每晚收费多少时，才能达到盈亏平衡？

5.70 航空公司计划引入一架新飞机，下表是在三种市场下运营的现金流量和它们相关的概率，如基准收益率为 6%，投资净现值的期望值是多少？

投资年	现金流量		
	1（$p=0.5$）	2（$p=0.3$）	3（$p=0.2$）
0	−10	−10	−10
1	2	3	4
2	4	4	4
3	6	5	4
4	8	6	4
5	10	7	4

5.71 为加工某零件有三种实施方案。A 方案固定总成本费用为 4000 元，单位总可变费用为 30 元；B 方案固定总成本费用为 9000 元，单位总可变费用为 15 元；C 方案固定总成本费用为 12 000 元，单位总可变费用为 10 元。试求在不同的产量需求下方案的选择。

5.72 某生产自行车的企业，现有年生产能力 20 万辆，已落实计划年度的订单为 15 万辆，每辆售价 350 元。现又有一客户前来商谈订货 5 万辆，但要求价格不超过 300 元，该企业总的年固定成本为 650 万元，每辆自行车可变成本 250 元。
（1）该企业能否接受订货？（2）试计算总利润及单位产品成本。

四、参 考 答 案

（一）单选题

题号	5.1	5.2	5.3	5.4	5.5	5.6	5.7	5.8	5.9	5.10	5.11	5.12	5.13
答案	b	b	c	a	c	b	a	b	d	a	a	b	d

（二）多选题

题号	5.14	5.15	5.16	5.17	5.18	5.19
答案	bcd	abde	bcd	bcde	abcde	cde

（三）是非题

5.20　非。更正：敏感性越高的因素给项目带来的风险不一定越大。

5.21　是。

5.22　非。更正：决策树方法采用的决策原则为期望值最大原则。

5.23　是。

5.24　是。

5.25　非。更正：单位产品的固定成本随着产量的增加而减少。

5.26　非。更正：决策树法所依据的决策原则是期望最大原则。

5.27　非。更正：通常产品的市场价格应高于盈亏平衡价格。

5.28　非。更正：盈亏平衡单位产品变动成本是根据设计生产能力产量设定的。

5.29　非。更正：在概率分析中，不确定因素的概率分布是已知的。

（四）填空题

5.30　不确定因素按一定概率值变动时，对项目方案经济评价指标影响

5.31　总成本

5.32　期望值最大

5.33　越大，越大

5.34　$Y_t(P/F, i, t)'(t = 0, 1, 2, \cdots)$，$E(Y_t)(P/F, i, t)'(t = 0, 1, 2, \cdots)$。

5.35　盈亏平衡分析，概率分析

5.36　盈亏平衡点

5.37　越大

5.38　总成本费用与产量，营业收入与产量

5.39　经济效果指标，经济效果

5.40　盈亏平衡产量

5.41　不确定因素，敏感因素

5.42　敏感因素

5.43 确定性分析
5.44 不确定分析
5.45 概率分布，期望值，标准差（或均方差）

（五）简答题

5.46 答：工程项目的风险和不确定性分析是为了弄清和减少不确定因素对经济效果评价的影响，以预测项目可能承担的风险，确定项目在财务上、经济上的可靠性，有助于制定决策来避免项目投产后不能获得预期的利润和收益，以致使投资不能如期收回或给企业造成亏损。在项目评价中，不确定性就意味着项目带有风险性。风险性大的工程项目，必须具有较大的潜在获利能力。也就是说，风险越大，则项目的内部收益率也应越大。

进行项目的风险和不确定性分析有助于加强项目的风险管理和控制，避免在变化面前束手无策，在风险和不确定性分析基础上所做的决策，可在一定程度上避免决策失误所带来的巨大损失，有助于决策的科学化。

5.47 答：独立方案盈亏平衡分析的目的是通过分析产品产量、成本与方案赢利能力之间的关系找出投资方案赢利与亏损在产量、产品价格和单位产品成本等方面的界限，以判断在各种不确定因素作用下方案的风险情况。盈亏平衡点是指项目方案既不赢利又不亏损，营业收入等于生产经营成本之点。

在对若干个互斥方案进行比选的情况下，如果是某一个共同的不确定因素影响这些方案的取舍，可以采用下面介绍的优劣平衡分析方法帮助决策。设两个互斥方案的经济效果都受到某不确定因素 x 的影响，把 x 看作一个变量，把两个方案的经济效果指标都表示为 x 的函数：

$$E_1 = f_1(x), \quad E_2 = f_2(x)$$

式中，E_1 和 E_2 分别为方案1与方案2的经济效果指标，当两个方案的经济效果相同时，有 $f_1(x) = f_2(x)$。从方程中解出 x 的值，即为方案1与方案2的平衡点，也就是决定这两个方案优劣的临界点。结合对不确定因素 x 未来取值范围的预测，就可以作出相应的决策。

5.48 答：敏感性分析的目的就是通过分析及预测影响工程项目经济评价指标的主要因素（投资、成本、价格、折现率和建设工期等）发生变化时，这些经济评价指标（如净现值、内部收益率和偿还期等）的变化趋势和临界值，从中找出敏感因素，并确定其敏感程度，从而对外部条件发生不利变化时投资方案的承受能力作出判断。

敏感性分析的一般步骤：确定分析指标；选定不确定性因素，并设定它们的变化范围；计算因素变动对分析指标影响的数量结果；确定敏感因素；结合确定性分析进行综合评价，选择可行的比选方案。

5.49 答：概率分析是研究各种不确定因素按一定概率值变动时，对项目方案经济评价指标影响的一种定量分析方法。其目的是在不确定情况下为决策投资项目或方案提供科学依据。

概率分析一般可以按以下步骤进行：①选定工程项目效益指标作为分析对象，并分析与这些指标有关的不确定性因素；②估计出每个不确定因素的变化范围及其可能出现的概率；③估算在不确定性因素变量的影响下投资经济效益的期望值；④计算出表明期望值稳定性的标准偏差 σ；⑤综合考虑期望值和标准偏差，说明在该不确定性情况下工程项目的经济效益指标的期望值以及获取此效益的可能性。

投资方案经济效果的期望值是指参数在一定概率分布下，投资效果所能达到的概率平均值。离散系数是标准差与期望值之比，是一个相对数，不会受变量和期望值的绝对值大小的影响，能更好地反映投资方案的风险程度。

5.50 答：当对两个投资方案进行比较时，如果期望值相同，标准差较小的方案风险更低。

5.51 答：根据发生的概率来分析。

5.52 答：若影响因素的小幅度变化能导致经济效果指标的较大变化，则称投资项目的经济效果指标对参数的敏感性大，或称这类影响因素为敏感性因素。测定某特定因素敏感与否，可采用两种方式进行。第一种是相对测定法，即设定要分析的因素均从基准值开始变动，且各因素每次变动幅度相同，比较在同一变动幅度下各因素的变动对经济效果指标的影响，就可以判别出各因素的敏感程度。第二种方式是绝对测定法，即设各因素均向降低投资效果的方向变动，并设该因素达到可能的最坏值，然后计算在此条件下的经济效果指标，看其是否已达到使项目在经济上不可取的程度。如果项目已不能接受，则该因素就是敏感因素。绝对测定法的一个变通方式是先设定有关经济效果指标为其临界值，如令净现值等于零，令内部收益率为基准折现率，然后求待分析因素的最大允许变动幅度，并与其可能出现的最大变动幅度相比较。如果某因素可能出现的变动幅度超过最大允许变动幅度，则表明该因素是方案的敏感因素。

5.53 答：（1）相对值法：使每个不确定因素都从其原始值变动一定的幅度（如 $\pm 10\%$，$\pm 20\%$⋯），然后计算每次变动对经济指标的相对影响，根据指标值变化的大小对各个因素的敏感性进行排序，使指标值变化幅度越大的因素越敏感。（2）绝对值法：通过计算不确定因素变化使经济指标由可行变为不可行的临界点的因素值，从而得到不确定因素的最大允许变动幅度，允许变动幅度越小的因素越敏感。

（六）计算题

5.54 解：盈亏平衡点产量 Q = 固定成本总额/(单价–可变成本)
$$= 2\ 000\ 000\ 000/(5000-4000)$$
$$= 200(万吨)$$
即只要完成设计产量的一半就不亏损。方案赢利潜力大，可取。

5.55 解 $C_v = \dfrac{C-F}{Q_c} = \dfrac{7800-3000}{3} = 1600\ (元/件)$

$$Q^* = \dfrac{F}{P-C_v} = \dfrac{3000}{3000-1600} = 2.143\ (万件)$$

因为该项目生产能力为 3 万件/年，所以项目风险较小。

5.56 解：① $Q^* = \dfrac{19 \times 10^4}{150-(52+20+8)} \approx 2715\ (台)$；

② 企业亏损 $(150-80) \times 2000 - 19 \times 10^4 = -5 \times 10^4 (元)$，所以不能获利。
$(150-80) \times Q - 19 \times 10^4 = -3 \times 10^4$，$Q = 2300\ (台)$；

③ $10 \times 10^4 = 150Q - (19 \times 10^4 + 80Q)$
$Q = 4143\ (台)$；

④ $W = 150 \times 5000 - (19 \times 10^4 + 80 \times 5000)$
$\quad = 16 \times 10^4\ (元)$

5.57 解：① $q^* = \dfrac{Q^*}{Q_c} = \dfrac{F_1}{(P-C_v)Q_c} = \dfrac{\tfrac{4140}{6} \times 10^4}{(5500-3200) \times 1.8 \times 10^4} \times 100\% = 16.67\%$；

② 设 x 为价格变动的百分比，y 为固定成本变动的百分比，z 为变动成本变动百分比，则 x、y、z 的变动对生产能力利用率的影响为

$$q_x = \dfrac{Q_x^*}{Q_c} = \dfrac{F_1}{(P(1+x)-C_v)Q_c} = \dfrac{383.33}{5500(1+x)-3200}$$

$$q_y = \dfrac{Q_y^*}{Q_c} = \dfrac{F_1(1+y)}{(P-C_v)Q_c} = \dfrac{383.33(1+y)}{2300} = 0.1667(1+y)$$

$$q_z = \dfrac{Q_z^*}{Q_c} = \dfrac{F_1}{(P-C_v(1+z))Q_c} = \dfrac{383.33}{5500-3200(1+z)}$$

a. 把 x、y、z 分别为 $\pm 10\%$ 代入以上三式求出 q 的变化范围；

b. 让上面三式等于零，$x = -0.348$，$y = -5.0$，$z = 0.599$。最后得出，价格

为敏感性因素。

5.58 解：① $F_1 = 240\ 000$，$P = 20$，$C_{v_1} = 15$

$$Q^* = \frac{F_1}{P - C_{v_1}} = \frac{240\ 000}{20 - 15} = 48\ 000\ (件)$$

利润 $(Q = 60\ 000) = PQ - F_1 - C_{v_1}Q$

$$= (20-15) \times 60\ 000 - 240\ 000 = 60\ 000(元)$$

② $F_2 = 240\ 000 + 80\ 000 = 320\ 000$，$P = 20$，$C_{v_2} = 14.5$

$$Q^* = \frac{F_2}{P - C_{v_2}} = \frac{320\ 000}{20 - 14.5} \approx 58\ 182\ (件)$$

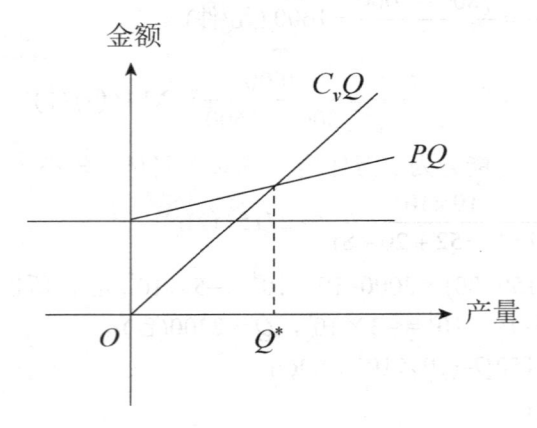

5.59 解：①项目可接受的最大折现率即为项目现金流的内部收益率。

因为 $100 = (30-15)(P/A, i^*, 30)$

则 $i^* = 14.76\%$；

②当 $i_0 = 15\%$ 时，项目的净现值为

$$NPV = -100 + (30-15)(P/A, 15\%, 30)$$
$$= -1.51(亿元)$$

所以，项目不可行；

③设 X 为增加后的年收益，则

$$100 = (X-15)(P/A, 15\%, 30)$$

则 $X = 30.23(亿元)$。

另设 Y 为减少后的项目的建设费用，则

$$Y = (30-15)(P/A, 15\%, 30) = 98.49(亿元)。$$

5.60 解：$2460 \times 3 - 3000 - 3 \times C_v \geqslant 120$ 所以 $C_v \leqslant 1420$ 元

5.61 解：

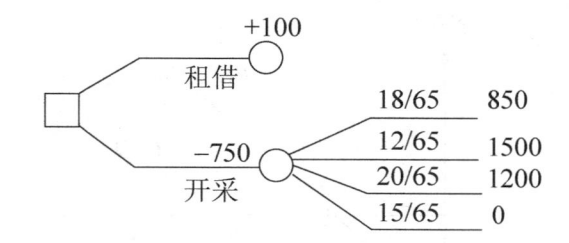

开采：18/65×850 + 12/65×1500 + 20/65×1200 + 15/65×0–750 = 131.53＞100，所以应开采。

5.62 解：根据决策树来决策，应采用留下，建平台。

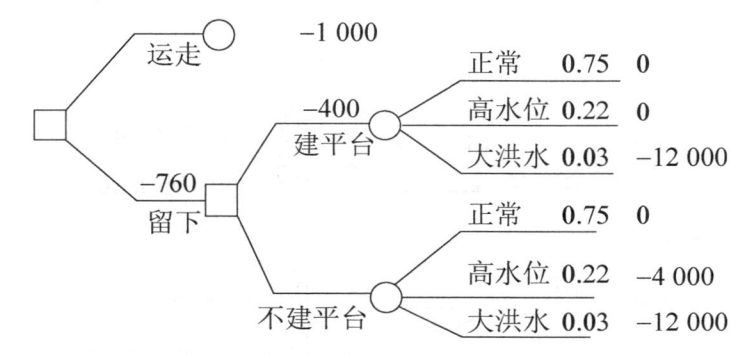

若留下建平台，此时费用为
$$E_1 = (0.75 + 0.22) \times 0 + 12\,000 \times 0.03 + 400 = 760(元)$$
若留下但不建平台，此时费用为
$$E_2 = 0.75 \times 0 + 4000 \times 0.22 + 12\,000 \times 0.03 = 1240(元)$$
如果运走，则费用为 1000 元；
所以采用的策略应为留下建平台。

5.63 解：$E(大厂) = -100 + 155 \times 0.25 + 110 \times 0.6 - 24 \times 0.15 = 1.15$
$E(小厂) = -50 + 128 \times 0.25 + 108 \times 0.6 + 3 \times 0.15 = 47.25$
$E(不扩) = 115 \times 0.25 + 100 \times 0.6 + 10 \times 0.15 = 90.25$
所以应该不扩建（决策树略）。

5.64 解：① $2000Q^* = 2000 + 2800/4 \times Q^*$；$Q^* = 1.54(万件)$；$q = Q^*/Q = 38.5\%$；
② $2000 \times 3 - 2000 - \dfrac{2800}{4} \times 3 = 1900(万元)$；
③ $\left(200 - \dfrac{2800}{4}\right) \times Q - 2000 = 3000$，则 $Q = 3.846(万件)$。

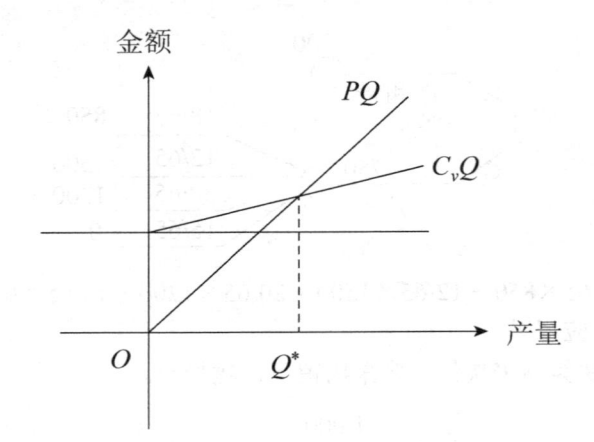

```
        金额 ▲
              |          PQ
              |         /
              |        /   C_vQ
              |       / _/
              |     _/
              |   _/ |
              | _/   |
              O------Q*--------→ 产量
```

5.65 解：

```
              好 0.7   4.6(P/A, 10%, 10)
    大厂 -15 ○
              差 0.3  -0.9(P/A, 10%, 10)
  □
              好 0.7   1.9(P/A, 10%, 10)
    小厂 -8  ○
              差 0.3   0.2(P/A, 10%, 10)
```

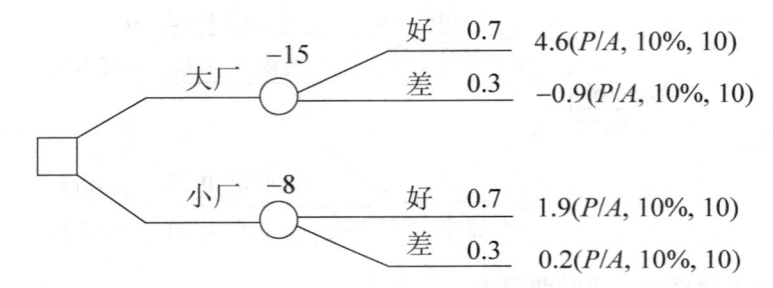

$E(大厂) = 18.1248 - 15 = 3.1248$(万元)，$E(小厂) = 8.5402 - 8 = 0.5402$(万元)；所以选择建大厂。

5.66 解：$(6-4) \times Q - 4000 = 1500$，$Q = 2750$ 件。

5.67 解：$Q_1^* = \dfrac{5000}{130 - 30.15 - 8} = 54.44$

$Q_2^* = (900)/(180 - 45.15 - 55) = 11.27$，应选 Q_2 方案。

5.68 解：本题决策树为

因为 $E(NPV)_3 = -160 + (1000 \times 0.9 - 200 \times 0.1)(P/A, 10\%, 7) = 4123.84$(万元)

$E(NPV)_4 = (400 \times 0.9 + 10 \times 0.1)(P/A, 10\%, 7) = 1757.5$(万元)

所以应该选择扩建大厂。

$E(NPV)_2 = -1600 + 10 \times 0.3 \times (P/A, 10\%, 10)$
$\quad\quad\quad\quad + [4123.84 \times (P/F, 10\%, 3) + 400 \times (P/A, 10\%, 3)] \times 0.7$
$\quad\quad\quad = 1218.7$(万元)

$E(NPV)_1 = -3000 + (1000 \times 0.7 - 200 \times 0.3)(P/A, 10\%, 10) = 932.5$(万元)

所以该项目应该先建小厂再扩建大厂。

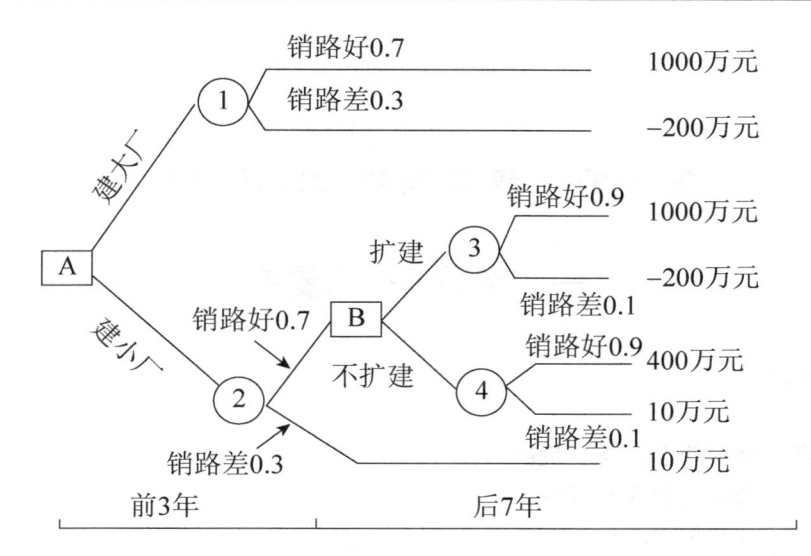

```
                            销路好0.7
                       ①                      1000万元
                            销路差0.3
  建                                           -200万元
  大
  厂
                                 销路好0.9
                                        1000万元
                            扩建   ③
   A                                    -200万元
                                 销路差0.1
   建      销路好0.7    B
   小                                 销路好0.9 400万元
   厂                  不扩建  ④
          ②                          销路差0.1 10万元
          销路差0.3                             10万元
```
├─── 前3年 ───┼────── 后7年 ──────┤

5.69 解：（1）假设一个月内有 Q 个房间被开房，$300Q^* = 194.4 \times 10^4 + 120Q^*$，
则 $Q^* = 10\ 800$，所以盈亏平衡时的开房率为 $10\ 800/(800 \times 30) = 45\%$；
（2）$800P^* = (194.4 \times 10^4/30) + 120 \times 800$，则 $P^* = 201$，
所以盈亏平衡时的价格为 201 元。

5.70 解：$NPV_1 = -10 + 2(P/F, 6\%, 1) + 4(P/F, 6\%, 2) + 6(P/F, 6\%, 3)$
$+ 8(P/F, 6\%, 4) + 10(P/F, 6\%, 5) = 14.29$，
同理 $NPV_2 = 10.57$，$NPV_3 = 6.85$
$E(NPV) = 14.29 \times 0.5 + 10.57 \times 0.3 + 6.85 \times 0.2 = 11.69$

5.71 解：计算临界产量
$C_A = 4000 + 30Q_A$
$C_B = 9000 + 15Q_B$
$C_C = 12\ 000 + 10Q_C$
$Q_{AB} = 333(件/年)$
$Q_{BC} = 600(件/年)$
由图可更清楚地得出结论：
产量小于 Q_{AB} 即 333 件时，A 方案的成本最低。故选择方案 A；
产量大于 Q_{BC} 即 600 件时，选择方案 C；
产量在 333～600 件时选择方案 B。

5.72 解：（1）接受。
（2）总利润 = $(15 \times 350 + 5 \times 300) - 650 - 250 \times 20 = 1100$(万元)
单位产品成本 = $250 + 650/20 = 0.028\ 25$(万元)，即 282.5 元。

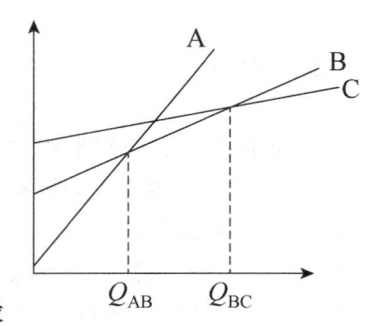

第六章　设备更新的经济分析

一、学习的基本要求

（一）识记

1. 设备有形磨损的形式及度量；
2. 设备无形磨损的形式及度量；
3. 设备的综合磨损及度量；
4. 设备磨损的三种补偿方式；
5. 设备的四种寿命的概念；
6. 设备大修的两种经济界限；
7. 设备原型更新的经济分析方法：低劣化数值法、经济寿命法；
8. 设备技术更新的经济分析方法：差额投资回收期法、费用年值法；
9. 设备租赁的概念、形式及优缺点；
10. 影响设备租赁或购置决策的主要因素；
11. 租赁决策分析的基本步骤。

（二）理解

1. 设备的第一种有形磨损和第二种有形磨损的实质及实用度量公式；
2. 设备的第一种无形磨损和第二种无形磨损的实质及实用度量公式；
3. 设备的补偿方式的关系；
4. 设备大修的两种经济界限的关系及应用；
5. 设备最优更新期的确定方法以及静态、动态条件下的区别；
6. 设备原型更新和技术更新的区别；
7. 单一更新问题和多层次更新问题的主要分析思路；
8. 低劣化数值法的局限性；
9. 进行租赁决策的主要方法、步骤以及如何进行租赁决策；
10. 租金确定的基本方法。

（三）应用

1. 结合实际情况理解设备的磨损形式及其度量；
2. 进行设备更新的实际应用；
3. 进行实际的设备租赁决策分析。

二、教学内容及知识点

第一节 设备的磨损及寿命

第一、第二种有形磨损和无形磨损的概念及度量；
综合磨损及度量；
设备磨损的补偿形式；
设备的四种寿命。

第二节 设备大修理的经济分析

设备劣化趋势及经济寿命的概念；
设备大修理的两个经济界限。

第三节 设备更新的经济分析方法

设备的原型更新和技术更新概念；
设备原型更新的经济寿命分析法；
设备技术更新的差额投资回收期法与费用年值法；
设备的单一更新问题和多层次更新问题。

第四节 设备租赁分析

经营租赁和融资租赁概念；
设备租赁的优缺点；
租赁决策分析的基本原理；
租金及其定价方法（附加率法、年值法）的基本思路。

三、练 习 题

(一) 单选题

6.1 设备可消除的有形磨损的补偿方式是（　　）。
　　a. 修理　　　　　b. 更新　　　　　c. 现代化改装　　　d. abc 均可

6.2 设备的残余价值与设备的原值之比，是指设备的（　　）。
　　a. 无形磨损程度　b. 综合磨损程度　c. 折旧率　　　　d. 新旧程度

6.3 设备原型更新的合理依据应是设备是否达到（　　）。
　　a. 自然寿命　　　b. 技术寿命　　　c. 折旧寿命　　　d. 经济寿命

6.4 由于不断出现技术上更加完善、经济上更加合理的设备，使原有设备显得陈旧落后，因此产生的磨损称为（　　）。
　　a. 第一种有形磨损　　　b. 第二种有形磨损
　　c. 第一种无形磨损　　　d. 第二种无形磨损

6.5 设备从开始使用到其年平均使用成本最低年份的延续时间，称为设备的（　　）。
　　a. 经济寿命　　　b. 物质寿命　　　c. 技术寿命　　　d. 折旧寿命

6.6 设备不可消除有形磨损的补偿方式有（　　）。
　　a. 修理　　　　　b. 更新　　　　　c. 现代化改装　　　d. abc 三种方式均可

6.7 某设备的原始价值为 16 000 元，每年低劣化增加值为 500 元，不计残值。则设备的最优使用年限（经济寿命）为（　　）。
　　a. 5 年　　　　　b. 6 年　　　　　c. 7 年　　　　　d. 8 年

6.8 设 K_0 为设备的原始价值，K_1 为在确定机械设备磨损时的再生产价值，R 为修复全部磨损零件所需要的修理费用，则设备无形磨损程度 a_1 为（　　）。
　　a. $\dfrac{R}{K_0}$　　　　　b. $\dfrac{R}{K_1}$
　　c. $\dfrac{K_0 - K_1}{K_0}$　　d. $\dfrac{K_0 - K_1}{K_1}$

6.9 设备的使用年限越长，大修理的间隔期（　　）。
　　a. 越长　　　　　b. 越短　　　　　c. 不变化　　　　d. 不同类型设备情况不同

6.10 设备的有形磨损可以表示为修复全部零件所需的修理费用与（　　）。
　　a. 设备的原始价值的比值　　　b. 市场上现有换代设备的价值的比值
　　c. 该设备的再生产价值的比值　d. 设备的净现值的比值

6.11 不仅使原设备的价值相对贬值，使用价值也受到严重的冲击的磨损是（   ）。
   a. 第一种有形磨损   b. 第二种有形磨损
   c. 第一种无形磨损   d. 第二种无形磨损

6.12 设备综合磨损程度 α 与设备有形磨损程度 α_p 和设备无形磨损程度 α_I 的关系式是（   ）。
   a. $\alpha = 1-\alpha_I/\alpha_p$ b. $\alpha = (1-\alpha_p)(1-\alpha_I)$
   c. $\alpha = 1-\alpha_p \cdot \alpha_I$ d. $\alpha = 1-(1-\alpha_p)(1-\alpha_I)$

6.13 某车间有一台设备需要修理，其原值为 1000 元，修理费需 250 元。市场上同种型号的设备现价为 800 元，则这台设备的残余价值是（   ）。
   a. 450 元   b. 550 元   c. 750 元   d. 800 元

6.14 设备大修理的最基本的经济条件是（   ）。
   a. 大修理的费用不超过该设备的原始价值
   b. 大修理的费用不超过该设备的再生产价值
   c. 大修理的费用不超过该设备的再生产价值与设备残值之差
   d. 大修理的费用不超过该设备的残值

6.15 一台新设备在使用中产生有形磨损，使设备逐渐老化、损坏直至报废所经历的全部时间称为设备的（   ）。
   a. 自然寿命   b. 技术寿命   c. 经济寿命   d. 折旧寿命

6.16 不是由设备自身的状态所决定的寿命是指设备的（   ）。
   a. 自然寿命   b. 技术寿命   c. 经济寿命   d. 折旧寿命

6.17 针对设备的技术寿命描述正确的是（   ）。
   a. 正确使用、维护保养、计划检修可以延长设备的技术寿命
   b. 技术寿命的长短主要取决于与设备相关技术领域的技术进步速度
   c. 技术寿命既考虑了有形磨损，又考虑了无形磨损，它是确定设备合理更新期的依据
   d. 由财政部规定的固定资产使用年数来定

6.18 一台专用设备的原始价值为 1000 元，自然寿命为 5 年，其残值在任何时候都为零，各年的运行费用依次为 100 元，200 元，300 元，600 元，800 元，则此设备的经济寿命为（   ）。
   a. 2 年   b. 3 年   c. 4 年   d. 5 年

6.19 改善旧设备的技术性能与指标，使它局部或全部达到目前生产的新设备的水平，这种方式称为设备的（   ）。
   a. 大修理   b. 更新   c. 现代化改装   d. 简单改装

（二）多选题

6.20 引起设备有形磨损的原因可能是（　　）。
　　a. 生产过程对设备的使用　　b. 自然力的作用　　c. 社会技术进步
　　d. 设备生产率的极大提高　　e. 出现更新换代的设备

6.21 通常，设备使用的时间越长，其（　　）。
　　a. 年平均总费用越小　　b. 年分摊的购置费越少　　c. 年运行费用越高
　　d. 期末设备残值越小　　e. 年平均总费用越大

6.22 属于无形磨损的是（　　）。
　　a. 长期超负荷运转、设备的性能下降
　　b. 市面上出现了一种加工性能更好的生产同类产品的设备
　　c. 某公司采用全新的加工工艺生产设备，使同类设备的市场价格降低
　　d. 因生产能力过剩，设备长期封存不用，受到潮气侵蚀
　　e. 由于技术进步，出现了性能更完善的设备

6.23 若设备因磨损需要补偿，其磨损形式是第二种无形磨损，则相应的补偿方式应该是（　　）。
　　a. 大修理　　b. 中修理　　c. 小修理
　　d. 现代化改装　　e. 原型更新

6.24 设备磨损分有形磨损和无形磨损两类，相应的设备寿命有（　　）。
　　a. 机械寿命　　b. 自然寿命　　c. 技术寿命
　　d. 经济寿命　　e. 周期寿命

6.25 设备的第二种无形磨损达到严重程度后一般会导致（　　）。
　　a. 设备需要更新　　b. 经济效益降低　　c. 设备的使用价值降低
　　d. 设备的生产效率低于社会平均生产效率　　e. 设备贬值

（三）是非题

6.26 （　）设备的经济寿命一般短于其自然寿命。

6.27 （　）对于原型更新的设备，使用到其经济寿命的年限更新是最为经济的。

6.28 （　）设备的经济寿命与设备的有形磨损和无形磨损相关。

6.29 （　）有形磨损和无形磨损都将引起设备原始价值的降低，不同之处在于无形磨损不影响设备的正常工作。

6.30 （   ）设备的第一种无形磨损使原设备的价值降低，从而影响设备的继续使用。

6.31 （   ）设备的第二种无形磨损使原设备的价值降低，但并不影响设备的继续使用。

（四）填空题

6.32 某设备从开始使用到因技术落后而被淘汰所经历的时间，称为设备的_____。

6.33 设备从开始使用到其年平均使用成本最低年份的延续时间，称为设备的_____。

6.34 由于相同结构设备再生产价值的降低而产生原有设备价值的贬值，称为_____。

6.35 若 $α$ 为设备综合磨损程度，$α_p$ 为设备的有形磨损程度，$α_I$ 为设备的无形磨损程度，则综合磨损程度 $α = 1-$_____。

6.36 设备在闲置过程中，由于自然力的作用而生锈腐蚀，丧失了工作精度和使用价值，这种情况称为_____。

6.37 设备的无形磨损可以通过更新或_____来补偿。

6.38 设备的净值与设备的原值之比，可以反映设备的_____磨损程度。

6.39 设备大修理在经济上具有合理性的基本条件是，该次大修理费用 ≤_____。

6.40 设备的原始价值12 000元，修理费用4000元，已知该设备目前再生产价值8000元，设备的综合磨损程度为_____。

6.41 若某种机器设备的低劣化值每年不是以等值增加，则计算设备的合理更新期应采用_____法。

6.42 设备的补偿方式有修理、_____和_____。

6.43 设备在使用（或闲置）过程中发生的实体磨损可分为_____和_____两种形式。

6.44 设备大修理的周期会随着设备使用时间的延长而越来越_____，即大修理的间隔时间呈现边际递_____的趋势，从而大修理的经济性逐步降_____。

6.45 衡量生产设备经济性的基础是_____。

6.46 一台车床须大修后才可达到出厂时水平，其修理费需要 800 元，如重新购置一台同样的车床则需要 10 000 元，这台设备的有形磨损程度是_____。

6.47 假设一台设备由五种零件组成，价值分别是 60 元，20 元，50 元，10 元，80 元，预计残值为 0 元。已知五种零件的磨损程度分别是 0.2，0.6，0.4，0.3，0.1，则此设备的有形磨损程度为_____。

6.48 设备的有形磨损程度可以用修复或更换该设备的全部磨损零件所需的修理费用与在度量设备磨损程度时该种设备的_____之比来度量。

6.49 有形磨损决定了设备的_____寿命，技术进步的速度决定了设备的_____寿命，而_____寿命既考虑了有形磨损，又考虑了技术进步。

6.50 设备修理、改装属于_____补偿，设备的更新属于_____补偿。

6.51 由于相同结构设备的_____降低而产生原有设备价值的贬值，称为第一种无形磨损。

6.52 由于不断出现技术上更加完善、经济上更加合理的设备，使原设备显得陈旧落后，因此产生经济磨损，称为_____。

6.53 经济寿命是确定设备_____的依据。一般来说，经济寿命_____自然寿命。

6.54 设备在两种磨损同时作用下的残余值 K_L 等于设备_____减去修理费用。

6.55 有形磨损和无形磨损都同时引起设备原始价值的降低。但_____严重的设备，在大修之前通常不能正常工作，而_____严重的设备却不影响它的继续使用。

6.56 设备在经过三次大修理，再修理也难恢复生产效率，且大修理费用超过设备原值的_____%以上时，应该进行更新。

6.57 大修后使用该设备生产的单位的产品成本，在任何情况下都_____用相同用途的新设备生产的单位产品成本时，这样的大修理在经济上才是合理的。

6.58 自然寿命是由_____所决定的设备的使用寿命。

6.59 设备的技术寿命是指一台设备开始使用到因_____而被淘汰所经历的时间。

6.60 技术寿命的长短主要取决于_____的速度，而与有形磨损无关。

6.61 设备的经济寿命是根据设备_____最低的原则来确定的。

6.62 设备投入使用之后，使用时间越长，设备的有形磨损越大，其维护修理费用及燃料、动力消耗等（运行费用）越高，这称为_____。

6.63 经营租赁一般由_____负责设备的维修、保养与保险，租赁的期限通常远远_____设备的寿命期，出租人和承租人通过订立租约维系租赁业务，承租人有权在租赁期限内预先通知出租人后解除租约。

6.64 融资租赁的租费总额通常足够补偿_____，并且租约到期之前_____解除，租约期满后，租赁设备的所有权无偿或低于其余值

转让给承租人，租赁期中的设备维修保养、保险等费用均由_____
_____负责。

6.65 租赁费用主要包括_____、_____和_____等费用。

（五）简答题

6.66 什么是设备的有形磨损、无形磨损？各有何特点？举例说明。
6.67 有（无）形磨损分为哪两种？各有什么特点？
6.68 试述设备磨损的补偿方式。
6.69 简述工程运用中设备经济寿命的含义。
6.70 如何确定设备大修理的经济界限？
6.71 设备更新途径有哪几种？
6.72 设备最优更新期如何确定？
6.73 设备更新方案的选择方法是什么？
6.74 试述设备租赁的优缺点。
6.75 什么是设备的自然寿命（物质寿命）、技术寿命和折旧寿命？
6.76 要从哪些方面来考虑项目所需设备是通过购买的方式还是租赁的方式获得？
6.77 简述设备更新的经济意义。
6.78 比较经营租赁和融资租赁的异同。
6.79 比较设备的原型更新和技术更新的经济分析的方法。
6.80 用低劣化数值法进行设备的原型更新的经济分析时有什么限制条件？
6.81 运用费用年值法对出现新型设备的更新决策时的分析步骤有哪些？
6.82 企业或某一个投资项目在决定所需要设备是通过租赁还是购置的方式获得时，需要综合考虑的具体因素有哪些？

（六）计算题

6.83 设备的原始价值 $K_0 = 10\,000$ 元，目前需要修理，其费用 $R = 4000$ 元，已知该设备目前再生产价值 $K_1 = 7000$ 元，问设备的综合磨损程度 α 是多少？

6.84 某设备原始价值 5500 元，其他数据如下表，试计算其经济寿命周期。

已使用年限	使用费用/元	年末净值/元	已使用年限	使用费用/元	年末净值/元
1	1 000	4 000	4	2 000	2 000
2	1 200	3 000	5	2 500	1 500
3	1 500	2 500	6	3 000	1 000

6.85 某企业希望继续实施某项生产业务，旧设备现有净值5000元，该设备从现在起每年预计的净值和设备使用成本如下表。目前市场上出现的新型设备的购置投资为9000元，服务期中各年的设备使用成本为1200元，经济寿命为8年，期末残值为2000元。问是否值得更新？若更新，旧设备继续使用几年再更新较经济？设基准收益率为10%。

使用年限	使用成本/元	净值/元	使用年限	使用成本/元	净值/元
1	1500	4500	4	2400	3000
2	1800	4000	5	2800	2500
3	2000	3500			

6.86 某设备原始价值62 000元，其他数据如下表，试计算其经济寿命周期。若考虑其资金的时间价值（设基准收益率为10%），结论又如何？

使用年限	使用费用/元	年末净值/元	使用年限	使用费用/元	年末净值/元
1	10 000	32 000	5	22 500	4 000
2	12 000	17 000	6	27 5000	2 000
3	14 000	9 500	7	33 000	1 000
4	18 000	5 750			

6.87 某台设备原值为15 000元，初始运行费用为1000元，年低劣化值（年设备运行费递增值）为900元，试分别按静态和动态（$i=10\%$）计算其最佳更新期。（各年不计残值。）

6.88 一台设备原值16 000元，其各年净值和维持费资料见下表，试分别按静态和动态（$i=10\%$）的经济寿命法来确定设备的最佳更新期。

使用年限	年维持费/元	年末净值/元	使用年限	年维持费/元	年末净值/元
1	2 000	10 000	5	5 500	2 500
2	2 500	6 000	6	7 000	1 500
3	3 500	4 500	7	9 000	1 000
4	4 500	3 500			

6.89 某台机器购置投资为10 000元，$i=10\%$，其他资料如下表，C_P为第T年使用成本，L_T为第T年末净值，计算设备的最佳更新期。

使用年限	C_P/元	L_T/元	使用年限	C_P/元	L_T/元
1	1000	5000	6	2600	2500
2	1200	4500	7	3000	2000
3	1600	4000	8	3400	1500
4	2000	3500	9	3800	1000
5	2200	3000			

6.90 某设备甲的购置费为 16 000 元，可服务 6 年；设备乙的购置费为 9000 元，可用 5 年，其他资料如下表（设备使用年限用 T 表示，各年所需运行费用为 C_P，年末净值用 L_T 表示）。若某项业务已由乙设备生产 2 年，拟用一台甲设备去更换，问乙设备是否需要更换，如果需要更换，何时更换为佳？（$i = 10\%$）

项目	T	C_P/元	L_T/元
甲设备资料	1	100	12 000
	2	300	9 000
	3	500	7 000
	4	800	5 000
	5	1 000	4 000
	6	1 300	3 000
乙设备资料	1	1 000	6 000
	2	1 400	5 500
	3	1 800	4 000
	4	2 300	2 500
	5	2 900	1 000

6.91 某设备现有净值 3000 元，可继续使用 3 年，届时残值为 0，且 3 年中各年维持费用分别为 1200 元，1800 元，2500 元。现在考虑对该设备采取更新措施，提出大修理、现代化改装和更新三种方案，具体数据如下表所示。问该设备是否值得采取如下更新措施，若应该更新，在尚须持续 3、4、5 或 6 年时，各应选择哪种方案？（$i = 10\%$）

方式	投资/元	低劣化值 λ	C_1/元	L_T/元 1	2	3	4	5	6
大修	5 000	250	500	6 000	5 000	4 000	3 000	2 000	1 000
改装	7 300	120	360	7 000	6 000	5 000	4 000	3 000	2 000
更新	15 650	80	320	8 000	7 000	6 000	5 000	4 000	3 000

6.92 某种设备的购置价值为 8 万元,目前需要处理。恢复全部磨损零件所需的维修费用是0.5万元,已知该设备目前再生产价值为5万元,问设备的综合磨损程度 α 是多少?

6.93 某设备原始价值 9200 元,使用寿命 8 年,已使用 4 年,当前净值为 5800 元,估计后 4 年的年维持费为 6000 元,残值为 1000 元。现在有一种新设备价格为 14 000 元,年维持费为 4000 元,使用寿命为 4 年,残值 3000 元。如买入新设备,旧设备可以 3600 元售出。若基准投资收益率为 15%,判断现在是否应更换设备。

6.94 设备甲购买于 4 年前,购价为 10 500 元,使用寿命为 10 年,残值为 500 元,年维修费 2400 元,分 10 年平均折旧。由于成功的营销活动使产品的需求增加了一倍,若购买相同设备价格为 9000 元,使用寿命及维持费与原设备相同,新设备到期残值仍为 500 元。现有一种设备乙,价格为 25 000 元,生产能力是设备甲的两倍,年维持费为 3300 元,使用寿命 12 年,残值为 2500 元。现在需要决策是买新的设备甲,还是购买设备乙来扩大生产能力,若买设备乙,设备甲可折价 3000 元,利率为 10%,请选择合理方案。

6.95 某设备现有净值 3000 元,可继续使用 3 年,届时残值为 0,且 3 年中各年维持费用依次为 1200 元、1800 元、2500 元。为满足生产需要,现提出对该设备采取大修理、现代化改装或更新三种方案,具体数据如下表所示,基准折现率为 10%。问该如何决策?

方式	投资/元	年费用/元	残值/元 1	2	3	4	5	6
大修	5000	500	6000	5000	4000	3000	2000	1000
改装	7300	360	7000	6000	5000	4000	3000	2000
更新	15 650	320	8000	7000	6000	5000	4000	3000

6.96 某企业现正使用的一种旧式水泵决定更新,若购买安装一套原型新水泵需

要 1925 元，每年耗电需要 900 元。现有一种新式水泵购买安装需 2450 元，电费每年不超过 500 元。以 8 年为分析期，新旧水泵残值均为 0，基准投资收益率为 12%，判断是否应购买新水泵。

6.97 设备甲价值为 11 250 元，年维持费为 9500 元，使用寿命为 5 年，期末无残值。设备乙价值 30 000 元，年维持费 6500 元，使用寿命 10 年，期末残值为 3000 元。某种改进型设备丙功能与前两种设备相同，价值为 14 500 元，使用寿命 5 年，残值为 4250 元，年维持费为 5000 元，但由于该种设备比较紧俏，要待到 2 年后才可购得。现在要决策是先买设备甲，用 2 年后再购入设备丙；还是直接买设备乙？若选择前者，2 年后设备甲可以卖出 6000 元。设基准收益率为 10%。

6.98 某旧车现有净值 45 000 元，可再使用 2 年，到期残值为 4000 元，第 1 年维持费为 35 000 元，第 2 年维持费为 42 500 元。新车最低价为 135 000 元，使用寿命 6 年，期末残值为 15 000 元，新车第 1 年的维持费为 18 000 元，此后每年递增 3500 元，年利率为 10%，问是否可以购买新车？

6.99 某公司旧设备现有净值 5000 元，由于技术进步，3 年后设备无残值，清理费用为 1000 元，年平均费用为 3300 元。预计 3 年后将有一种改进设备，初始价值为 10 000 元，年平均费用为 1900 元，使用寿命为 3 年，残值 2000 元。现有一种新设备价格为 14 500 元，使用寿命为 6 年，残值 1000 元，年平均费用为 2400 元。基准投资收益率为 10%，判断应如何选择设备。

6.100 某零售店采用中央供气系统取暖，旧系统已使用 8 年，平均每月耗费 1200 元，现在系统需要修理。若修理该系统需要 3600 元，修理后效率可提高 10%，10 年后无残值。若更换供气系统有两种选择。一种是现有系统的改进型，价格为 8500 元，能量消耗减少 25%；另一种是新型系统，价格为 11 000 元，能量消耗减少 35%，两种新设备残值均为其原始价值的 15%。三种系统的使用寿命均为 10 年，若更换系统，旧系统可折价 500 元，基准投资收益率为 20%，试判断应选择哪种供气系统。

6.101 某叉车现需要更新或进行修理重新组装。该叉车购于 5 年前，现有净值为 4000 元，修理重新组装后可使寿命延长 5 年，修理费为 7500 元/年，燃油费用为 6000 元/年。若购买新车需要 15 000 元，使用寿命为 10 年，燃油费用比重新组装的旧叉车降低 15%，新车的修理费比重新组装的旧叉车少 1000 元/年。两者均无残值，利率为 12%，判断应选择哪种叉车。

6.102 某新邮递卡车价格为 177 000 元。旧车已使用了 3 年，还可以继续使用 5 年，若购买新车可折价 60 000 元，旧车的折价每年均比上一年降低 40%，旧车下一年的操作费用为 35 000 元，此后每年增加 9000 元。新车第 1 年的操作费用为 20 000 元，此后以 4500 元/年递增，年利率为 8%，若新车的使用寿命为 8 年，试求旧车的最佳更新期。均不计残值。

6.103 某灌溉水泵原始价值为 10 000 元，第 1 年的操作维护费为 4000 元，此后各年按 0.06 的几何比例增加，基准收益率为 8%，水泵的使用寿命为 4 年，各年净值见下表，试求水泵的经济寿命。

已使用年限 T	设备净值 L_T/元	已使用年限 T	设备净值 L_T/元
1	6000	3	2000
2	3500	4	500

6.104 某质检设备，购买于 2 年前，原值 30 000 元，尚余净值为 10 000 元，每天最多可检测 400 单位产品，操作维护费为 0.26 元/单位。现产品需求增加到 700 单位/天，须更新当前设备或再买一台相同型号的设备，另一种型号的设备可检测 800 单位/天，价格为 45 000 元，操作维护费为 0.22 元/单位。相同型号的原型设备现价为 27 000 元，检测成本与当前设备相同。使用寿命均为 5 年，残值均为原始价值的 10%。基准投资收益率为 20%，试判断应选择哪种设备。

6.105 某机械设备检测设备原始价值为 11 000 元，相关数据如下表所示。

使用年限	操作费用/元	净值/元	使用年限	操作费用/元	净值/元
1	3700	8500	5	5400	3600
2	3950	7600	6	6300	2200
3	4200	6400	7	7200	800
4	4700	5000			

（1）不考虑时间价值，试求设备的经济寿命。
（2）若考虑时间价值又如何？（$i_0 = 10\%$）

6.106 一种新型检测设备，价格为 16 500 元，相关数据见下表。

使用年限	操作费用/元	净值/元	使用年限	操作费用/元	净值/元
1	7 200	13 000	3	8 700	8 500
2	7 900	10 500	4	9 900	6 500

不考虑时间价值，试求最佳更新期。考虑时间价值，利率为 10%，结论又如何？

6.107 计划购买一种新型汽车，新车价格为 205 000 元，使用寿命为 6 年，操作维护费第 1 年为 80 000 年，此后每年增加 4000 元，各年净值如下表。

使用年限	净值/元	使用年限	净值/元
1	160 000	4	30 000
2	120 000	5	15 000
3	75 000	6	10 000

年利率为 15%，试求最佳更新期。

6.108 若某公司购买了上题中所述的车辆，已使用了 3 年，现有一种新型车，开展租赁业务，租金为 12 000 元/年（包括维护费），是否应卖掉旧车租用新车？如果是，什么时候更新最合理？

6.109 某水力发电厂计划安装某型发电机组。如果直接购买，需要 1.2 亿元，设备寿命期 20 年，预计到期残值 200 万元；如果通过融资租赁的方式获得该发电机组，则每年需要支付 1300 万元；该发电机组的年运行费用为 1150 万元，检修及停止发电带来的损失每年约为 700 万元。假设行业的基准收益率为 12%，问在不考虑税收的情况下这个发电厂采取何种方式获得设备更有利一些？

6.110 根据市政建设的需要，某市要求出租车采取公车公营的经营模式。某出租车公司拟与出租车驾驶员制定新的租赁合同，已知该公司购一辆车的价格为 124 000 元，每辆车的运营证费用为 80 000 元，合同期 5 年，基准收益率为 12%，请问每年出租车公司至少要向驾驶员收取多少租金？如果换成每月支付，则租金变化情况如何？

6.111 公司拟购买一台新检测设备，价格为 115 000 元，其他相关数据见下表。

使用年限	市场价值/元	使用年限	市场价值/元
1	85 000	4	30 000
2	60 000	5	0
3	48 000		

使用寿命为 5 年，第 1 年的操作费用为 18 000 元，此后以 4% 的几何比例增加。

（1）若 $i = 10\%$，求设备的费用年值。

（2）若公司购买了上述设备，且已使用了 3 年，现有另一种新型设备，价格为 140 000 元，使用寿命为 8 年，残值忽略不计，操作费用为 16 000 元/

年，$i=10\%$，若旧设备能按其市场价值折价，现在是否应该购买新设备？

6.112 某工厂有某种型号的设备，每台价值为 15 000 元，第 1 年维持费为 3000 元，此后每年增加 1000 元，残值无论何时均为零，$i=10\%$，试求设备的最佳更新期。

6.113 公司拟购买一台新型芯片检测器，价格为 45 000 元，安装费为 5000 元，使用寿命为 6 年，各年净值如下表所示。

使用年限	净值/元	使用年限	净值/元
1	30 000	4	11 000
2	20 000	5	8 000
3	15 000	6	6 000

第 1 年维持费为 20 000 元，此后每年增加 4000 元。若基准收益率为 20%，试求该检测器的最佳更新期。

6.114 某学院计划更新 STAR 网络中的 15 个工作站，这些工作站的净值总额为 8500 元，现有系统可继续使用 3 年，系统通过升级可继续使用，升级费用为 4500 元，升级后相关数据如下表所示。

使用年限	设备净值/元	操作维护费/元
1	7 000	13 000
2	3 500	18 000
3	1 000	23 000

每个工作站更新须耗费 3500 元，寿命期为 5 年，平均折旧，不计残值，其维持费如下表所示。

使用年限	操作维护费/元	使用年限	操作维护费/元
1	4 000	4	10 000
2	4 000	5	13 000
3	8 000		

$i=10\%$，问是升级还是更新？若更新，何时为宜？

四、参 考 答 案

（一）单选题

题号	6.1	6.2	6.3	6.4	6.5	6.6	6.7	6.8	6.9	6.10
答案	a	d	d	d	a	b	d	c	b	c
题号	6.11	6.12	6.13	6.14	6.15	6.16	6.17	6.18	6.19	
答案	d	d	b	c	a	d	b	b	c	

（二）多选题

题号	6.20	6.21	6.22	6.23	6.24	6.25
答案	ab	bcd	bce	de	bcd	abcde

（三）是非题

6.26　是。

6.27　是。

6.28　是。

6.29　非。更正：有形磨损和无形磨损都将引起设备原始价值的降低，不同之处在于第一种无形磨损不影响设备的正常工作。

6.30　非。更正：设备的第一种无形磨损使原设备的价值降低，但并不影响设备的继续使用。

6.31　非。更正：设备的第二种无形磨损使原设备的价值降低，同时也使设备的使用价值降低，从而影响设备的继续使用。

（四）填空题

6.32　技术寿命

6.33　经济寿命

6.34　第一种无形磨损

6.35 $(1-\alpha_p)(1-\alpha_I)$

6.36 第二种有形磨损

6.37 现代化改装

6.38 综合

6.39 (设备再生产价值)−(旧设备的残值)

6.40 0.67 或 2/3

6.41 经济寿命

6.42 更新，现代化改装

6.43 第一种有形磨损，第二种有形磨损

6.44 短，减，低

6.45 设备的磨损程度

6.46 0.08

6.47 0.25

6.48 再生产的价值（或再购价值）

6.49 自然，技术，经济

6.50 局部，完全

6.51 再生产价值

6.52 第二种无形磨损

6.53 合理更新期，短于

6.54 再生产价值

6.55 有形磨损，无形磨损

6.56 60

6.57 不超过

6.58 有形磨损

6.59 技术落后

6.60 技术进步

6.61 使用成本

6.62 设备的低劣化

6.63 设备所有者（出租人），短于

6.64 全部设备成本，不得（不能），承租人

6.65 租赁保证金，租金，租赁担保费

（五）简答题

6.66 答：机器设备在使用（或闲置）过程中发生的实体磨损或损失，称为有形

磨损，亦称为物质磨损或物理磨损。例如，机器设备的零部件的原始尺寸改变，甚至形状也发生改变；公差配合性质改变，精度降低；零部件损坏；机器生锈、金属腐蚀、橡胶和塑料老化等。

设备的无形磨损是指由于科学技术进步而不断出现性能更加完善、生产效率更高的设备，使原有设备的价值降低，或者是生产同样结构设备的价值不断降低使原有设备贬值。无形磨损亦称经济磨损或精神磨损。例如，半年前买了一台计算机，现在同种型号的计算机便宜了很多；或以半年前同样的价格能够买配置好得多的新型计算机。

6.67 答：（1）设备的有形磨损有两种形式：①设备在使用过程中，由于外力的作用使零部件发生摩擦、振动和疲劳等现象，导致机器设备的实体发生磨损，这种磨损称为第一种有形磨损；②设备在闲置过程中，由于自然力的作用而使其丧失了工作精度和使用价值，称为第二种有形磨损。设备闲置或封存也同样产生有形磨损，这是由于机器生锈、金属腐蚀、橡胶和塑料老化等造成的，时间长了会丧失精度和工作能力。

（2）设备的无形磨损也有两种形式：①由于相同结构设备再生产价值的降低而产生原有设备价值的贬低，称为第一种无形磨损。第一种无形磨损不改变设备的结构性能，但由于技术的进步、工艺的改善、成本的降低、劳动生产率不断提高，使生产这种设备的劳动耗费相应降低，而使原有设备贬值。但设备的使用价值并未降低，设备的功能并未改变，不存在提前更换设备的问题。②由于不断出现技术上更加完善、经济上更加合理的设备，使原设备显得陈旧落后，因此产生经济磨损，称为第二种无形磨损。第二种无形磨损的出现，不但使原设备的价值相对贬值，而且使用价值也受到严重的冲击，如果继续使用原设备，会相对降低经济效益，这就需要用技术更先进的设备来代替原有设备，但是否更换，取决于是否有更新的设备以及原设备贬值的程度。

6.68 答：针对不同磨损程度的设备组成单元的补偿对策有：①对于可消除的有形磨损，通过修理来恢复其功能；②对于不可消除的有形磨损，修理已无意义，必须更新才能进行补偿；③对于第二种无形磨损，因为它是科学技术进步产生了相同功能的新型设备所致，要全部或部分补偿这种差距，只有对原设备进行技术改造，即现代化改装或技术更新。

6.69 由于磨损的存在，设备的使用价值和经济价值逐渐消失，因而设备具有一定的寿命。经济寿命是指从设备开始使用到其年平均使用成本最低年份的延续时间。经济寿命既考虑了有形磨损，又考虑了无形磨损，它是确定设备合理更新期的依据。一般来说，经济寿命短于自然寿命。

6.70 答：（1）设备大修理的经济界限I：当大修理费小于或等于设备现价（新设

备费)与设备残值的差,则大修理在经济上是合理的;否则,宁可去购买新设备也不进行大修理。

(2)设备大修理的经济界限Ⅱ:设备大修理的经济界限如何,不能仅从大修理费用与设备价值之间的关系来判断是否进行大修理,而必须与生产成本联系起来。其评价标准是在大修理后使用该设备生产的单位产品的成本,应该不超过用相同的新设备生产的单位产品的成本,这样的大修理在经济上是合理的。事实上,这是更为重要的设备大修理的经济界限。

6.71 答:设备更新有原型更新和技术更新两种形式。原型更新又称简单更新,是指用相同结构、性能、效率的同型号设备来代替原有设备。这种更新主要是用来更换已经损坏的或陈旧的设备。技术更新是以结构更先进、技术更完善、性能更好、效率更高的设备代替原有设备。这种更新主要用来更换遭到第二种无形磨损、在经济上不宜继续使用的设备。

6.72 答:(1)低劣化数值法:若设备的低劣化呈线性变化,如运行费用按等差序列逐年递增,设备运行费用的低劣化程度用低劣化值 λ 来表示,即设初始运行费用为 C_1,则第 2 年的运行费用为 $C_1+\lambda$,第 3 年的运行费用为 $C_1+2\lambda$,第 T 年的运行费用为 $C_1+(T-1)\lambda$。可以得设备的最佳更新期(即经济寿命) $T^* = \sqrt{\dfrac{2(K_0 - L_j)}{\lambda}}$。

(2)经济寿命法:一般情况下,设备的低劣化并不是线性的,而且设备的残值也是随着使用年限的增加而减少的,低劣化数值法确定的经济寿命与实际更新期有较大出入。为了解决这一问题,可以计算在整个使用期内各年的平均费用,选出平均费用最小的一年,就是设备的经济寿命。

6.73 答:设备更新有原型更新和技术更新两种形式。如果是原型更新,则可以用低劣化数值法或经济寿命法进行判断;如果是技术更新,可以用差额投资回收期法、费用年值法比选方案。

6.74 答:(1)租赁设备的优点:①租赁一般是企业财力不足时采用的方式,这使得承租人在使用设备时并不需要有相当于设备价值的一笔资金,而只需要逐期支付租金就可以了,因此对于中小型企业特别合适。②采取租赁的方式,可以尽可能避免来自融资上的压力和风险,比起购置使用来,主动灵活多了。③购置设备往往需要长期保持一个维修力量,在企业维修任务少的情况下,效率就降低了;采用由出租人负责维修的租赁方式,便可以降低维修费用的负担。④通过借款或发行债券等方式筹集资金购置设备,会增加企业的负债,减少运营资本、降低流动比率、降低权益比率,这样会影响企业的社会形象,采用租赁的方式可以一定程度避免这种情况。

（2）租赁设备的不足之处：①设备在租赁期间，承租人只有设备的使用权而没有所有权，于是承租人一般无权随意对设备进行技术改造；②通常情况下，承租人租赁设备所付的租金比直接购置设备的费用要高，因为租金中包含着出租人的管理费和边际利润；③不管企业的现金流量和经营状况如何，都要按照合同按时支付租金。

6.75 答：（1）自然寿命：也称物质寿命，是由于有形磨损所决定的设备的使用寿命，指一台设备从全新的状态开始使用，产生有形磨损，造成设备逐渐老化、损坏直至报废所经历的全部时间。

（2）技术寿命：是指一台设备可能在市场上维持其价值的时间，也就是说，一台设备从开始使用到由于技术落后而被淘汰所经历的时间，也称为设备的技术老化周期。

（3）折旧寿命：是指设备开始使用到其投资通过折旧的方式全部回收所延续的时间。

6.76 答：企业通常要从支付方式、筹资方式、使用方式等几个基本角度来考虑项目所需设备是租赁还是购置。

（1）支付方式：租赁设备需要付租金；借款需要按期付利息、到期还本；分期购买需要按期支付利息和部分本金，另外，还需要进一步考虑分几次交钱，每期间隔时间，每次交付多少等。决策者主要考虑究竟哪一种方式的成本较低。

（2）筹资方式：当企业需要融通资金取得设备时，究竟是向金融机构借款，还是通过融资租赁取得资金，或是采取发行企业股票或债券来融资。我国的贷款利率虽然较低，但是审批手续烦琐，耗时长，而且数量有限；发行股票和债券的门槛更高，准备的周期更长。企业决策者主要应该考虑是愿意耗费时间得到低息贷款，还是希望以其他筹集资金的方式尽早获得设备，以便尽快取得经济效益。

（3）使用方式：设备的使用方式是指企业是否需要长期占有设备。如果企业只是希望短期使用某种设备，那么可以采用经营性租赁的方式获得设备的使用权，这样租期满了以后可以将设备还给租赁公司，不再续租，企业就可以避免设备陈旧所带来的损失风险。

6.77 答：设备更新是消除设备磨损的重要手段，做好设备更新决策对企业的劳动生产率直至经济效益有着重要的影响。过早的设备更新，将造成资产的浪费，增加投资负担；过迟的设备更新，将造成生产成本的迅速上升，使企业失去价格优势。因此，企业在做设备更新决策前先要决断设备是否值得维修再使用，更新决策时需要判断更新的最佳时间。在更新决策中有时还包括设备是直接购置还是租赁的分析判断。

6.78 答：（1）经营租赁一般由设备所有者（出租人）负责设备的维修、保养与保险，租赁的期限通常要远远短于设备的寿命期，出租人和承租人通过订立租约维系租赁业务，承租人有权在租赁期限内预先通知出租人后解除租约。这种形式，承租人不需要获得对租用设备的所有权，而只是负担相应租金来取得设备的使用权，这样，承租人可以不负担设备无形磨损的风险，对承租人来说相当灵活，可以根据市场的变化决定设备的租赁期限。

（2）融资租赁的租费总额通常足够补偿全部设备成本，并且租约到期之前不得解除，租约期满后，租赁设备的所有权无偿或低于其余值转让给承租人，租赁期中的设备维修保养、保险等费用均由承租人负责。融资租赁还有其他一些形式，如销售与租回，它是指企业将自有的设备出售给金融机构或租赁公司等部门取得货款，同时签订租约租回设备，每期支付规定的租金。该形式实际上相当于长期贷款的总额，承租人逐期支付的租金相当于分期还本付息。

6.79 答：（1）设备原型更新包括低劣化数值法和经济寿命法，其分析的基本方法就是通过计算设备的经济寿命来进行更新决策，即计算设备在整个使用寿命期内什么时候平均（可以考虑资金的时间价值）年费用最低就是最佳更新期。

（2）设备的技术更新包括差额投资回收期和费用年值法。差额投资回收期的基本思路是分析假定在进行设备补偿的三种方法中，大修理、现代化改装和更新所需要投资是依次递增的，那么只要分析增量投资在经济上是否合适即可。

运用费用年值法对出现新型设备的更新决策，要解决两个问题：一是旧设备是否值得更新；二是如果旧设备需要更新，何时更新。

6.80 答：①假定设备的低劣化值是线性的；②设备的残值一般也假定不变，即不管使用多少年残值是常数；③一般不考虑资金的时间价值。

所以，低劣化数值法确定的经济寿命与实际更新期有较大出入。

6.81 答：运用费用年值法对出现新型设备的更新决策，要解决两个问题：一是旧设备是否值得更新；二是如果旧设备需要更新，何时更新。分析的具体步骤如下。

（1）计算新设备在其经济寿命条件下的费用年值。新设备的费用年值的计算就是将其经济寿命期内所发生的投资和各年的运行费用换算成与其等值的等额支付序列的年值。当然要将设备的残值扣除。其计算公式同费用年值公式一样。

（2）计算旧设备在继续使用条件下的费用年值。这时计算考虑的时间是旧设备还剩余的经济寿命，将其在决策点的设备残值视为设备在那一时点的投资，计算时仍然要扣除无法再使用时尚余的残值。一般情况下，其运行费用是逐年递增的。

（3）新、旧设备费用年值的比较。如果旧设备的费用年值小于新设备的费用年值，就无须更新，继续使用旧设备直至其经济寿命；如果新设备的费用年值大于旧设备的费用年值，就需要进一步判断何时更新。

（4）假设旧设备继续使用1年，计算这时的费用年值并与新设备的费用年值比较，如果其值小，则保留，继续使用旧设备，否则淘汰并更新为新设备。

（5）在旧设备处于继续保留使用的情况下，计算保留2年的费用年值，并与新设备的费用年值进行比较，比较原则同第4步，如此循环直至旧设备被更新淘汰。

6.82 答：企业或某一个投资项目在决定自己所需要设备是通过租赁还是购置的方式获得时，需要综合考虑以下具体的因素：①项目的寿命期或设备的经济寿命；②每期的设备支出费用；③预付货款或定金的多少；④付款期内的利率；⑤获得该设备的资金规划；⑥租赁所具有的帮助企业避免运用短期信用和保留其短期借款的能力；⑦企业的经营费用减少与折旧和利息减少的关系；⑧租赁的节税优惠。

（六）计算题

6.83 解：有形磨损程度为 $R/K_1 = 4000/7000 = 0.57$
无形磨损程度为 $(K_0-K_1)/K_0 = (10\,000-7000)/10\,000 = 0.30$
综合磨损为 $\alpha = 1-(1-0.57)(1-0.30) = 0.7$

6.84 解：计算结果见下表，从表中可看出最佳更新期为3年。

已使用年限 T	设备费用 K_0-L_T/元	累计运行费 $\sum C_{pt}$/元	总使用费用/元	年平均使用费用 $\overline{C}_T$/元
1	1 500	1 000	2 500	2 500
2	2 500	2 200	4 700	2 350
3	3 000	3 700	6 700	2 233
4	3 500	5 700	9 200	2 300
5	4 000	8 200	12 200	2 440
6	4 500	11 200	15 700	2 617

6.85 解：（1）先判断是否需要更换。
继续使用旧设备的情况：

$$AC_O = [5000-2500(P/F, 10\%, 5) + 1500(P/F, 10\%, 1)$$
$$+ 1800(P/F, 10\%, 2) + 2000(P/F, 10\%, 3) + 2400(P/F, 10\%, 4)$$
$$+ 2800(P/F, 10\%, 5)](A/P, 10\%, 5)$$
$$= 3154.9(元)$$

更新设备的情况：

$$AC_N = [9000-2000(P/F, 10\%, 8)](A/P, 10\%, 8) + 1200 = 2712.4(元)$$

由计算可知，$AC_N < AC_O$，所以应该更换旧设备，使用新设备，但什么时间更换更合理，还要通过下面的计算来判断。

（2）判断何时更换为宜。

①保留 1 年：

$$AC_O(1) = [5000-4500(P/F, 10\%, 1) + 1500(P/F, 10\%, 1)](A/P, 10\%, 1)$$
$$= 2500(元)$$

$AC_N > AC_O(1)$，则保留使用 1 年是合适的。

②保留 2 年，即继续使用 2 年后更换：

$$AC_O(2) = [5000-4000(P/F, 10\%, 2) + 1500(P/F, 10\%, 1)$$
$$+ 1800(P/F, 10\%, 2)](A/P, 10\%, 2)$$
$$= 2619.1(元)$$

$AC_N > AC_O(2)$，则保留使用 2 年是合适的。

③保留 3 年，即继续使用 3 年后更换：

$$AC_O(3) = [5000-3500(P/F, 10\%, 3) + 1500(P/F, 10\%, 1)$$
$$+ 1800(P/F, 10\%, 2) + 2000(P/F, 10\%, 3)](A/P, 10\%, 3)$$
$$= 2711.1(元)$$

$AC_N > AC_O(3)$，则保留使用 3 年是合适的。

④保留 4 年：

$$AC_O(4) = [5000-3000(P/F, 10\%, 4) + 1500(P/F, 10\%, 1)$$
$$+ 1800(P/F, 10\%, 2) + 2000(P/F, 10\%, 3)$$
$$+ 2400(P/F, 10\%, 4)](A/P, 10\%, 4) = 2821.6(元)$$

$AC_N < AC_O(4)$，故保留使用 3 年后就应该更换。

如果旧设备使用 4 年，那么其年均费用要比使用新设备高。

6.86　解：（1）不考虑资金的时间价值，经济寿命为 5 年。

已使用年限 T	设备费用 K_0-L_T/元	累计运行费 $\sum C_{pt}$/元	总使用费用/元	年平均使用费用 $\overline{C}_T$/元
1	30 000	10 000	40 000	40 000
2	45 000	22 000	67 000	33 500

续表

已使用年限 T	设备费用 K_0-L_T/元	累计运行费 $\sum C_{pt}$/元	总使用费用/元	年平均使用费用 $\bar{C}_T$/元
3	52 500	36 000	88 500	29 500
4	56 250	54 000	110 250	27 562.5
5	58 000	76 500	134 500	26 900
6	60 000	104 000	164 000	27 333.3
7	61 000	137 000	198 000	28 285.7

（2）考虑资金的时间价值。

经济寿命法（动态）最优更新期计算表如下。

使用年限 T	设备原值 K_0/元	设备净值的折现值 $L_T(P/F,10\%,T)$/元	累计的运行费折现值 $\sum_{t=1}^{T}C_{pt}(P/F,i,t)$/元	年平均费用 AC_T/元
1	62 000	29 091	9 097	46 200
2	62 000	14 050	19 008	38 581
3	62 000	7 137	29 257	33 825
4	62 000	3 918	41 821	31 516
5	62 000	2 484	55 792	30 418
6	62 000	1 129	71 314	30 350
7	62 000	513	88 249	30 757

由表可知，在考虑资金时间价值的情况下，该设备使用到第 6 年时年平均费用为 30 350 元，是年平均费用的最小值，所以设备使用 6 年后若继续使用该设备，年平均费用会递增，则该设备的合理更新期为使用 6 年后更新。

6.87 解：（1）不考虑资金的时间价值。

$$T^* = \sqrt{\frac{2(K_0-L_T)}{\lambda}} = \sqrt{\frac{2\times 15\,000}{900}} = 5.77 \approx 6 \text{（年）}$$

第 6 年为最佳更新期。

（2）考虑资金的时间价值，第 7 年为最佳更新期。

使用年限 T	设备原值 K_0/元	设备净值的折现值 $L_T(P/F,10\%,T)$/元	累计的运行费折现值 $\sum_{t=1}^{T}C_{pt}(P/F,i,t)$/元	年平均费用 AC_T/元
1	15 000	0	909	17 500
2	15 000	0	2479	10 071

续表

使用年限 T	设备原值 K_0/元	设备净值的折现值 $L_T(P/F, 10\%, T)$/元	累计的运行费折现值 $\sum_{t=1}^{T} C_{pt}(P/F,i,t)$/元	年平均费用 AC_T/元
3	15 000	0	4583	7875
4	15 000	0	7110	6975
5	15 000	0	9966	6586
6	15 000	0	13 071	6445
7	15 000	0	16 355	6441
8	15 000	0	19 761	6516

6.88 解：（1）不考虑资金的时间价值，第 4 年为最佳更新期。

已使用年限(1)	累计使用费用/元 (2)	设备费用/元(3)	总使用费用/元 (4) = (2) + (3)	年平均使用费用/元 (4)/(1)
1	2 000	6 000	8 000	8 000
2	4 500	10 000	14 500	7 250
3	8 000	11 500	19 500	6 500
4	12 500	12 500	25 000	6 250
5	18 000	13 500	31 500	6 300
6	25 000	14 500	39 500	6 583
7	34 000	15 000	49 000	7 000

（2）考虑资金的时间价值，第 5 年为最佳更新期。

使用年限 T	设备原值 K_0/元	设备净值的折现值 $L_T(P/F, 10\%, T)$/元	累计的运行费折现值 $\sum_{t=1}^{T} C_{pt}(P/F,i,t)$/元	年平均费用 AC_T/元
1	16 000	9 091	1 818	9 601
2	16 000	4 956	3 883	8 598
3	16 000	3 380	6 512	7 691
4	16 000	2 391	9 586	7 306
5	16 000	1 553	13 002	7 247
6	16 000	848	16 957	7 385
7	16 000	513	21 574	7 598

6.89 解：第 7 年为最佳设备更新期。

使用年限 T	设备原值 K_0/元	设备净值的折现值 $L_T(P/F, 10\%, T)$/元	累计的运行费折现值 $\sum_{t=1}^{T} C_{pt}(P/F, i, t)$/元	年平均费用 AC_T/元
1	10 000	4 545	909	7 000
2	10 000	3 717	1 900	4 714
3	10 000	3 004	3 102	4 059
4	10 000	2 391	4 468	3 804
5	10 000	1 863	5 834	3 688
6	10 000	1 413	7 303	3 655
7	10 000	1 026	8 842	3 652
8	10 000	700	10 428	3 697
9	10 000	424	12 039	3 753

6.90 解：(1) 先判断是否需要更换。

继续使用设备乙的情况：

$AC_乙$ = [5500−1000(P/F, 10%, 3) + 1800(P/F, 10%, 1)
 + 2300(P/F, 10%, 2) + 2900(P/F, 10%, 3)](A/P, 10%, 3)
 = 4208(元)

更新为设备甲的情况：

$AC_甲$ = [16 000−3000(P/F, 10%, 6) + 100(P/F, 10%, 1)
 + 300(P/F, 10%, 2) + 500(P/F, 10%, 3) + 800(P/F, 10%, 4)
 + 1000(P/F, 10%, 5) + 1300(P/F, 10%, 6)](A/P, 10%, 6)
 = 3886(元)

由计算可知，$AC_甲$＜$AC_乙$，所以应该更换为设备甲，但什么时间更换更合理，还要通过下面的计算来判断。

(2) 判断何时更换为宜。

①保留 1 年：

$AC_乙(1)$ = [5500−4000(P/F, 10%, 1)
 + 1800(P/F, 10%, 1)](A/P, 10%, 1) = 3850(元)

$AC_甲$＞$AC_乙(1)$，则保留使用 1 年是合适的。

②保留 2 年，即继续使用 2 年后更换：

$AC_乙(2)$ = [5500−2500(P/F, 10%, 2) + 1800(P/F, 10%, 1)
 + 2300(P/F, 10%, 2)](A/P, 10%, 2) = 4017(元)

$AC_甲$＜$AC_乙(2)$，故保留使用 1 年后就应该更换。

6.91 解：(1) 先判断是否值得采取更新措施。

①继续使用旧设备的情况：

$$AC_0 = [3000 + 1200(P/F, 10\%, 1) + 1800(P/F, 10\%, 2)$$
$$+ 2500(P/F, 10\%, 3)](A/P, 10\%, 3) = 2998(元)$$

②大修理的情况：

$$AC_1 = [8000 - 1000(P/F, 10\%, 6)](A/P, 10\%, 6) + 500$$
$$+ 250(A/G, 10\%, 6) = 2763(元)$$

③改装的情况：

$$AC_2 = [10\,300 - 2000(P/F, 10\%, 6)](A/P, 10\%, 6) + 360$$
$$+ 120(A/G, 10\%, 6) = 2732(元)$$

④更换新设备的情况：

$$AC_3 = [15\,650 - 3000 - 3000(P/F, 10\%, 6)](A/P, 10\%, 6) + 320$$
$$+ 80(A/G, 10\%, 6) = 3014(元)$$

由计算可知，$AC_0 < AC_3$，所以不应该更换为新设备，但 $AC_0 > AC_1$ 且 $AC_0 > AC_2$，故可以通过修理也可以通过现代化改装来恢复设备的使用价值。

(2) 判断在继续使用 3~6 年的情况下，究竟是修理好还是改装为宜。

①继续使用 3 年：

$$AC_1(3) = [8000 - 4000(P/F, 10\%, 3)](A/P, 10\%, 3) + 500$$
$$+ 250(A/G, 10\%, 3) = 2743(元)$$

$$AC_2(3) = [10\,300 - 5000(P/F, 10\%, 3)](A/P, 10\%, 3) + 360$$
$$+ 120(A/G, 10\%, 3) = 3104(元)$$

$AC_1(3) < AC_0$，$AC_2(3) > AC(0)$，则修理是合适的，但改装不合适。

②继续使用 4 年：

$$AC_1(4) = [8000 - 3000(P/F, 10\%, 4)](A/P, 10\%, 4) + 500$$
$$+ 250(A/G, 10\%, 4) = 2723(元)$$

$$AC_2(4) = [10\,300 - 4000(P/F, 10\%, 4)](A/P, 10\%, 4) + 360$$
$$+ 120(A/G, 10\%, 4) = 2913(元)$$

$AC_1(4) < AC_0$，$AC_2(4) < AC_0$，则修理、改装均合适，但 $AC_1(4) < AC_2(4)$，修理更合适。

③继续使用 5 年：

$$AC_1(5) = [8000 - 2000(P/F, 10\%, 5)](A/P, 10\%, 5) + 500$$
$$+ 250(A/G, 10\%, 5) = 2735(元)$$

$$AC_2(5) = [10\,300 - 3000(P/F, 10\%, 5)](A/P, 10\%, 5) + 360$$
$$+ 120(A/G, 10\%, 5) = 2803(元)$$

AC$_1$(5)＜AC$_0$，AC$_2$(5)＜AC$_0$，则修理、改装均合适，但 AC$_1$(5)＜AC$_2$(5)，修理更合适。

④若继续使用 6 年，如前计算，现代化改装的年费用要比修理的年费用要低，所以该设备如继续使用 3～5 年，修理更划算一些，超过 5 年，应进行改装。

6.92 解：有形磨损程度为 $R/K_1 = 0.5/5 = 0.1$

无形磨损程度为 $(K_0-K_1)/K_0 = (8-5)/8 = 0.375$

综合磨损为 $\alpha = 1-(1-0.1)(1-0.375) = 0.4375$

6.93 解：AC$_O$ = [5800−1000(P/F, 15%, 4)](A/P, 15%, 4) + 6000 = 7831(元)

　　AC$_N$ = [14 000−(5800−3600)−3000(P/F, 15%, 4)](A/P, 15%, 4)
　　　　+ 4000 = 7532(元)

AC$_O$＞AC$_N$，值得更换设备。

6.94 解：旧设备甲目前的净值为

$10\,500 - \dfrac{10\,500 - 500}{10} \times 4 = 6500$(元)

AC$_甲$ = [6500−500(P/F, 10%, 6)](A/P, 10%, 6) + 2400
　　　+ [9000−500(P/F, 10%, 10)](A/P, 10%, 10) + 2400 = 6412(元)

AC$_乙$ = [25 000−(6500−3000)−2500(P/F, 10%, 12)](A/P, 10%, 12)
　　　+ 3300 = 6338(元)

AC$_甲$ ＞ AC$_乙$，购买设备乙。

6.95 解： AC$_旧$ = [1200(P/F, 10%, 1) + 1800(P/F, 10%, 2) + 2500(P/F, 10%, 3)]
　　　　　　(A/P, 10%, 3) = 1792.12(元)

AC$_{大修}$ = [5000−1000(P/F, 10%, 6)](A/P, 10%, 6) + 500 = 1518.44(元)

AC$_{改装}$ = [7300−2000(P/F, 10%, 6)](A/P, 10%, 6) + 360 = 1056.94(元)

AC$_{更换}$ = [(15 650−3000)−3000(P/F, 10%, 6)](A/P, 10%, 6) + 320 = 2195.74(元)

可以进行大修或改装，不需要更换。

6.96 解：PC$_O$ = 1925 + 900(P/A, 12%, 8) = 6396(元)

　　　PC$_N$ = 2450 + 500(P/A, 12%, 8) = 4934(元)

所以应该购买新设备。

6.97 解：AC$_1$ = [11 250 + 9500(P/A, 10%, 2) + (14 500−6000)(P/F, 10%, 2)
　　　　　+ 5000(P/A, 10%, 5)(P/F, 10%, 2)−4250(P/F, 10%, 7)](A/P, 10%, 7)
　　　　　= 9910(元)

AC$_2$ = [30 000−3000(P/F, 10%, 10)](A/P, 10%, 10) + 6500 = 17 694(元)

所以先购买设备甲使用 2 年，然后更换为设备丙。

6.98 解：继续使用旧车的情况：

$\text{AC}_\text{O} = [45\,000 - 4000(P/F, 10\%, 3) + 35\,000(P/F, 10\%, 1)$
$\qquad + 42\,500(P/F, 10\%, 2)](A/P, 10\%, 2) = 62\,595(元)$

更换为新车的情况：

$\text{AC}_\text{N} = [135\,000 - 15\,000(P/F, 10\%, 6) + 18\,000(P/A, 10\%, 6)$
$\qquad + 3500(P/G, 10\%, 6)](A/P, 10\%, 6) = 54\,836(元)$

由计算可知，$\text{AC}_\text{N} < \text{AC}_\text{O}$，所以应该更换为新车。

6.99 解：继续使用旧设备，3 年后再更换为改良设备的情况：

$\text{AC}_\text{O} = [5000 + 3300(P/A, 10\%, 3) + (10\,000 + 1000)(P/F, 10\%, 3)$
$\qquad + 1900(P/A, 10\%, 3)(P/F, 10\%, 3) - 2000(P/F, 10\%, 6)]$
$\qquad (A/P, 10\%, 6) = 5486(元)$

更换为新设备的情况：

$\text{AC}_\text{N} = [14\,500 - 1000(P/F, 10\%, 6)](A/P, 10\%, 6) + 2400 = 5600(元)$

由计算可知，$\text{AC}_\text{N} > \text{AC}_\text{O}$，所以应该继续使用旧设备，3 年后更换为改良设备。

6.100 解：修理的情况：

$\text{AC}_1 = 3600(A/P, 20\%, 10) + 1200 \times 12 \times (1 - 10\%) = 13\,819(元)$

现有系统改进型：

$\text{AC}_2 = (8500 - 500)(A/P, 20\%, 10) + 1200 \times 12 \times (1 - 25\%) - 8500$
$\qquad \times 15\% \times (A/F, 20\%, 10) = 12\,659(元)$

新型系统的情况：

$\text{AC}_3 = (11\,000 - 500)(A/P, 20\%, 10) + 1200 \times 12 \times (1 - 35\%) - 11\,000$
$\qquad \times 15\% \times (A/F, 20\%, 10) = 11\,800(元)$

所以选择新型系统。

6.101 解：$\text{AC}_\text{O} = 4000(A/P, 12\%, 5) + 7500 + 6000 = 14\,610(元)$

$\text{AC}_\text{N} = 15\,000(A/P, 12\%, 10) + (7500 - 1000) + 6000 \times (1 - 15\%) = 14\,255(元)$

所以购买新叉车。

6.102 解：（1）先判断是否需要更换。

继续使用旧车的情况：

$\text{AC}_\text{O} = 60\,000(A/P, 8\%, 5) + 35\,000 + 9000(A/G, 8\%, 5) = 66\,646(元)$

更新为新车的情况：

$\text{AC}_\text{N} = 177\,000(A/P, 8\%, 8) + 20\,000 + 4500(A/G, 8\%, 8) = 64\,743(元)$

由计算可知，$\text{AC}_\text{N} < \text{AC}_\text{O}$，所以应该更换为新车。

（2）判断何时更换为宜。

①保留 1 年：

$AC_O(1) = [60\ 000 – 60\ 000 \times (1–40\%)](P/F, 8\%, 1)](A/P, 8\%, 1)$
$\qquad + 35\ 000 = 63\ 800(元)$

$AC_N > AC_O(1)$，则保留使用 1 年是合适的。

②保留 2 年，即继续使用 2 年后更换：

$AC_O(2) = [60\ 000 – 60\ 000 \times (1–40\%)^2(P/F, 8\%, 2)](A/P, 8\%, 2)$
$\qquad + 35\ 000 + 9000(A/G, 8\%, 2) = 62\ 589(元)$

$AC_N > AC_O(2)$，则保留使用 2 年是合适的。

③保留 3 年，即继续使用 3 年后更换：

$AC_O(3) = [60\ 000 – 60\ 000 \times (1–40\%)^3(P/F, 8\%, 3)](A/P, 8\%, 3)$
$\qquad + 35\ 000 + 9000(A/G, 8\%, 3) = 62\ 828(元)$

$AC_N > AC_O(3)$，则保留使用 3 年是合适的。

④保留 4 年，即继续使用 4 年后更换：

$AC_O(4) = [60\ 000 – 60\ 000 \times (1–40\%)^4(P/F, 8\%, 4)](A/P, 8\%, 4)$
$\qquad + 35\ 000 + 9000(A/G, 8\%, 4) = 64\ 025(元)$

$AC_N > AC_O(4)$，则保留使用 4 年是合适的。

⑤保留 5 年，即继续使用 5 年后更换如前计算是不合适的，故旧车保留使用 4 年后应更新。

6.103 解：

T	$K_0/元$	$L_T/元$	设备净值现值/元	年维持费/元	年维持费现值/元	累计维持费现值/元	$AC_T/元$
1	10 000	6 000	5 556	4 000	3 704	3 704	8 800
2	10 000	3 500	3 001	4 240	3 635	7 339	8 040
3	10 000	2 000	1 588	4 494	3 567	10 906	7 496
4	10 000	500	368	4 764	3 502	14 408	7 258

经济寿命为 4 年。

6.104 解：$AC_N = (45\ 000 – 45\ 000 \times 10\%)(A/P, 20\%, 5) + 700 \times 0.22 \times 365$
$\qquad = 69\ 752.39(元)$

$AC_O = (10\ 000 – 30\ 000 \times 10\%)(A/P, 20\%, 3) + (27\ 000 – 27\ 000$
$\qquad \times 10\%)(A/P, 20\%, 5) + 700 \times 0.26 \times 365 = 77\ 878.54(元)$

所以选择新设备。

6.105 解：（1）不考虑时间价值时

使用年限	操作费用/元	累计操作费用/元	设备费用/元	总费用/元	平均费用/元
1	3 700	3 700	2 500	6 200	6 200
2	3 950	7 650	3 400	11 050	5 525
3	4 200	11 850	4 600	16 450	5 483
4	4 700	16 550	6 000	22 550	5 638
5	5 400	21 950	7 400	29 350	5 870
6	6 300	28 250	8 800	37 050	6 175
7	7 200	35 450	10 200	45 650	6 521

经济寿命为3年。

（2）考虑时间价值时

使用年限	原值/元	净值/元	净值现值/元	操作费用/元	操作费用现值/元	累计操作费用现值/元	平均年费用/元
1	11 000	8 500	7 727	3 700	3 364	3 364	7 301
2	11 000	7 600	6 281	3 950	3 264	6 628	6 538
3	11 000	6 400	4 808	4 200	3 155	9 783	6 424
4	11 000	5 000	3 415	4 700	3210	12 993	6 492
5	11 000	3 600	2 235	5 400	3 353	16 346	6 624
6	11 000	2 200	1 242	6 300	3 556	19 902	6 810
7	11 000	800	411	7 200	3 695	23 597	7 022

经济寿命为4年。

6.106 解：不考虑时间价值时

使用年限	操作费用/元	累计操作费用/元	设备费用/元	总费用/元	平均年费用/元
1	7 200	7 200	3 500	10 700	10 700
2	7 900	15 100	6 000	21 100	10 550
3	8 700	23 800	8 000	31 800	10 600
4	9 900	33 700	10 000	43 700	10 925

经济寿命为2年。

考虑时间价值时

使用年限	原值/元	净值/元	净值现值/元	操作费用/元	操作费用现值/元	累计操作费用现值/元	平均年费用/元
1	16 500	13 000	11 818	7 200	6 546	6 546	12 351
2	16 500	10 500	8 677	7 900	6 529	13 074	12 041
3	16 500	8 500	6 386	8 700	6 536	19 610	11 952
4	16 500	6 500	4 440	9 900	6 762	26 372	12 124

若利率为10%，则经济寿命为3年。

6.107 解：

使用年限	原值/元	净值/元	净值现值/元	维护费/元	维护费现值/元	累计维护费现值/元	平均年费用/元
1	205 000	160 000	139 136	80 000	69 568	69 568	155 747
2	205 000	120 000	90 732	84 000	63 512	133 080	152 149
3	205 000	75 000	49 313	88 000	57 860	190 940	151 816
4	205 000	30 000	17 154	92 000	52 606	243 546	151 104
5	205 000	15 000	7 458	96 000	47 731	291 277	145 824
6	205 000	10 000	4 323	100 000	43 230	334 507	141 417

经济寿命为6年。

6.108 解：$AC_N = 120\,000(元)$
$AC_O = [75\,000 - 10\,000(P/F, 15\%, 3) + 92\,000(P/A, 15\%, 3)$
$+ 4000(P/G, 15\%, 3)](A/P, 15\%, 3) = 125\,598(元)$
$AC_O(1) = [75\,000 - 30\,000(P/F, 15\%, 1) + 92\,000(P/A, 15\%, 1)]$
$(A/P, 15\%, 1) = 148\,250(元)$

应卖掉旧车租用新车。
应马上更新。

6.109 解：$AC_1 = 1300 + 1150 + 700 = 3150(万元)$
$AC_2 = 12\,000(A/P, 12\%, 20) + 1150 + 700 - 200(A/F, 12\%, 20) = 3453.8(万元)$
选择租赁发电机组。

6.110 解：$R_1 = (124\,000 + 80\,000)(A/P, 12\%, 5) = 68\,213.52(元)$
$R_2 = (124\,000 + 80\,000)(A/P, 1\%, 60) = 4537.87(元)$

6.111 解：（1）$AC = [115\,000 + 18\,000(P/A, 10\%, 4\%, 5)](A/P, 10\%, 5) = 49\,691(元)$
（2）$AC_N = 140\,000(A/P, 10\%, 8) + 16\,000 = 42\,242(元)$
$AC_O = [48\,000 + 18\,000(1 + 4\%)^3(P/F, 10\%, 1) + 18\,000(1 + 4\%)^4$
$(P/F, 10\%, 2)](A/P, 10\%, 2) = 48\,290(元)$

所以购买新设备。

6.112 解：

使用年限 T	设备原值 K_0/元	$\sum_{t=1}^{T} C_{pt}(P/F, i, t)$ /元	AC_T/元
1	15 000	2 727	19 500
2	15 000	6 033	12 119

续表

使用年限 T	设备原值 K_0/元	$\sum_{t=1}^{T} C_{pt}(P/F,i,t)$ /元	AC_T/元
3	15 000	9 789	9 968
4	15 000	13 888	9 113
5	15 000	18 234	8 767
6	15 000	22 750	8 668
7	15 000	27 368	8 703
8	15 000	32 033	8 816

设备的最佳更新期为 6 年。

6.113 解：

使用年限 T	设备原值 K_0/元	设备净值的折现值 $L_T(P/F, 10\%, T)$/元	累计的运行费折现值 $\sum_{t=1}^{T} C_{pt}(P/F,i,t)$ /元	年平均费用 AC_T/元
1	50 000	25 000	16 667	50 000
2	50 000	13 889	33 334	45 455
3	50 000	8 681	49 538	43 133
4	50 000	5 305	64 970	42 362
5	50 000	3 215	79 438	42 226
6	50 000	2 009	92 834	42 347

该检测器的最佳更新期是使用 5 年以后进行更新，即经济寿命是 5 年。

6.114 解：（1）$AC_N = [15 \times 3500 + 4000(P/F, 10\%, 1) + 4000(P/F, 10\%, 2)$
$\qquad + 8000(P/F, 10\%, 3) + 10\ 000(P/F, 10\%, 4)$
$\qquad + 13\ 000(P/F, 10\%, 5)](A/P, 10\%, 5) = 21\ 198(元)$

$AC_O = [13\ 000 – 1000(P/F, 10\%, 3) + 13\ 000(P/F, 10\%, 1)$
$\qquad + 18\ 000(P/F, 10\%, 2) + 23\ 000(P/F, 10\%, 3)](A/P, 10\%, 3)$
$\qquad = 22\ 608(元)$

应该升级。

（2）$AC_O(1) = [13\ 000 – 7000(P/F, 10\%, 1) + 13\ 000(P/F, 10\%, 1)](A/P, 10\%, 1)$
$\qquad = 20\ 300(元)$

$AC_O(2) = [13\ 000 – 3500(P/F, 10\%, 2) + 13\ 000(P/F, 10\%, 1)$
$\qquad + 18\ 000(P/F, 10\%, 2)](A/P, 10\%, 2)$
$\qquad = 21\ 205(元)$

保留使用 1 年后更新。

第七章　投资项目的经济评价

一、学习的基本要求

（一）识记

1. 工程技术项目财务评价和国民经济评价的概念；
2. 财务评价的目的和主要内容；
3. 财务评价中费用和收益的识别原则，价格和汇率的确定；
4. 资金规划的概念和内容；
5. 财务评价的几个主要的财务评价报表；
6. 财务评价的静态指标、动态指标和清偿能力分析指标；
7. 财务评价的案例分析过程和内容；
8. 改扩建和技术改造项目的经济评价的方法；
9. 财务评价与国民经济评价的关系；
10. 国民经济评价的费用和效益识别的原则，直接效益和直接费用、间接费用和间接收益、转移支付的概念；
11. 国民经济评价的价格体系、社会折现率和影子汇率；
12. 国民经济评价的现金流量的构成和评价指标。

（二）理解

1. 工程项目经济评价的意义和主要内容；
2. 项目财务评价的方法与流程；
3. 财务评价中资金运行可行性的条件及判断流程；
4. 财务杠杆效应、资金构成比的概念、计算和作用；
5. 长期借款、流动资金借款以及短期借款的利息计算办法；
6. 项目投资现金流量表和资本金投资现金流量表的作用与异同；
7. 改扩建和技改项目经济评价的"有无法"和"前后法"的思路与特点；
8. 国民经济评价的目的、意义和作用；
9. 国民经济评价的主要参数；

10. 项目的直接效果、间接（外部）效果和转移支付的概念及其内容；
11. 影子价格的概念及应用；
12. 社会折现率和影子汇率的概念与作用。

（三）应用

1. 结合具体项目编制基础财务报表及财务评价报表；
2. 结合具体项目进行盈利能力分析、清偿能力分析以及财务评价；
3. 结合具体项目识别与分析其间接效果。

二、教学内容及知识点

第一节　投资项目经济评价概述

财务评价与国民经济评价的概念。

第二节　财务评价

财务评价的目的和主要内容；
识别费用和收益的基本原则；
折旧费、摊销费的资产回收特点；
资金结构概念；
财务杠杆效应与举债经营的原理；
债务比与资金构成比；
项目投资和资本金投资的概念；
资金运行可行性条件；
偿还借款的资金来源；
建设期（借款期）和生产经营期（还款期）借款利息的计算方法；
融资方案对全投资和资本金投资盈利水平的影响；
几个基础财务报表与财务评价报表；
财务评价的主要指标。

第三节　财务评价举例

解读例子中的各表格中各项数据计算。

第四节　改扩建和技术改造项目的经济评价

改扩建和技改项目的特征；
增量现金流的"前后法"与"有无法"的不同。

第五节　国民经济评价

国民经济评价的目的及作用；
国民经济评价与财务评价的异同；
国民经济评价的费用与效益识别的基本原则；
直接效益与直接费用概念；
间接效果（外部费用与外部效益）概念以及乘数效果、转移支付和技术外溢效果等；
影子价格概念（包括影子利率、影子汇率）；
各类资源的影子价格计算的基本思路与方法；
社会折现率的概念及其主要作用。

三、练　习　题

（一）单选题

7.1 在实际经济生活中，有些产品的市场价格不能真实反映国民经济对项目的投入和产出，在这种情况下进行经济分析时，须采用（　　）。
　　a. 市场价格　　b. 不变价格　　c. 可变价格　　d. 影子价格
7.2 速动比率指标是用于反映项目的（　　）。
　　a. 财务风险程度　　　　　b. 偿付流动负债的能力
　　c. 偿债能力　　　　　　　d. 快速偿付流动负债能力
7.3 确定外贸货物的影子价格的基础是以实际可能发生的（　　）。
　　a. 市场价格　　b. 口岸价格　　c. 计划价格　　d. 调拨价格
7.4 税金及附加在国民经济评价中属于（　　）。
　　a. 直接费用　　b. 间接费用　　c. 转移支付　　d. 间接效益
7.5 当项目的全部投资收益率大于贷款利率时，增加负债，资本金的收益率（　　）。
　　a. 增加　　　　b. 减少　　　　c. 不变　　　　d. 可能增加也可能减少

7.6 项目投入物的影子价格是指该投入物的（　　）。
　　a. 市场价格　　　b. 机会成本　　　c. 生产成本　　　d. 计划价格
7.7 三峡工程的兴建对国内水泥生产行业可能产生的外部效果有（　　）。
　　a. 价格连锁　　　b. 价格失真　　　c. 技术外溢　　　d. 乘数效果
7.8 主要用于考察项目是否具有较好的资金流动性及资金运行可行性的是（　　）。
　　a. 现金流量表　　　　　　　　b. 资产负债表
　　c. 利润与利润分配表　　　　　d. 财务计划现金流量表
7.9 在工程项目评价中，财务评价与国民经济评价的主要区别之一是（　　）。
　　a. 财务评价是从全社会的角度出发，国民经济评价是从投资者的角度出发
　　b. 财务评价是从投资者的角度出发，国民经济评价是从全社会的角度出发
　　c. 财务评价是从一个地区的角度出发，国民经济评价是从投资者的角度出发
　　d. 财务评价是从一个地区的角度出发，国民经济评价是从项目的角度出发
7.10 在利润率指标中，反映企业投入与产出之间比例关系的指标是（　　）。
　　a. 投资利润率　　　　　　　　b. 成本费用利润率
　　c. 资本金利润率　　　　　　　d. 销售收入利润率
7.11 现金流量表主要用于考察项目的（　　）。
　　a. 盈利能力　　b. 资金流动性　　c. 抗风险能力　　d. 清偿能力
7.12 在工程项目评价中，反映项目计算期内各年利润总额、所得税及税后利润分配情况的财务报表，称为（　　）。
　　a. 现金流量表　　　　　　　　b. 利润与利润分配表
　　c. 资产负债表　　　　　　　　d. 财务计划现金流量表
7.13 反映项目计算期内各年的资金盈余或短缺情况的财务评价报表是（　　）。
　　a. 现金流量表　　　　　　　　b. 财务计划现金流量表
　　c. 利润与利润分配表　　　　　d. 资产负债表
7.14 考察项目是否具有较好的资金流动性及资金运行可行性的财务评价报表是（　　）。
　　a. 借款还本付息计划表　　　　b. 财务计划现金流量表
　　c. 资产负债表　　　　　　　　d. 利润与利润分配表
7.15 分析评价项目实施后在国际上的竞争力，进而判断其产品应否出口的指标是（　　）。
　　a. 经济外汇净现值　　　　　　b. 经济净现值
　　c. 经济节汇成本　　　　　　　d. 经济换汇成本
7.16 项目达到设计生产能力后的一个正常生产年份的年利税总额或项目生产期内的年平均利税总额与项目总投资的比率，称为（　　）。
　　a. 投资利润率　　　　　　　　b. 投资利税率

c. 成本利润率　　　　　　　　d. 计划资本金利润率

7.17 在国民经济评价中，用社会折现率将项目计算期内各年的净效益流量折算到建设期初的现值之和的指标，称为（　　）。
a. 经济内部收益率　　　　　　b. 经济外汇净现值
c. 经济换汇成本　　　　　　　d. 经济净现值

7.18 工程建设项目的国民经济评价采用国家统一测定的影子汇率和（　　）。
a. 行业基准收益率　　　　　　b. 社会折现率
c. 行业折现率　　　　　　　　d. 企业自定收益率

7.19 市场定价货物的影子价格的确定，必须首先区分投入物与产出物是（　　）。
a. 出口货物和进口货物　　　　b. 外贸货物和非外贸货物
c. 自行生产货物和购买货物　　d. 实体货物和非实体货物

7.20 某项目投入物 B 为进口货物，其到岸价（cost + insurance + freight，CIF）为 100 美元/m³，影子汇率为 8.70 元/美元，项目位于港口附近，贸易费率为 6%，则 B 的影子价格为（　　）。
a. 106 元/m³　　b. 870 元/m³　　c. 817.8 元/m³　　d. 922.2 元/m³

（二）多选题

7.21 投资项目的未分配利润等于税后利润减去（　　）。
a. 盈余公积金　　　b. 本息偿还　　　c. 应付利润
d. 累计盈余　　　　e. 公益金

7.22 属于国民经济评价的参数有（　　）。
a. 官方汇率　　　　b. 行业基准收益率　　c. 影子汇率
d. 社会贴现率　　　e. 影子工资换算系数

7.23 财务评价盈利能力分析的静态指标有（　　）。
a. 项目投资回收期　b. 投资利润率　　　　c. 资产负债率
d. 内部收益率　　　e. 借款偿还期

7.24 建设项目经济评价的主要内容是（　　）。
a. 财务评价　　　　b. 国民经济评价　　　c. 社会评价
d. 环境评价　　　　e. 技术评价

7.25 在国民经济分析中不应考虑为费用或收益的资金项目有（　　）。
a. 税金　　　　　　b. 国内银行借款利息　c. 国外银行借款利息
d. 土地费　　　　　e. 政府补贴

7.26 财务评价的计算期包括（　　），一般不超过（　　）。
a. 建设期　　　　　b. 项目投资前期　　　c. 生产运营期

d. 20 年　　　　　　　　e. 30 年

7.27 可以作为项目偿还国内借款的资金来源有（　　）。
a. 销售利润　　　　　b. 税后利润　　　　　c. 折旧费
d. 摊销费　　　　　　e. 营业外净收入

7.28 属于政府调控价格的投入物有（　　）。
a. 外贸货物　　　　　b. 电　　　　　　　　c. 非外贸货物
d. 水　　　　　　　　e. 劳动力

7.29 预测项目的资产负债变化主要是为了考察项目的（　　）。
a. 盈利能力　　　　　b. 资金流动性　　　　c. 资金筹措能力
d. 清偿能力　　　　　e. 资金平衡能力

7.30 下列描述正确的是（　　）。
a. 项目的财务分析和国民经济分析都是项目的盈利性分析
b. 财务分析是以企业的净收入最大为目标的
c. 国民经济分析的目的是充分利用有限的资源
d. 由于项目主持人是项目盈亏的直接承担者，财务分析结论是可行，而国民经济分析结论是不可行的项目也应该上马
e. 国民经济分析也需要站在项目主持人的角度来具体考查项目的整体经济效果

7.31 对市场定价货物的影子价格描述正确的是（　　）。
a. 外贸货物的影子价格以口岸价为基础，乘以影子汇率，加上进口费用或减去出口费用
b. 非外贸货物的影子价格以市场价格加上或者减去国内运杂费作为影子价格
c. 非外贸货物投入物影子价格为出厂价
d. 非外贸货物产出物影子价格为到厂价
e. 进口或出口费用是指货物进出口环节所发生的所有相关费用

（三）是非题

7.32 （　　）若项目在寿命期内各年盈余资金均大于零，则表明项目在寿命期内不缺资金。

7.33 （　　）国民经济分析采用影子价格体系是因为要考虑项目的外部效果和无形效果。

7.34 （　　）在期末回收的流动资金是资本金的流动资金。

7.35 （　　）工程项目的贷款越多，资本金的投资效果就越好。

7.36　(　) 项目投入物的影子价格反映投入物的机会成本。

7.37　(　) 如果项目投资内部收益率大于贷款利率并贷款运作项目，较晚还款的项目的资本金内部收益率比较早还款的项目的资本金内部收益率小。

7.38　(　) 资产负债表记录了项目的资金存量，用以分析项目的清偿能力和资金流动性。

7.39　(　) 工程项目的项目投资财务效果基本与项目投资的资金来源与构成无关（除所得税外）。

7.40　(　) 若项目投资的内部收益率增大，则资本金的内部收益率也同比例增大。

7.41　(　) 流动比率是企业各个时期，用可以立即变现的货币资金偿付流动负债能力的指标。

7.42　(　) 国民经济评价中，直接效益和费用采用财务价格计量，间接效益和费用采用影子价格计量。

(四) 填空题

7.43　投资项目的财务分析追踪的是＿＿＿＿＿、国民经济分析追踪的是＿＿＿＿＿。

7.44　偿债备付率是指项目借款偿还期内的各年中，可用于＿＿＿＿＿的资金与当期应＿＿＿＿＿的金额的比值。

7.45　当社会经济处于某种最优状态时，能够反映社会劳动的消耗、资源稀缺程度和最终产品需求情况的价格，称为＿＿＿＿＿。

7.46　合理的价格是指能够正确反映产品的＿＿＿＿＿，反映市场的＿＿＿＿＿和资源的＿＿＿＿＿的价格。

7.47　生产经营期资本金投资回报的来源是营业收入-（税金及附加+＿＿＿＿＿、＿＿＿＿＿、＿＿＿＿＿）

7.48　"（流动资产总额-存货）/流动负债总额"称为＿＿＿＿＿，它是反映＿＿＿＿＿能力的指标。

7.49　国民经济分析中所用的社会折现率就是资金的＿＿＿＿＿利率。

7.50　利息备付率是指项目在借款偿还期内，各年可用于支付＿＿＿＿＿的税息前利润与当年应付＿＿＿＿＿的比值。

7.51　能及时反映各个时刻货币资金偿付流动负债的能力指标是＿＿＿＿＿＿＿＿＿＿，它是＿＿＿＿＿与＿＿＿＿＿的比值。

7.52　计算影子价格时，首先要区分项目投入物和产出物是外贸货物还是＿＿＿＿＿

7.53 由项目导致的一系列相关部门启用_____生产能力以及由此带来的一系列_____效果，称为项目的乘数效果。

7.54 常见的直接转移支付有_____、_____和_____。

7.55 对技术改造项目进行经济评价采用"_____"比较科学。

7.56 可行性研究是在项目投资_____期进行的。

7.57 主要的财务评价报表有现金流量表、_____、财务计划现金流量表、_____。

7.58 财务评价的主要工作是根据国家现行的_____和价格体系，分析和计算项目直接发生的财务效益和费用。

7.59 项目投入物的影子价格等于到岸价乘以影子汇率再加上_____和_____。

7.60 贸易费用是指外经贸机构为进出口货物所耗用的、用_____计算的流通费用。

7.61 主要影响国内供求关系的项目投入物和产出物被定义为_____货物。

7.62 政府调控价格的货物往往_____完全反映这些货物的真实价值，因此要用影子价格。

7.63 建设项目的特殊投入物是指_____、_____、_____。

7.64 土地的影子价格包括两个方面：①_____；②_____。

7.65 国民经济评价的主要工作是根据资源合理配置的原则，从_____角度考察项目效益和费用，分析计算项目对国民经济的_____，据以判断项目的经济合理性。

7.66 经济节汇成本是指在项目计算期内，生产出口产品或替代进口产品所投入的国内资源的现值（RMB）与产出品的_____之比。

7.67 经济净现值是指用_____将项目计算期内各年的净效益流量折算到建设期初的现值之和。

7.68 影子汇率是_____的机会成本，其大小等于_____与影子汇率换算系数的乘积。

7.69 国民经济评价是从_____的角度来考察项目的效益和费用。

7.70 不能作为项目国民经济评价的费用或收益的就称为_____。

（五）简答题

7.71 工程项目的经济评价主要包括什么内容？

7.72　财务评价的主要内容和步骤是什么？

7.73　为什么要对工程项目进行经济评价？经济评价的主要内容是什么？

7.74　财务评价的目的是什么？

7.75　简述工程项目财务评价的主要指标与方法。

7.76　财务评价与国民经济评价中识别费用与收益的原则是什么？

7.77　财务分析一般使用什么价格和汇率？

7.78　什么是资金运行的可行性？如何判断资金运行的可行性？

7.79　什么是资金构成比？它的作用如何？

7.80　长期借款、流动资金借款以及短期借款的利息是如何计算的？

7.81　请分别指出你所知道的反映盈利能力和清偿能力的指标。

7.82　请分别列出项目投资和资本金投资的收益回报来源。

7.83　简述财务杠杆原理（效应）。

7.84　为什么改扩建和技改项目的经济评价比新建项目的经济评价要复杂？

7.85　为什么采用"有无法"进行改扩建和技改项目的经济评价比"前后法"要合理？

7.86　为什么对大中型建设项目不仅要进行财务分析，还要进行国民经济分析？

7.87　不变价格和变动价格有什么不同？

7.88　国民经济评价的目的和作用是什么？

7.89　国民经济评价的出发点是什么？国民经济评价有哪些主要参数？

7.90　什么是项目的直接效益和直接费用？在国民经济评价中采用什么价格体系计量直接效益和直接费用？

7.91　什么是项目的间接效益和间接费用？请各举两例。

7.92　进行国民经济评价时，有哪些是转移支付？

7.93　什么是影子价格？为什么在项目的国民经济评价中要使用影子价格体系？

7.94　简述项目的投入物和产出物的影子价格的经济含义。

7.95　什么是社会折现率？它的作用是什么？

7.96　什么是影子汇率？它的作用是什么？

7.97　简述工程项目国民经济评价的指标与方法。

7.98　简述投资项目的财务分析与国民经济分析的不同之处。

7.99　投资项目全投资经济评价和资本金投资经济评价的目的有什么不同？

7.100　简述贷款偿还期与投资回收期的区别。

7.101　目前我国各种商品价格大部分已经放开，如果交换的价格都能反映资源的经济价值，是否就可以不用再进行国民经济评价了？

7.102　在国民经济评价中，项目的投入物为外贸货物时，其影子价格如何确定？

7.103　全投资现金流量表与资本金现金流量表有何区别？为什么？

（六）计算题

7.104 化学纤维厂，固定投资为 42 542 万元，建设期利息为 4319 万元，预计达到设计能力生产期正常年份的营业收入为 35 420 万元，年税金及附加为 2689 万元，年总成本费用为 23 185 万元，流动资金为 7048 万元，试估计投资利润率和投资利税率各为多少？

7.105 某工程项目在寿命周期（$n = 18$）内的现金流量表（项目投资）如下表所示。设 $i_c = 5\%$，试计算财务净现值、财务内部收益率以及投资回收期（从建设期开始计算）。

项目	年末	生产负荷/%	现金流入/万元	现金流出/万元
建设期	0			8935
	1			24 570
	2			11 164
	3			
投产期	4	70	24 794	22 621
	5	90	31 878	24 888
达到设计能力生产期	6	100	35 420	27 250
	7	100	35 420	26 657
	8	100	35 420	26 961
	9	100	35 420	27 352
	10	100	35 420	27 503
	11	100	35 420	27 494
	12	100	35 420	27 494
	13	100	35 420	27 494
	14	100	35 420	27 579
	15	100	35 420	27 579
	16	100	35 420	27 579
	17	100	35 420	27 579
	18	100	45 067	27 579

7.106 项目第 4 年资产总计 51 736 万元，其中流动资产总额 5997 万元，流动负债总额为 3872 万元，长期借款为 31 484 万元，另外流动资产中存货为 4769 万元，试计算资产负债率、流动比率和速动比率。

7.107 某投资项目，第 4 年产品外销收入 4208 万美元，进口原料用汇 1634 万美元,进口备品备件用汇 75 万美元,偿还出口信贷资本金 255 万美元,商贷本金 45 万美元,短贷本金 143 万美元,偿还出口信贷利息 102 万美元,商贷利息 21 万美元,外汇短贷利息 16 万美元。试问净外汇流量是多少?

7.108 项目第 5 年资产总计 178 037 万元,其中流动资产总额 30 920 万元,流动负债总额为 20 108 万元,长期借款为 83 599 万元,另外流动资产中存货为 16 542 万元,试计算资产负债率、流动比率和速动比率。

7.109 某项目建设期 3 年,总借款额为 18 928 万元,第 1 年借款占总借款额的 20%,第 2 年占 55%,第 3 年占 25%,利率为 9%,建设期利息是多少?

7.110 项目建设期 3 年,3 年中共借款 1000 万元,按 30%、50%、20%投入,每年借款分别向 A、B 银行借入,向两银行借款比例为 2∶3。A 行、B 行利率分别为 7%和 8%,建设期利息不还,问资本化利息是多少?

7.111 某项目第 9 年利润为 3429 万元,折旧为 2933 万元,摊销为 316 万元,所需偿还贷款为 3350 万元,问该项目借款偿还期为多少?

7.112 根据以下数据计算外汇净现值,基准折现率为 10%。

年末	外汇流入/万美元	外汇流出/万美元	净外汇流量/万美元
1	300	300	0
2	650	650	0
3	630	630	0
4	4000	2300	1700
5	5200	2500	2700
6	5200	2500	2700
7	5200	2500	2700
8	5200	2500	2700
9	5200	2100	3100
10	5200	2100	3100

7.113 工程项目总成本费用 9200 万元,其中折旧费 380 万元,摊销费用 200 万元,财务费用 400 万元,经营成本为多少?

7.114 项目建设期 3 年,第 4 年开始投产,第 4 年达产率为 80%,第 5 年达产率 90%,从第 6 年到寿命期止达产率为 100%。若该项目设计产量为 40 万吨,单价为 850 元/吨,试计算各年营业收入。

7.115 某项目第 4 年流动资产总额为 7000 万元,流动负债总额为 5000 万元,第 4 年所需流动资金是多少?第 5 年流动资产总额为 8000 万元,流动负债为 5500 万元，该年须增加流动资金多少？

7.116 某项目投资国民经济评价的各年份实际净现金流量如下表所示，试计算经济净现值和经济内部收益率。

年份	净现金流量/万元
1	−200
2	−90
3	50
4～10	100
11	150

7.117 已知某项目投产后预计平均年营业收入为 1000 万元，年总成本费用为 500 万元，年税金及附加为 340 万元，项目的总投资额为 1400 万元，试求此项目的投资利润率及投资利税率。

四、参考答案

（一）单选题

题号	7.1	7.2	7.3	7.4	7.5	7.6	7.7	7.8	7.9	7.10
答案	d	d	b	c	a	b	a	d	b	a
题号	7.11	7.12	7.13	7.14	7.15	7.16	7.17	7.18	7.19	7.20
答案	a	b	b	b	c	b	d	b	b	d

（二）多选题

题号	7.21	7.22	7.23	7.24	7.25	7.26	7.27	7.28	7.29	7.30	7.31
答案	ace	cde	ab	ab	abe	acd	bcde	bd	bd	abc	ab

（三）是非题

7.32 非。更正："各年盈余资金"改为"各年累计盈余资金"。

7.33　非。更正：财务价格有时不能反映产出物的消费者"支付意愿"和投入物的"机会成本"。

7.34　非。更正：是全部流动资金。

7.35　非。更正：有贷款时，资本金的投资效果还要取决于全投资收益率与贷款利率的差，只有当这个差大于零时，贷款越多，资本金的经济效果越好。

7.36　是。

7.37　是。

7.38　非。更正：财务计划现金流量表用于资金流动性分析。

7.39　是。

7.40　非。更正：资本金的内部收益率是增大还是减小以及增加速度取决于全投资收益率与贷款利率的差的符号与大小。

7.41　非。更正："流动比率"改为"速动比率"。

7.42　非。更正：国民经济评价中的直接和间接效果都应该采用影子价格计量。

（四）填空题

7.43　货币的流动，资源的变动

7.44　还本付息，还本付息

7.45　影子价格

7.46　价值，供求关系，稀缺程度

7.47　经营成本，所得税，借款本息偿还

7.48　速动比率，项目快速偿还流动负债的

7.49　影子

7.50　利息，利息费用

7.51　流动比率，流动资产，流动负债

7.52　非外贸货物

7.53　剩余，外部

7.54　税金，补贴，国内利息支出

7.55　有无法

7.56　前

7.57　损益与利润分配表，资产负债表

7.58　财税制度

7.59　国内运杂费，贸易费用

7.60　影子价格

7.61　非外贸

7.62　不能

7.63　劳动力，土地，自然资源

7.64　土地用于建设项目而使社会放弃的原有收益；使社会增加的资源消耗

7.65　国家，净贡献

7.66　经济外汇净现值（美元）

7.67　社会折现率

7.68　外汇，国家外汇牌价

7.69　国民收入

7.70　转移支付

（五）简答题

7.71　答：工程项目的经济评价主要包括财务评价和国民经济评价。
　　　　财务评价根据国家现行财税制度和市场价格体系，分析预测项目直接发生的财务效益和费用，编制财务报表，计算财务评价指标，考察拟建项目的盈利能力、清偿能力以及外汇平衡等财务状况，据此判别项目的财务可行性。国民经济评价按照资源合理配置的原则，采用影子价格体系和社会折现率等国民经济评价参数，从国民经济角度考察投资项目所耗费的社会资源和对社会的贡献，评价项目的经济合理性。

7.72　答：财务评价的主要内容及步骤如下：①选取财务评价基础数据与参数；②计算销售（营业）收入，估算成本费用；③编制基础财务报表和财务评价报表；④计算财务评价指标；⑤进行不确定性分析；⑥编写财务评价报告。

7.73　答：对工程项目进行经济评价是为了把有限的资源用于经济效益和社会效益最优的工程项目中，通过工程项目的经济评价可以预先估算拟建项目的经济效益，避免由于依据不足、方法不当、盲目决策所导致的失误。进行工程项目经济评价有利于引导投资方向、控制投资规模和提高计划质量。经济评价包括财务评价和国民经济评价。

7.74　答：财务评价的目的是从企业或项目的角度出发，分析投资项目的经济效果，判明企业投资所获得的实际利益，为企业制定资金规划、协调企业利益和国家利益提供依据。

7.75　答：工程项目财务评价主要从盈利能力和清偿能力两个方面展开，其相应的指标如下：
　　　　（1）盈利能力分析的指标有静态指标和动态指标两类。
　　　　静态指标有项目投资回收期、投资利润率（年销售利润或年平均销售利润与项目总投资的比值)、投资利税率(年利税总额或年平均利税总额与项目总投资的比值)、资本金利润率(年销售利润与资本金总额的比值)、投资各方利润率。

动态指标有财务内部收益率、财务净现值。

(2)清偿能力分析的指标有借款偿还期、资产负债率(负债总额与资产总额的比值)、流动比率(流动资产总额与流动负债总额的比值)、速动比率(流动资产总额扣除存货与流动负债总额的比值)、利息备付率(税息前利润与当期应付利息费用的比值)、偿债备付率(可用于还本付息资金与当期应还本付息金额的比值)。

7.76 答：财务评价中，企业对项目投资的目的是在向社会提供有用产品或劳务的同时追求自身的发展或最大利润，根据项目现金流量对项目盈利性的影响方向来识别费用与收益。有利于盈利的现金流量是收益，反之是费用，如建设投资、流动资金投资、税金及附加和经营成本等是费用；营业收入、资产回收和补贴等是收益。

国民经济分析以实现社会资源的最优配置、使国民收入最大化为目标，凡是增加国民收入的现金流量就是国民经济的收益，凡是减少国民收入的现金流量就是国民经济费用。

7.77 答：财务分析的价格一律采用预期的交换价格。预期交换价格应考虑各种产品的相对价格变动和价格总水平变动(通货膨胀或通货紧缩)。

汇率的取值一般可按国家外汇管理部门公布的当期外汇牌价的卖出买入的中间价，也可以采用预期的实际结算的汇率值。

7.78 答：资金运行的可行性是指项目的资金安排必须使每期的资金能够保证该期项目的正常运转，即每期的资金来源加上上期的结余必须足以支付本期所需要的资金。

判断资金运行可行性的条件是累计盈余资金≥0，如果某期的累计盈余资金出现负值，表明该期出现资金短缺，此时必须事先筹集资金弥补缺口或修改项目计划，甚至重新制定项目方案。

7.79 答：资金构成比是项目的负债资金与资本金的比值。资金构成比有放大项目投资收益率与贷款利率的差别对资本金收益率的影响效果的作用，通常将这种作用称为财务杠杆效应。

7.80 答：(1)长期借款的利息计算。当年借款按半年计息，当年归还的贷款按全年计息。利息计算公式为

借款期利息额 = (年初借款累计 + 本年借款额/2)×年利率

还款期利息额 = 年初借款累计×年利率

(2)流动资金借款和短期借款的利息计算。每年均按全年计息。计算公式为

借/还款期利息额＝借款额×年利率

7.81　（参见 7.75 题的参考答案）

7.82　答：(1) 项目投资的收益回报来源：

营业收入−税金及附加−经营成本−所得税

或　折旧费＋摊销费＋利息＋税后利润；

(2) 资本金投资的收益回报来源：

营业收入−税金及附加−经营成本−所得税−利息−本金

或　折旧费＋摊销费＋税后利润−本金

7.83　（参见 7.79 题的参考答案）

7.84　答：改扩建和技改项目的经济评价比新建项目的经济评价要复杂的原因是：①改扩建和技改项目在不同程度上利用了原有资产和资源；②原来已在生产经营，而且其状况还会发生变化，项目效益与费用的识别和计算较复杂；③改扩建和技改项目的目标可以是增加产量、扩大品种、提高质量、降低能耗、合理利用资源等，但有的目标难以量化计算。

7.85　答："前后法"采用投资前和投资后的效益相减，是不满足时间可比性原则的。当有改造和无改造情况下，净收益都增长时，"前后法"过高估计了技改项目的增量净收益；如果改造后净收益逐年增长，不改造净收益逐年下降，则"前后法"低估了技改项目的增量净收益；如果进行改造和不进行改造净收益都下降，则"前后法"将产生错误判断；只有在不改造净收益不变，进行改造净收益增加时，"前后法"与"有无法"的评价结论是无差别的。

7.86　答：因为大中型项目投资大，占用资源多，对国民经济产生明显的影响。财务评价只是从项目自身利益出发来分析项目的内部经济效果。国民经济评价可以从宏观上分析国民经济对这个项目付出的代价，以及项目建成后可能对国民经济作出的贡献，评价资源配置的合理性，真实反映项目对国民经济的净贡献，推进投资决策科学化进程。

7.87　答：不变价格是指项目生产经营期内不考虑价格相对变动和通货膨胀影响的固定价格；变动价格是指项目生产经营期内考虑价格相对变动或者同时考虑价格相对变动和通货膨胀影响的预测价格。

7.88　答：国民经济评价的目的：①国民经济评价是宏观上合理配置国家资源的需要；②国民经济评价是真实反映项目对国民经济净贡献的需要；③国民经济评价是投资决策科学化的需要。其作用主要体现在三个方面：有利于引导投资方向，有利于控制投资规模，有利于提高计划质量。

7.89　答：国民经济评价是从国家的整体利益出发，分析国民经济对这个项目付出的代价，以及这个项目建成后可能对国民经济作出的贡献。国民经济分析不仅要识别项目自身的内部经济效果,还需要识别项目对国民经济其他部门和单位产生的外部效果。

国民经济主要评价参数有社会折现率、影子汇率和影子工资换算系数等。

7.90 答:项目的直接效益是由项目本身产生的,由其产出物提供的,并用影子价格计算的产出物的经济价值。项目的直接费用是国家为满足项目投入的需要而付出的代价。这些投入物用影子价格计算的经济价值即为项目的直接费用。由此可以看出,国民经济评价是用影子价格来计量直接效益和直接费用的。

7.91 答:项目的费用和效益不仅体现在它的直接投入物和产出物中,还反映在国民经济相邻部门及社会中,这就是项目的间接费用和间接效益,也可以统称为外部效果。

项目的外部效果因项目不同而不同,常见的外部效果有:由价格"失真"造成的外部效果、由于价格的合理升降造成的外部效果、技术性外部效果、乘数效果等。

7.92 答:常见的转移支付为税金、补贴和利息,这些从国民经济角度看都未造成资源的实际耗费或增加,只是国民经济各部门之间的转移支付。

7.93 答:影子价格是当社会经济处于某种最优状态时,能够反映社会劳动消耗、资源稀缺程度和最终产品需求情况的价格。因此影子价格是人为确定的、比交换价格更为合理的价格,从定价原则来看,它能更好地反映产品的价值,反映市场供求状况,反映资源稀缺程度;从价格产出的效果看,它使资源配置向优化的方向发展。

采用影子价格体系,便于用统一的尺度测算拟建项目的投资能给社会带来的国民收入增加额或纯收入增加额。所以进行国民经济评价时,原则上应使用影子价格计量项目的投入物和产出物。

7.94 答:项目投入物的影子价格是指该资源(投入物)不投入该项目,而投在其他经济活动中所能带来的效益,即该投入物的机会成本。

项目产出物的影子价格是消费者的支付意愿。

7.95 答:社会折现率是社会对资金时间价值的估值,代表投资项目的社会资金所应达到的按复利计算的最低收益水平,即资金的影子利率。对于以优化资源配置为目的的国民经济分析来说,社会折现率是从整个国民经济角度对资金的边际投资内部收益率的估值。它主要用作计算经济净现值时的折现率,或用作评判项目经济内部收益率高低的基准。社会折现率也是国家宏观调控投资活动的一种重要杠杆。

7.96 答:影子汇率是不同于官方汇率的,能反映外汇转换国民经济真实价值的汇率。实际上,影子汇率也就是外汇的机会成本,即项目投入或产出所导致的外汇的减少或增加给国民经济带来的损失或收益。

国家可以用影子汇率作为调控杠杆，来影响项目的投资决策，影响投资方案的选择。

7.97 答：国民经济评价的指标和方法主要有经济净现值、经济内部收益率和经济节汇成本。

（1）经济净现值是反映项目对国民经济净贡献的绝对指标，是用社会折现率将项目计算期内各年的净效益流量折算到建设期初的现值之和。项目的经济净现值等于或大于零，项目是可以接受的。

（2）经济内部收益率是反映项目对国民经济净贡献的相对指标，表示项目占用资金所获得的动态收益率。经济内部收益率等于或大于社会折现率，表示项目可以接受。

（3）经济节汇成本是项目生产出口产品或替代进口产品时，用影子价格、影子工资和社会折现率计算的为生产而投入的国内资源价值与产出品的经济外汇净现值的比值。经济节汇成本小于影子汇率，表明项目生产出口品或替代进口品的经济效果好。

7.98 答：项目财务分析与国民经济分析的不同点如下。

（1）研究的经济系统的边界不同。财务分析从项目自身利益出发，分析的边界就是项目自身；国民经济分析从国民经济的整体利益出发，分析的边界是整个国家。

（2）追踪的对象不同。财务分析追踪的对象是货币的流动；国民经济分析追踪的对象是资源的变动。

（3）净收益内涵不同。财务分析的净收益是项目的"利润"，国民经济分析的净收益是国民收入或"纯收入"。

（4）采用的价格体系不同。财务分析采用财务价格体系，国民经济分析采用影子价格体系。

（5）采用的主要参数不同。财务分析采用官方汇率和行业基准收益率，国民经济分析采用国家统一测定的影子汇率和社会折现率。

7.99 答：项目全投资经济评价考察项目自身的盈利能力，为比较各个投资方案建立共同基础；资本金经济评价考察项目资本金（或各方投资）的盈利能力，为项目融资以及投资决策提供依据。

7.100 答：贷款偿还期是项目生产经营期可用于还款的资金偿还建设投资中的借款本金和建设期利息所需要的时间。投资回收期是以项目生产经营期的净收益抵偿项目投资所需的时间。如果从借贷角度看，债务人的还款期就是债权人的投资回收期。

7.101 答：不可以。国民经济评价不仅要考虑项目的投入物和产出物的价格是否反映其经济价值，还要考虑项目的间接效果，如相邻部门效果、技术外溢效果等。

7.102 答：外贸货物的影子价格是以口岸价格为基础进行调整的，其计算公式如下：
进口投入的影子价格(到厂价) = 到岸价(CIF)×影子汇率 + 进口费用
出口产出的影子价格(出厂价) = 离岸价(FOB)×影子汇率 + 出口费用

7.103 答：全投资现金流量表和资本金现金流量表的现金流入部分是相同的，但现金流出的内容不同。在现金流出项中，全投资现金流量表列出的是项目投资（建设投资和流动资金投资），资本金现金流量表列出的是资本金投资额和生产经营期各年的借款还本付息额。这是因为全投资现金流量表不分投资资金的来源，以项目投资作为计算基础，用以计算项目投资所得税前及所得税后的财务内部收益率、财务净现值以及投资回收期等评价指标，考察项目投资的盈利能力，为比较各个投资方案建立共同基础；资本金现金流量表从直接投资者角度出发，以投资者的出资额为计算基础，把借款本金偿还和利息支付作为现金流出，用以计算资本金内部收益率、净现值和投资回收期等评价指标，考察项目资本金的盈利能力。

（六）计算题

7.104 解：年销售利润 = 年营业收入 − 年税金及附加 − 年总成本费用
= 35 420 − 2689 − 23 815 = 8916(万元)
总投资 = 固定投资 + 建设期利息 + 流动资金
= 42 542 + 4319 + 7048 = 53 909(万元)
投资利润率 = 年销售利润/总投资×100%
= (8916/53 909)×100% = 16.54%
投资利税率 = 年利税总额/项目总投资×100%
= (年销售利润 + 年税金及附加)/项目总投资×100%
= [(8916 + 2689)/53 909]×100% = 21.53%

7.105 解：根据已知的各年的净现金流量及基准折现率，分别计算逐年净现金流量现值，如下表所示。累加各年的净现金流量现值，就得到该工程项目的财务净现值为 60 503.92 万元，财务内部收益率为 12.3%，静态投资回收期为 8.15 年，动态投资回收期为 11.56 年。

项目	年末	净现金流量/万元	折现系数	净现金流量现值/万元
建设期	0	−8 935	1	−8 935
	1	−24 570	0.952 4	−23400.47

续表

项目	年末	净现金流量/万元	折现系数	净现金流量现值/万元
建设期	2	−11 164	0.907 0	−10125.75
	3	0	0.863 8	0
投产期	4	2 173	0.822 7	1 787.73
	5	6 990	0.783 5	5 476.67
达到设计能力生产期	6	8 170	0.746 2	6 096.45
	7	8 763	0.710 7	6 227.86
	8	8 459	0.676 8	5 725.05
	9	8 068	0.644 6	5 200.63
	10	7 907	0.613 9	4 854.11
	11	7 926	0.584 7	4 634.33
	12	7 926	0.556 8	4 413.20
	13	7 926	0.530 3	4 203.16
	14	7 841	0.505 0	3 959.71
	15	7 841	0.481 0	3 771.52
	16	7 841	0.458 1	3 591.96
	17	7 841	0.436 3	3 421.03
	18	17 488	0.415 5	7 266.26

7.106 解：资产负债率 = 负债合计/资产合计 = (3872 + 31 484)/51 736×100% = 68.34%

流动比率 = 流动资产合计/流动负债×100% = 5997/3872×100% = 154.88%

速动比率 = (流动资产−存货)/流动负债×100% = (5997−4769)/3872×100%
= 31.71%

7.107 解：外汇流入 = 4208（万美元）

外汇流出 = 1634 + 75 + 255 + 45 + 143 + 102 + 21 + 16 = 2291(万美元)

净外汇流量 = 外汇流入−外汇流出 = 4208−2291 = 1917(万美元)

7.108 解：资产负债率 = $\dfrac{负债合计}{资产合计} = \dfrac{20108 + 83599}{178037} = 58.25\%$

流动比率 = $\dfrac{流动资产}{流动负债} = \dfrac{30920}{20108} = 153.77\%$

速动比率 = $\dfrac{流动资产 - 存货}{流动负债} = \dfrac{30920 - 16542}{20108} = 71.5\%$

7.109 解：根据公式

建设期年利息额 = (年初借款累计 + 本年借款额/2)×年利率

得计算过程如下表。建设期利息是 2574.97 万元。

年末	年初借款本息累计/万元	本金/万元	建设期利息/万元	本年借款/万元	本年应计利息/万元
1	0	0	0	3 785.60	170.35
2	3 955.95	3 785.60	170.35	10 410.40	824.5
3	15 190.86	14 196.00	994.86	4 732.00	1 580.12
4	21 502.97	18 928.00	2 574.97		

7.110 解：根据公式

建设期年利息额 =（年初借款累计 + 本年借款额/2）×年利率

得 A、B 银行的利息计算过程如下面两张表，A 银行的利息为 46.49 万元，B 银行的利息为 80.11 万元。因此建设期资本化利息为 46.49 + 80.11 = 126.60（万元）。

A 银行：

年末	年初借款本息累计/万元	本金/万元	建设期利息/万元	本年借款/万元	本年应计利息/万元
1				120	4.2
2	124.2	120	4.2	200	15.69
3	339.89	320	19.89	80	26.59
4	446.49	400	46.49		

B 银行：

年末	年初借款本息累计/万元	本金/万元	建设期利息/万元	本年借款/万元	本年应计利息/万元
1	0			180	7.2
2	187.2	180	7.2	300	26.98
3	514.18	480	34.18	120	45.93
4	680.11	600	80.11		

7.111 解：9−1 + 3550/(3429 + 2933 + 316) = 8.5(年)

7.112 解：ENPV = 1700(*P/F*, 10%, 4) + 2700(*P/A*, 10%, 4)(*P/F*, 10%, 4)
　　　　　+ 3100(*P/A*, 10%, 2) (*P/F*, 10%, 8) = 9517(万美元)

7.113 解：经营成本 = 9200−380−200−400 = 8220(万元)

7.114 解：第 4 年 40×80%×850 = 27 200(万元)

第 5 年 40×90%×850 = 30 600(万元)

第 6 年及以后 40×100%×850 = 34 000(万元)

7.115 解：第 4 年 7000−5000 = 2000(万元)

第 5 年 8000−5500−2000 = 500(万元)

7.116 解：i = 12%时经济净现值 ENPV = −200(*P/F*, 12%, 1)−90(*P/F*, 12%, 2)

$$+ 50(P/F, 12\%, 3) + 100(P/F, 12\%, 7)(P/F, 12\%, 3)$$
$$+ 150(P/F, 12\%, 11) = 153.24(万元)$$
$$i = 20\%, \text{ENPV} = 28.6(万元)$$
$$i = 25\%, \text{ENPV} = -17.3(万元)$$

经济内部收益率 $\text{EIRR} = 20\% + [28.6/(28.6 + 17.3)] \times 5\% = 21.27\%$

7.117 解：年销售利润 = 1000–500–340 = 160(万元)
年利税总额 = 1000–500 = 500(万元)
投资利润率 = 年销售利润/项目总投资×100% = 160/1400×100% = 11.43%
投资利税率 = 年利税总额/项目总投资×100% = 500/1400×100% = 35.71%

第八章　公共项目的经济评价

一、学习的基本要求

（一）识记

1. 公共需求与公共项目的概念；
2. 公共项目的基本特点和基本目标；
3. 公共项目的收益和成本的分类方法；
4. 公共项目的收益和成本的计量原则；
5. 运用收益—成本法的基本条件和评价过程；
6. 收益—成本法中基准折现率的确定依据；
7. 运用成本—效能法的基本条件、基本程序和方法；
8. 收益需求法的基本思想和最小收益需求的确定。

（二）理解

1. 公共项目与私人项目的区别；
2. 公共项目的公共品性、非竞争性、外部性和多目标性的特点；
3. 公共项目的直接收益与成本和间接收益与成本，内部收益与成本和外部收益与成本，这两种分类方式的联系与区别；
4. 公共项目收益和成本识别与计量的时间与空间统一的原则；
5. 收益—成本法的评价指标和相应的判别准则；
6. 固定效能法和固定成本法的区别与联系；
7. 收益和成本的识别与归属对收益成本比的影响；
8. 公共项目的最小需求收益的含义及确定方法。

（三）应用

1. 运用收益—成本法、成本—效能法和最小需求法对公共项目进行经济评价；
2. 公共项目的基准折现率的确定；

3. 一个具体公共项目的经济评价过程、结果和报告。

二、教学内容及知识点

第一节 公共项目评价概述

私人项目和公共项目的定义；
公共项目的基本特点和目标；
公共项目评价的原则。

第二节 公共项目的收益和费用

公共项目收益和费用的特点及分类；
公共项目收益和费用识别与计量的原则。

第三节 公共项目的经济评价方法

收益—成本分析法及其应用条件；
收益—成本分析法评价指标和评价准则；
公共项目基准折现率的确定；
成本—效能评价法及其应用条件；
成本—效能评价指标和评价准则；
收益需求法。

三、练 习 题

（一）单选题

8.1 某城市正打算建一个停车场。某工程设计计划计算该建筑将花费 200 万美元，每天的运营成本为 20 万美元。对经营收入进行分析得到该停车场将从第 2 年开始每年获得 50 万美元的收入。该城市想知道这个项目在接下来的 8 年是否会获利，利率为 6%。该项目的 B/C 比值近似等于（   ）。

    a. 1　　　　b. 0.87　　　　c. 1.33　　　　d. 2.50

8.2 某城市正考虑增大目前的污水处理厂的生产能力。预计该项目的财务数据如下表。

资本投资/美元	项目寿命期/年	增量年收益/美元	增量年成本/美元	残值/美元	折现率
1 200 000	25	250 000	100 000	50 000	6%

该扩张项目的效益费用比值是（　　）。

a. 3.26　　　　b. 3.12　　　　c. 1.30　　　　d. 2.23

8.3 奥本市的娱乐和公园部门正在考虑在城市公共场所修建一个新的垒球综合性建筑，有两个互斥方案。该建筑将使用30年且无残值（忽略座位数）。假定折现率为8%，下列陈述不正确的是（　　）。

档案样式	座位数量/个	年收益/美元	年成本/美元	必要投资/美元
A1	3 000	194 000	87 500	800 000
A2	4 000	224 000	105 000	1 000 000

a. 选择A1，因为它有最大的 *B/C* 比值

b. 选择A1，因为它每座次的收益最大

c. 选择A1，因为它有最大的PC值

d. 选择A1，因为从A2中产生的增量收益不足以抵消额外的投资（200 000美元高于A1）

8.4 吉弗森城市正考察一个通用的水计量项目，考察以下两种方案。

方案1：仅表面处理过的水，延缓/瘦身水和污水处理项目的收益2810万美元，成本计量930万美元，收益-成本比值3.02；

方案2：由40mL/天的地下水补充的表面处理水3890万美元，成本计量（和地下水扩张）1470万美元，收益-成本比值2.65；

该城市应当实施（　　），假定该城市有足够的钱为每个方案提供资金。

a. 方案1　　　b. 方案2　　　c. 都不选　　　d. 都选

8.5 得克萨斯州交通运输部门正考虑提高在本州容易发生事故的公用高速公路和桥梁上的事故防止应对措施。以下是在三个不同位置被推荐用于评价的方案组。假设该预算为2000万美元。所有备选方案相互独立。

位置	方案	收益（B-C'）/美元	成本（I）/美元	B/C比值
I	I-A	45	12	3.75
	I-B	30	9	3.33

续表

位置	方案	收益（B-C'）/美元	成本（I）/美元	B/C 比值
Ⅱ	Ⅱ-A	35	6	5.83
	Ⅱ-B	20	12	1.67
Ⅲ	Ⅲ-A	25	2	12.5
	Ⅲ-B	30	7	4.29

确定在该预算限制下的最佳组合方案为（　　）。

a. 仅Ⅱ-B 和Ⅲ-B
b. Ⅰ-A，Ⅱ-A 和Ⅲ-B
c. Ⅰ-B，Ⅲ-A 和Ⅲ-B
d. Ⅱ-B 和Ⅲ-B

8.6 乌尔里克公司正打算在以下两个互斥的设计方案之间选择。如果期望回报率为 10%，以下陈述正确的是（　　）。（单位：美元）

方案	0	1	2	PI 指数	ROR
方案 A1	−55 000	38 000	38 000	1.19	24.56%
方案 A2	−18 500	15 000	15 000	1.4	39.29%

a. 选择 A2，因为它的 PI 指数更高
b. 选择 A2，因为它的 ROR 更高
c. 选择 A1，因为它的增量 PI 指数超过 1
d. 信息不足不能确定

8.7 对费用-效果分析过程中的固定费用法描述正确的是（　　）。

a. 此方法适用于目标明确而项目费用允许有一定变动范围的情况
b. 此方法是用最小的费用实现既定目标或效能水平
c. 此方法中的费用是指项目方案在整个寿命周期内的费用现值或费用年值
d. 此方法中的费用是指工程设计费、施工费、运营费和维护费

8.8 现有四个不同的轻轨线路长度设计方案：A1、A2、A3、A4，各设计方案服务寿命均为 30 年，残值忽略不计。旅行时间节省、事故避免、排放减少等年效益和轻轨系统的运营和维护费用（及初始投资成本）如下表所示。

设计方案	投资费用/万元	年效益/万元	年运营和维护费用/万元
A1	700	80	20
A2	950	120	30
A3	1 300	160	40
A4	2 000	210	50

已知上述方案均为互斥方案,在折现率为5%的情况下最优方案是（　　）。
   a. A1　　　　　b. A2　　　　　c. A3　　　　　d. A4

8.9 对于公共项目评价,下列描述不正确的是（　　）。
   a. 公共项目评价以国民经济评价为主
   b. 公共项目评价以效益和成本比较为基础
   c. 费用和收益可以用货币单位来计算时,可以采用收益-成本分析法
   d. 费用-效果分析法可以判断项目方案自身的经济效果,同时也可以对互斥方案选优

8.10 公共项目收益和费用识别与计量的原则中不属于针对项目收益与成本识别的是（　　）。
   a. 以目标为依据　　　　　　b. 统一计量范围
   c. 遵循增量原则　　　　　　d. 支付意愿原则

（二）填空题

8.11 公共产品是一个与私人产品相对的概念,与私人产品相比较,公共产品具有＿＿＿＿＿、＿＿＿＿＿、＿＿＿＿＿三个特征。

8.12 公共项目由各级政府或其他公共部门筹划、出资或运行,是以促进国民经济和＿＿＿＿＿为目的,直接或间接向社会提供公共产品的项目。

8.13 通常公共项目可分为＿＿＿＿＿、＿＿＿＿＿和战略性或政策性项目。

8.14 经济评价的目的是通过＿＿＿＿＿和＿＿＿＿＿的分析及计算,形成并推荐资源配置最为合理的项目方案。

8.15 公共项目经济评价的原则:更加注重社会和国家的宏观效果,更加关注＿＿＿＿＿,更加强调定量分析和定性分析相结合。

8.16 按影响范围、＿＿＿＿＿和效果特征的不同,公共项目的收益和费用可分为三类:直接收益和费用与间接收益和费用;内部收益和费用与外部收益和费用;有形收益和费用与无形收益和费用。

8.17 内部收益和费用是指由＿＿＿＿＿所获得的收益及承担的费用。

8.18 公共项目具有政府主导和效益面向社会大众的特点,这就决定了其评价方法应以＿＿＿＿＿评价为主,并以效益和成本比较为基础。

8.19 费用效益分析法建立在费用与效益的货币计量基础上,运用该方法应满足以下三个基本条件:共同的＿＿＿＿＿,一个或一系列相互排斥的可行方案,费用和效益可以用货币单位来计量。

8.20 在费用效益分析法中,对于两个或两个以上的互斥方案,可运用＿＿＿＿＿＿＿＿＿＿进行比较。

（三）简答题

8.21 简述公共项目的定义和公共项目的基本特点。
8.22 公共项目评价的目标与私人项目有何不同？试举例说明。
8.23 什么是公共项目产出的公共性和外部性？请举例说明。
8.24 影响公共项目效率的主要因素有哪些？请谈谈你的见解。
8.25 公共项目的收益和成本分类有哪些？
8.26 在对公共项目收益和成本的分类与计量中，为了防止不恰当的识别和计量，应该注意哪些问题？
8.27 什么是收益—成本分析法？收益—成本分析法的评价指标和准则有哪些？
8.28 成本收益分析法有哪些重要的影响因素？如何理解这些因素？
8.29 公共项目的基准折现率是如何确定的？
8.30 什么是成本—效能分析法？运用成本—效能分析法应满足哪些基本条件？
8.31 成本—效能分析法评价的基本程序是什么？
8.32 什么是收益需求法？该方法的核心是什么？
8.33 在收益需求法中，如何确定最小年收益需求？
8.34 在公共项目评价中，在什么条件下可以采用收益—成本分析法？在什么条件下采用成本—效能法？又在什么条件下采用收益需求法？
8.35 举出五项发生在本地区的公共工程项目，并分别说明：①主要收益；②主要的受益群体；③出资机构；④涉及的主要成本因素。
8.36 说明下列各项工程可能给公众带来的收益和成本因素：①政府大厦旁的一座现代艺术雕塑；②城市污水处理厂；③一条穿过城市繁忙地段连接郊外机场的收费高速公路；④连接繁华地段两个街区的地下通道；⑤一个带有野营地、绿地和休息室的湖边公园。

（四）计算题

8.37 一项娱乐设施对 15 000 人产生 4 元的人均收益，对其他 10 000 人产生 7 元的人均收益。该娱乐设施的年成本费用为 150 000 元。有人提出应收取每位 5 元的门票以使该设施收支平衡。他们认为 5 元是低于人均收益的，但因此造成的 15 000 人人均 1 元的损失必须包含在内计算。则成本收益率为：
收益/成本 = (7×10 000 + 4×15 000 − 1×15 000)/(150 000 − 5×25 000)
= 115 000/25 000 = 4.6
每位 5 元的门票应立即开始收取。指出以上分析的错误之处。再运用成本收益率价值标准作出正确的分析。

8.38 某政府计划扩建市立图书馆以使其拥有会议室、更多的电子图书、计算机设施以及电子门等。扩建成本为 700 000 元，新增设备成本为 175 000 元。新建设施的维护费用每年约为 100 000 元。该图书馆预计能再使用 20 年，届时残值为初始硬件设施成本的 40%。设备无残值，利率为 8%。预计每年有 150 000 人使用图书馆资源，新设施等会使人均收益增加 1.50 元。运用增量收益成本法说明是否应进行扩建？

8.39 某市政府计划扩建动物园，增添硬件设施的成本为 200 万元，增加新动物又将花费 50 万元，维修、动物看护及食物每年将花费 30 万元。动物园的使用年限以 20 年为期限，届时残值为硬件设施成本的 50%。假设利率为 10%，预计每年有 40 万人参观该动物园。采用增量收益成本法，问：①新增的设施及动物应使游客的人均收益增加多少，扩建方案才合理？②假设市政府决定对动物园门票提价，提价恰好为①中确定的人均收益的增加值，作为支付该动物园的扩建费用。具体分析这种逻辑是否合理？

8.40 某公众游乐场有三种开发方案，各自的预计年收益、损失、运行成本和节约额如下表所示。

方案	预计年收益/元	预计年损失/元	预计年运行成本/元	预计年费用节约额/元
方案一	300 000	63 000	225 000	22 500
方案二	450 000	112 500	375 000	60 000
方案三	600 000	177 000	487 500	82 500

①计算每种方案的成本收益率；
②计算每种方案的收益与成本之差；
③运用增量成本收益法进行方案选择。

8.41 一个水坝及水库用于防洪和发电，其成本和收益情况如下表。假设规划为 40 年，利率为 8%，求成本收益率。

	项目	金额/万元
投资	水坝（包括配套的道路、清障和基础设施）	39 160
	发电及传输设施	20 000
	土地	2 750
	高速公路迁置费	3 460
	居民住宅迁置费	1 780
	其他费用	225

续表

项目		金额/万元
运行维护费用	（第 1 年为总投资的 2%，以后逐年增长 5%）	
每年收益	洪涝损失的减少值	12 500
	动产的增加值	2 000
	电能使用权的增值	4 000

8.42 拟建一条高速公路以连接两个城市。路线 X 沿着原有的公路，初始成本为 100 000 万元，以后的年成本为 5 250 万元。新路线 Y 初始成本为 175 000 万元，以后的年成本为 4 500 万元。路线 Z 则是在路线 Y 的基础上作了进一步的规划，初始成本为 225 000 万元，以后的年成本为 6 000 万元。使用者每年的成本（考虑时间、运营和安全在内）对三条路线分别为 25 000 万元，17 500 万元，12 500 万元。设贴现率为 8%，规划期为 20 年，运用增量成本收益法分析应选哪条路线？若利率为零又该选哪条？

8.43 某地区开展城镇化建设，在农村地区新建了一座小城镇。为了解决当地儿童上学问题，城镇建设指挥部提出了两个建设方案：方案 A 是在城镇中心建设一座中心小学；方案 B 则是在城镇东西两头各建设一座小学。如果两个方案在接纳学生和教育水准等方面没有多少差异，但在投资、学校教学运作、学生上学往返时间价值等方面存在差异（具体如下表所示），应如何作出选择（假设基准折现率为 10%）？

方案	投资 0 年/万元	投资 1~20 年/万元
方案 A	1500	320
方案 B	2500	200

8.44 假设有一条路径弯曲、年久失修的公路需要改建。当局提出如下三个可供选择的方案：
甲方案：对现有 30km 的公路路基进行大修并重铺路面，预计投资 80 万元。以后每 10 年末需花 600 万元再铺一次路面。
乙方案：另修一条 25km 的新公路，一次投资支出为 2000 万元。以后每 10 年末需花 500 万元翻修一次路面。
丙方案：将原路取直，使它成为 20km，一次投资支出为 4000 万元。以后每 10 年末需花 400 万元翻修一次路面。
从公路来看，车辆的使用成本主要包括以下三个部分：运行成本、通过时间成本和车辆事故损失。假设该公路平均每天通过各种车辆3000辆，其中500辆轻型货车、400辆重型货车、300辆大型客车、其余为小型客车。这些车辆每公里运行费用分别为0.70元、1.00元、0.80元和0.40元。

甲方案允许重型货车和大型客车平均时速为35km，其余车辆为45km。

乙、丙方案允许重型货车和大型客车平均时速40km，其余车辆为50km。

同时假定营业用车每辆平均每小时能带来20元的净收益，非营业用车为10元。在所有车辆中，除小型客车为非营业用车外，其他车辆均为营业用车。

另外，根据各方案的道路情况，甲方案每年发生车祸数估计为100次，乙方案为80次，丙方案为70次，每一次车祸的平均损失为6000元。

此外，每公里公路的年维修费为2万元，该公路的有效使用年限为30年，不考虑残值，投资收益率为6%。试从三个方案中选择最优方案。

8.45 对两个互斥公共工程项目进行比选，其效益和费用分别列于下表中。项目A的预计寿命为35年，项目B的预计寿命为25年。若社会折现率为9%，则应选择哪一项目？

项目	资本投资/万元	运营成本/万元	年度效益/万元	项目寿命/年
项目A	750 000	120 000	245 000	35
项目B	625 000	110 000	230 000	25

8.46 田纳西州交通部考虑重建州际公路上横跨坎伯兰河的公路桥新桥的造价约为300 000美元，年度维护费用为10 000美元。现存旧桥的年度维护费用为18 500美元。由于消除了交通瓶颈，这一四车道新桥带来的年度效益预计为25 000美元。假定社会折现率为8%，计算期为25年，应用费用效益比来决定是否应建造新桥。

8.47 设一娱乐设施项目，有四个方案可供选择。各方案的等额年收入与等额年成本如下表所示，设投资收益率10%，计算增量收益成本比，选择最优的方案。

方案	等额年收入/万元	等额年成本/万元	收入成本比	年净收益/万元
甲	890	662	1.34	228
乙	830	610	1.36	220
丙	730	580	1.26	150
丁	690	520	1.33	170

8.48 北京市水资源供需平衡的分析表明,到 2010 年全市平均缺水量为 12 亿 m³,枯水年缺水量为 20 亿 m³。在 1993 年国务院批准的《北京市城市总体规划》中,南水北调工程是缓解北京水资源的根本措施,预期为北京供水 10 亿 m³。实际上,除了远距离调水,北京市的水资源供需缺口也可以通过污水再生利用的方式予以解决。下表为北京市对再生水的潜在需求量。

项目	传统用水 用水量/(亿 m³/年)	传统用水 占总用水量比例/%	再生水 再生水使用率/%	再生水 总量/(亿 m³/年)
生活用水	12.96	32.1	25	3.24
环境/生态用水	0.43	1.1	90	9.387
工业用水	10.52	26	20	2.104
农业用水	16.49	40.8	30	4.947
合计	40.40	100	26	10.678

从表中可知,北京市的总供水量中,只要有 26% 的使用再生水就能够弥补未来的水资源缺口。另外,假设环境/生态用水、工业用水和农业用水中对再生水的需求部分都来自集中型污水再生利用设施,需求量为 7.438 亿 m³/年,生产成本为 0.95 元/m³;而城市生活用水则采用分散型污水再生利用设施生产的再生水,需求量为 3.24 亿 m³/年,生产成本为 2.61 元/m³。在南水北调中线工程中,进水价为 2 元/m³,水资源价值为 0.49 元/m³,另外工业用水与生活用水需要进行给水和污水处理,处理成本为 2.83 元/m³。现采用费用—效果分析对调水和污水再利用两种方案进行比较。

四、参 考 答 案

(一)单选题

题号	8.1	8.2	8.3	8.4	8.5	8.6	8.7	8.8	8.9	8.10
答案	b	c	a	b	b	c	c	c	d	d

(二)填空题

8.11 效用的不可分割性,消费的非竞争性,受益的非排他性

8.12　社会发展

8.13　纯公共项目，准公共项目

8.14　效益，费用

8.15　间接效果

8.16　投资主体

8.17　项目投资经营主体

8.18　国民经济

8.19　目标

8.20　增量费用效益比

(三) 简答题

8.21　答：公共项目又称为公共工程或公用事业项目，主要是指由政府为社会、国家和公众利益而投资兴办的非营利性项目。

公共项目具有以下基本特点：政府主导性，公共品性，非竞争性，外部性，多目标性。

8.22　答：公共项目是指为社会、国家和公共利益而投资兴办的非营利性项目，因而其评价的目标是效率和公平的统一，实现社会经济福利效益的最大化。私人项目是个人或单位为了满足个人或单位需求而进行的投资项目，其评价的目标是项目财务收益的最大化，同时满足国民经济的基本要求。例如，城市绿化建设项目，从项目本身而言是不盈利的，但是却对提高居民生活环境质量起到积极作用，因此其评价的目标是社会福利的最大化。而私人投资开办企业的项目，其基本目标是盈利，因此其评价的目标是投资收益的最大化。

8.23　答：公共项目提供的是公共物品。与私有物品不同，公共物品不具有享用权上的排他性，而具有明显的公共性。如某人享受公园里优美的环境并不排斥他人同时享用。每个人在公共物品的使用或消费上都是"免费的搭车人"。外部性，是指项目的外部收益和外部成本。外部收益是指项目投资经营主体之外的收益，由其他方免费获得。如水电站项目可以使投资经营主体获得发电收益，也可使水电站下游减少洪涝灾害，后者即为该项目的外部收益。外部成本是指在项目投资经营主体之外的社会成本。该成本不由投资经营主体给予等价补偿，却由项目以外的个人、团体或社会来承担。如项目所导致的环境和生态的破坏等都属于外部成本。

8.24　答：从实践看，公共项目的投资与经营时常表现出效率不高的问题。究其原因，一是公共项目的投资支出和收益之间缺乏内在联系，导致其无法像一般投资项目那样以收抵支、"自负盈亏";二是项目管理者(政府)与真正的出资人(纳税人)目标的不一致性,导致其在项目投资决策和经营管理上草率粗放;三是投资决策者不承担个人责任和损益的投资体制,经营者缺乏有效激励和监督的管理体制。提高公共项目效率将有赖于对其投资体制和管理体制的改善。

8.25 答:按影响范围、投资主体和效果特征的不同,公共项目的收益和成本可分为:①直接收益和成本与间接收益和成本;②内部收益和成本与外部收益和成本;③有形收益和成本与无形收益和成本。

8.26 答:以目标为依据,统一计量范围,遵循增量原则,避免重复计量。

8.27 答:如果项目的收益和成本均采用货币单位计量,相应的评价方法称为收益—成本分析法。收益—成本分析法最重要的评价指标有收益成本比

$$(B/C)_j(i) = \frac{\sum_{t=1}^{n} B_{jt}(1+i)^{-t}}{\sum_{t=0}^{n} C_{jt}(1+i)^{-t}}。$$

评价准则为:$(B/C)_j \geq 1$,项目可以接受;$(B/C)_j < 1$,项目应予拒绝。

也可以用收益成本差评价:$(B-C)_j(i) = \sum_{t=0}^{n}(B_{jt} - C_{jt})(1+i)^{-t}$。

评价准则为:$(B-C)_j \geq 0$,项目可以接受;$(B-C)_j < 0$,项目应予拒绝。

8.28 答:考察的视角,基准折现率的确定,寿命不等的问题,征收通行税费和用户费的影响,多目标问题,收益成本比的问题。

8.29 答:①当使用税收作为项目资金来源时,选择零折现率;②基准折现率应反映社会的时间偏好比率;③如项目资金为政府借款(如政府债券等),基准折现率应和借款利率相一致;④用私人投资者投资于政府债券的机会成本确定折现率;⑤用一定预算限制下的政府投资的机会成本确定折现率。

8.30 答:在成本—效能分析中,成本是用货币单位计量的,而效能(或效果、效用)是用非货币单位计量的,它是对项目目标的直接或间接度量。

运用成本—效能分析法,需要满足以下三个基本条件:①必须有共同的、可识别和可实现的目标或目的;②必须有两个或两个以上可以满足目标的、相互排斥的方案;③必须有若干约束条件形成问题的边界,其中成本采用货币单位计量,收益(即效能)采用非货币单位计量。

8.31 答:①确定应实现的目标、目的或使命;②表述实现目标所必须满足的要求;③设计实现目标的可行方案;④建立评价指标,将方案效能与目标联系起来;⑤选择评价方法;⑥按评价指标确定各方案的效能;⑦以适合的方式表述各方案及其效能;⑧根据效能判别准则和成本因素分析各方案;

⑨进行敏感性分析或其他不确定性分析；⑩撰写分析或研究报告。

8.32 答：对于经营公共物品的企业的投资项目，基本的目标是提供满足消费者期望的服务，同时获取适当的企业收益。最小收益需求法的核心是给企业投资者确定一个公平的回报率，即在成本上再加上一个适当的投资回报率来确定产品或服务的价格。

8.33 略

8.34 答：收益—成本分析法建立在成本与收益的货币计量基础上。运用该方法应满足以下三个基本条件：①共同的目标。比较方案具有共同的目标或目的是可比性的基础。②一个或一系列相互排斥的可行方案。每个可行方案的信息是可知的，包括项目的投资、寿命和内外效果等。③成本和收益可以用货币单位来计量，对于非货币性成本和收益，可以比较合理地转化成为货币性成本和收益。

当项目的产出无法用货币单位计量时，就必须要用物质单位或其他方法计量。此时，成本—效能分析就是一种十分有效的评价方法。它广泛应用于国防、航天、航空、学校、医疗、政府机构、环境保护等公共项目的评价中。运用成本—效能分析法，需要满足以下三个基本条件：①必须有共同的、可识别和可实现的目标或目的；②必须有两个或两个以上可以满足目标的、相互排斥的方案；③必须有若干约束条件形成问题的边界，其中成本采用货币单位计量，收益采用非货币单位计量。

提供公共物品的经营性公司主要有水、电、气、通信、有线电视等经营企业。这些企业通常占有确定的经营区域，很少或没有竞争。此时，顾客的自由选择权丧失，无法受竞争的保护。这就需要政府和立法机构通过设置业绩标准和价格管制来保护消费者的权益。对于经营公共物品的企业的投资项目，基本的目标是提供满足消费者期望的服务，同时获取适当的企业收益。因此，可以采用最小收益需求法来对其项目进行评价。

8.35 答：

项目 工程	主要收益	主要受益群体	出资机构	涉及的主要成本因素
湖底隧道	节约的时间及人力成本	市民	地方政府	建设成本
高速公路	过路车辆缴纳的费用	市民	政府及民间资本	建设及维护成本
公共健身器	公民身体素质的提高	公众	地方政府	购买及安装成本
市民广场	改善环境、娱乐市民	市民	地方政府	建设及维护成本
跨江大桥	通过车辆缴纳的费用	公众	政府及民间资本	建设及维护成本

8.36 答：①收益：城市美化给公众带来的享受；成本：设计、雕刻及维护成本。②收益：使城市环境得到改善；成本：设施的成本。③收益：过路费，节约时间和能源；成本：建设及维护成本。④收益：缓解交通压力；成本：建设及维护成本。⑤收益：给公众提供了良好的休闲娱乐场所；成本：规划建设及维护成本。

（四）计算题

8.37 解：收益和成本的计算方法错误，人均收益的减少对两类人都适用，并不只针对前者。
收益/成本 = (7×10 000 + 4×15 000–5×25 000)/(150 000–5×25 000) = 0.2<1
所以收取 5 元门票不合理。

8.38 解：初始总投资为 = 700 000 + 175 000 = 875 000(元)
每年增加的维护费折合现值 = 100 000×(P/A, 8%, 20) = 981 800(元)
每年增加的收益折合现值 = 1.5×150 000×(P/A, 8%, 20) = 2 209 050(元)
期末残值折合现值 = 700 000×40%×(P/F, 8%, 20) = 60 060(元)
增量收益成本差 = $\Delta B - \Delta C$ = 2 209 050 + 60 060–875 000–981 800 = 412 310>0
所以应该扩建。

8.39 解：①初始总投资为 = 200 + 50 = 250(万元)
每年增加的维护费折合现值 = 30×(P/A, 10%, 20) = 30×8.514 = 255.42(万元)
期末残值折合现值 = 200×50%×(P/F, 10%, 20) = 100×0.148 6 = 14.86(万元)
要使扩建合理，$\Delta(B-C) \geq 0$
即：增加的收益折合现值 + 14.86≥255.42 + 250
增加的收益折合现值≥490.56 万元
游客人均增加收益×400 000×(P/A, 10%, 20)≥4 905 600
游客人均增加收益≥1.44 元
所以新增的设施及动物应使游客的人均收益增加不小于 1.44 元，扩建方案才合理。
②这种逻辑不合理，因为公共项目投资的决策依据是公共利益的最大化，门票提价虽然使内部支出减少，却也减少了外部公共收益，并没有起到效果。

8.40 解：①方案一的成本收益率 = $\dfrac{300\,000 + 22\,500}{63\,000 + 225\,000} \times 100\%$ = 112%

方案二的成本收益率 = $\dfrac{450\,000 + 60\,000}{112\,500 + 375\,000} \times 100\%$ = 105%

方案三的成本收益率 = $\dfrac{600\,000 + 82\,500}{177\,000 + 487\,500} \times 100\% = 103\%$

三个方案均满足要求。

②方案一的收益与成本之差 = 300 000–63 000–225 000 + 22 500 = 34 500(元)

方案二的收益与成本之差 = 450 000–112 500–375 000 + 60 000 = 22 500(元)

方案三的收益与成本之差 = 600 000–177 000–487 500 + 82 500 = 18 000(元)

三个方案均满足要求。

③ $(\Delta B / \Delta C)_{2-1} = \dfrac{450\,000 + 60\,000 - 300\,000 - 22\,500}{112\,500 + 375\,000 - 63\,000 - 225\,000} = 187\,500/199\,500 = 0.94$

$(\Delta B / \Delta C)_{3-1} = \dfrac{600\,000 + 82\,500 - 300\,000 - 22\,500}{177\,000 + 487\,500 - 63\,000 - 225\,000} = 360\,000/376\,500 = 0.96$

所以方案一最优。

8.41 解：初始总投资为 = 39 160 + 20 000 + 2750 + 3460 + 1780 + 225 = 67 375(万元)

第 1 年的运行维护费用 = 67 375×2% = 1347.5(万元)

运行维护费用的现值 = $\sum\limits_{t=1}^{40} 1347.5 \times (1+5\%)^{t-1} \times (1+8\%)^{-t}$

$= 1347.5 \times \left[\dfrac{1-(1+5\%)^{40}(1+8\%)^{-40}}{8\%-5\%}\right] = 30\,361.1$(万元)

收益现值 = (12 500 + 4000 + 2000)(P/A，8%，40) = 220 612.5(万元)

成本收益率 = 收益/成本 = 220 612.5/(67 375 + 30 361.1) = 2.26

8.42 解：①内部总成本年值

路线 X = 100 000×(A/P, 8%, 20) + 5 250 = 15 435.3(万元)

路线 Y = 175 000×(A/P, 8%, 20) + 4 500 = 22 324.2(万元)

路线 Z = 225 000×(A/P, 8%, 20) + 6 000 = 28 916.9(万元)

使用者每年的成本为各自的外部总成本：

路线 X = 25 000(万元)，路线 Y = 17 500(万元)，路线 Z = 12 500(万元)。

总成本：

路线 X = 15 435.3 + 25 000 = 40 435.3(万元)

路线 Y = 22 324.2 + 17 500 = 39 824.2(万元)

路线 Z = 28 916.9 + 12 500 = 41 416.9(万元)

ΔB_{Y-X} = 路线 X 外部总成本–路线 Y 外部总成本 = 25 000–17 500 = 7 500(万元)

ΔC_{Y-X} = 路线 Y 内部总成本–路线 X 内部总成本 = 22 324.2–15 435.3

= 6 888.9(万元)

$(\Delta B/\Delta C)_{Y-X} = \Delta B_{Y-X}/\Delta C_{Y-X} = 7\,500/6\,888.9 > 1$

路线 Y 优于路线 X。

$$\Delta B_{Z\text{-}Y} = 17\,500 - 12\,500 = 5\,000(万元)$$
$$\Delta C_{Z\text{-}Y} = 28\,916.9 - 22\,324.2 = 6\,592.7(万元)$$
$$(\Delta B/\Delta C)_{Z\text{-}Y} = \Delta B_{Z\text{-}Y}/\Delta C_{Z\text{-}Y} = 5\,000/6\,592.7 < 1$$

路线 Y 优于路线 Z。

因此，应选择路线 Y。

②如利率为 0 时，内部总成本年值

$$路线\ X = 100\,000/20 + 5\,250 = 10\,250(万元)$$
$$路线\ Y = 175\,000/20 + 4\,500 = 13\,250(万元)$$
$$路线\ Z = 225\,000/20 + 6\,000 = 17\,250(万元)$$

使用者每年的成本为各自的外部总成本：

$$路线\ X = 25\,000(万元)$$
$$路线\ Y = 17\,500(万元)$$
$$路线\ Z = 12\,500(万元)$$

总成本：

$$路线\ X = 10\,250 + 25\,000 = 35\,250(万元)$$
$$路线\ Y = 13\,250 + 17\,500 = 30\,750(万元)$$
$$路线\ Z = 17\,250 + 12\,500 = 29\,750(万元)$$

因此应选择路线 Z。

8.43 解：A 的费用年值：$1500(A/P, 10\%, 20) + 320 = 496.19(万元)$

B 的费用年值：$2500(A/P, 10\%, 20) + 200 = 493.65(万元)$

两方案可满足同样的需求，成本小的方案为好，因此选择 B 方案。

8.44 解：甲方案：$AC_1 = \{80 + 600(P/F, 6\%, 10) + 600(P/F, 6\%, 20)\}(A/P, 6\%, 30)$
$+ 2 \times 30 = 156(万元/年)$

乙方案：$AC_2 = \{2\,000 + 500(P/F, 6\%, 10) + 500(P/F, 6\%, 20)\}(A/P, 6\%, 30)$
$+ 2 \times 25 = 227(万元/年)$

丙方案：$AC_3 = \{4\,000 + 400(P/F, 6\%, 10) + 400(P/F, 6\%, 20)\}(A/P, 6\%, 30)$
$+ 2 \times 20 = 356(万元/年)$

甲方案：

年运行成本 $= (500 \times 0.70 + 400 \times 1.00 + 300 \times 0.80 + 1\,800 \times 0.40)$
$\times 30 \times 365 = 1872.4(万元/年)$

年通过时间成本 $= [500 \times 1/45 \times 20 + 400 \times 1/35 \times 20 + 300 \times 1/35 \times 20$
$+ 1800 \times 30 \times 1/45 \times 365 \times (0.5 \times 0.002 + 0.5 \times 0.001)]$
$\times 30 \times 365 = 1338.3(万元/年)$

车辆事故损失 $= 6000 \times 100 = 60(万元/年)$

车辆使用单位总成本 $= 1872.4 + 1338.3 + 60 = 3270.7(万元/年)$

乙、丙方案类似计算，各方案计算结果列于下表：

方案	年运行成本/(万元/年)	年通过时间成本/(万元/年)	车辆事故损失/(万元/年)	车辆使用单位总成本/(万元/年)
甲方案	1 872.4	1 338.3	60	3 270.7
乙方案	1 560.4	994.6	48	2 603
丙方案	1 248.3	795.7	42	2 086

乙方案与甲方案相比，
$$\Delta B_{乙-甲} = 3\ 270.7 - 2\ 603 = 667.7(万元/年)$$
$$\Delta C_{乙-甲} = 227 - 156 = 71(万元/年)$$
$$(\Delta B/\Delta C)_{乙-甲} = \Delta B_{乙-甲}/\Delta C_{乙-甲} = 667.7/71 = 9.41$$
由于费用效益比大于1，因此乙方案优于甲方案；
丙方案与乙方案相比，
$$\Delta B_{丙-乙} = 2\ 603 - 2\ 086 = 517(万元/年)$$
$$\Delta C_{丙-乙} = 356 - 227 = 129(万元/年)$$
$$(\Delta B/\Delta C)_{丙-乙} = \Delta B_{丙-乙}/\Delta C_{丙-乙} = 517/129 = 4.01$$
由于费用效益比大于1，因此丙方案优于乙方案。
综上所述，选择丙方案。

8.45 解：项目 A 的费用年值 = 750 000(A/P, 9%, 35) + 120 000 = 190 977(万元)
项目 B 的费用年值 = 625 000(A/P, 9%, 35) + 110 000 = 173 629(万元)
项目 B 的效益–费用比 = 230 000/173 629 = 1.325＞1.0
因此，项目 B 可行。
项目 A 替代项目 B 的增量效益–费用比 = (245 000−230 000)/(190 977−173 629)
$$= 0.845 < 1.0$$
因此项目 A 要求的增量投资不可行。

8.46 解：将年度维护费用的减少作为费用的降低：
$B-C = 25\ 000/[300\ 000(A/P, 8\%, 25)-(18\ 500-10\ 000)] = 1.275＞1$ 建造新桥。
将年度维护费用的减少作为效益的增加：
$B-C = [25\ 000 + (18\ 500-10\ 000)]/[300\ 000(A/P, 8\%, 25)] = 1.192＞1$ 建造新桥。

8.47 解：下表为增量收益成本比计算表。

方案比较	增量等额年收入/万元	增量等额年成本/万元	增量收入成本比	决策
丙与丁	40	60	0.67	丁
乙与丁	140	90	1.56	乙
甲与乙	60	52	1.15	甲

由计算结果可知，甲为最优方案。

8.48 解：调水的费用：$10 \times (32.1\% + 26\%) \times 2.83 + 10 \times (2 + 0.49) = 41.34(亿元)$

污水再生利用的费用：$0.95 \times 7.438 + 2.61 \times 3.24 = 15.52(亿元)$

项目	效果/(亿 m³/年)	费用/亿元	费效比
调水	10	41.34	4.13
污水再生利用	10.678	15.52	1.45

污水再生利用方案是合理的方案。

第九章 价值工程基础理论与方法

一、学习的基本要求

(一) 识记

1. 价值工程的产生与发展，价值工程与工业工程和质量管理在企业运营中的作用关系；
2. 价值的概念以及提高价值的途径；
3. 价值工程的概念及价值工程分析的步骤；
4. 价值工程分析对象选择的原则与方法；
5. 功能分析的目的和主要内容；
6. 功能评价的概念和目的；
7. 方案创新的目的和原则；
8. 方案创新的主要方法及适用范围。

(二) 理解

1. 价值工程的核心内容；
2. 应用价值工程的意义；
3. 选择价值工程分析对象的四种方法及其适用范围；
4. 成本系数、功能系数和价值系数的概念及其相互关系；
5. 功能分析的功能卡片法和 FAST 系统分析方法；
6. 功能评价的概念和目的；
7. 功能评价的强制确定方法；
8. 方案评价的主要内容。

(三) 应用

1. 针对具体产品或服务的部组件信息，初步掌握价值工程分析对象选择的基本方法；
2. 初步掌握 FAST 方法，对产品或服务的功能进行系统分析，并绘制 FAST 图；

3. 初步掌握强制确定法，对产品或服务的功能系统进行功能评价。

二、教学内容及知识点

第一节　价值工程概论

价值工程的产生与发展，价值工程与工业工程和质量管理在企业生产运营中的作用关系；
价值工程的概念及其在产品或服务设计中的作用；
提高产品价值的主要途径；
产品功能分类及必要功能的概念。

第二节　对象选择与团队建设

价值工程的实施步骤；
对象选择的百分比法、ABC 分析法、评分法和最合适区域法。

第三节　信息收集与功能分析及评价

功能分析的目的及方法；
功能系统图的概念及作用；
FAST 功能系统分析技术；
功能评价的作用及方法。

第四节　方案创新与评价

方案创新的主要方法；
方案评价的基本思路及内容。

三、练　习　题

（一）单选题

9.1　企业应用价值工程的目的是提高产品价值，对产品实施价值工程分析的部门是（　　）。
   a. 产品设计部门　　　　　　　b. 产品生产部门
   c. 产品营销部门　　　　　　　d. 财务管理部门

9.2 从满足需求的角度看,价值工程中的产品(或零部件)功能可以分为（　　）。
   a. 基本功能和过剩功能　　　　b. 使用功能和辅助功能
   c. 必要功能和不必要功能　　　d. 使用功能和美学功能

9.3 价值工程是以最低的总成本,可靠地实现产品或服务的必要功能,着手于功能分析的（　　）。
   a. 随机研究活动　b. 自发活动　c. 有组织活动　d. 市场调查活动

9.4 在价值工程的研究对象确定之后,接下来难度最大的工作是（　　）。
   a. 价值分析　　b. 功能分析　　c. 成本分析　　d. 新方案创造

9.5 通常,客户购买产品或服务的核心功能是产品或服务应具有的（　　）。
   a. 使用功能　　b. 基本功能　　c. 辅助功能　　d. 必要功能

9.6 产品或服务的价值、成本、功能这三者的关系是（　　）。
   a. 成本 = 价值×功能　　　　　b. 价值 = 成本×功能
   c. 价值 = 功能/成本　　　　　d. 功能 = 价值/成本

9.7 在产品或服务的功能整理过程中,上位功能和下位功能分别是（　　）。
   a. 目的功能,手段功能　　　　b. 手段功能,目的功能
   c. 平行功能,交叉功能　　　　d. 交叉功能,平行功能

9.8 在反映功能、价值和成本三者关系的表达式 $V = F/C$ 中,V 表示（　　）。
   a. 成本或成本系数　　　　　　b. 功能成本系数
   c. 价值系数　　　　　　　　　d. 功能或功能评价系数

9.9 现有甲、乙、丙、丁四种方案,其功能评价系数分别为 0.24、0.18、0.12、0.36；成本系数为 0.288、0.126、0.144、0.422,最优的方案为（　　）。
   a. 甲　　　　　b. 乙　　　　　c. 丙　　　　　d. 丁

9.10 在价值工程的方案创新阶段,要分析的主要问题是（　　）。
   a. 它的成本是多少　　　　　　b. 它的价值是多少
   c. 如何更好地实现客户所需功能　d. 它的用途是什么

9.11 在产品设计及其改进中,实施价值工程的主要目的在于（　　）。
   a. 完善产品功能　　b. 降低产品成本　　c. 提高产品的价值
   d. 以最低的寿命周期成本可靠地实现必要功能

9.12 在价值工程分析过程中,强制确定法常用于价值工程对象选择和（　　）。
   a. 功能评价　　b. 功能定义　　c. 功能整理　　d. 功能分类

（二）填空题

9.13　产品的寿命周期成本是指产品从研发、生产、销售和使用直至_____这一过程的全部费用。

9.14　产品的必要功能是指_____所要求的功能。

9.15　价值工程的目的是通过一套科学的方法来分析和确定产品应具有的功能水平，从而为创造使产品的_____最低的新方案提供参考。

9.16　价值工程是一种分析产品或服务的成本、_____和价值之间关系的理论与方法。

9.17　价值工程中的功能定义一般采用一个_____和一个名词宾语把产品或服务或其部组件的功能简洁地表达出来。

9.18　对已有产品应用价值工程时，功能分析的目的通过功能定义和功能整理，发现产品或服务的功能不合理之处，如不足功能和_____功能。

9.19　对于产品的使用者来说，产品的寿命周期成本为_____与在产品使用期内支付的_____之和。

9.20　对于产品的制造商来说，产品的寿命周期成本为_____与客户在产品使用期内支付的_____之和。

9.21　功能分析的最主要工作是_____、_____。

9.22　功能分析的主要方法是功能卡片法和_____。

9.23　功能分析中运用功能卡片法的目的是厘清功能之间的内在关系，如功能_____关系和_____关系。

9.24　在运用 ABC 分析法选择价值工程对象时，首先应将产品或服务及其组分按其_____由大到小排列起来。

9.25　强制确定法认为：产品的每个零部件的_____应该与该零部件的_____相称。

9.26　功能定义的目的是准确理解和确定_____，以利于产出的产品满足客户需要。

9.27　通常，目的功能称为_____功能，手段功能称为_____功能。

9.28　功能评价的目的是对功能的_____进行评定，以判明低价值区域，找出应用价值工程的重点。

9.29　功能分析和功能评价的目的是根据市场对产品或服务的需求，提出一个合理、平衡的产品或服务的_____，为创造以最低成本实现必要功能的方案提供参考。

9.30 FAST 图可用于描述产品或服务的_____。

（三）简答题

9.31 简述价值工程的内涵和核心工作。
9.32 简述应用价值工程的意义。
9.33 简述价值工程的分析步骤。
9.34 简述选择应用价值工程对象的方法。
9.35 根据价值的定义，简述提高产品价值的途径。
9.36 简述功能定义的目的和方法。
9.37 简述功能整理的目的和思路。
9.38 简述价值工程中改进方案评价的基本思路和步骤。

（四）计算题

9.39 某产品部件有五个功能 F1、F2、F3、F4、F5，功能重要性从强到弱的顺序是 F1、F2、F4、F3、F5。用 0-1 评分法，确定各功能评价系数。
9.40 某大型设备由七个部组件构成，其成本和功能评分如下表所示。计算各部组件的价值系数，并根据强制确定法选择价值工程的研究对象。

部组件	成本/万元	功能评分
A1	50	70
A2	80	30
A3	130	85
A4	80	55
A5	20	30
A6	30	10
A7	50	15

9.41 某产品有 a、b、c、d、e、f、g 等七个零部件，其成本分别为 240 元、200 元、120 元、320 元、460 元、80 元、160 元，这些零部件对该产品的重要程度依次是 e、a、d、g、b、c、f。试用 0-1 打分法列表计算，并确定价值工程的研究对象。
9.42 某手表由六个主要部件构成，其有关数据如下表所示。计算各部件的价值指数，并根据强制确定法的思路，对该手表的改进提出参考意见。

序号	部件名称	功能评分	现实成本/元
1	夹板	11.96	6.04
2	原动系	7.71	1.25
3	擒纵调速系	22.83	1.55
4	防震器	9.41	2.97
5	表盘	8.75	0.89
6	表壳	39.34	4.81
合计		100	17.51

四、参 考 答 案

（一）单选题

题号	9.1	9.2	9.3	9.4	9.5	9.6	9.7	9.8	9.9	9.10	9.11	9.12
答案	a	c	c	b	d	c	a	c	b	c	d	a

（二）填空题

9.13　报废

9.14　客户

9.15　寿命周期成本

9.16　功能

9.17　动词

9.18　过剩

9.19　产品购置费，使用成本（含废弃费用）

9.20　生产成本，使用成本（含废弃费用）

9.21　功能定义，功能整理

9.22　功能分析系统技术（FAST）

9.23　上位，下位

9.24　成本或成本占比

9.25　成本，功能重要性

9.26 产品部组件的功能
9.27 上位，下位
9.28 价值
9.29 功能结构
9.30 功能系统图

（三）简答题

9.31 答：价值工程是以最低的寿命周期成本、可靠地实现产品或作业的必要功能，着重于功能分析的有组织的创造性活动。价值工程的核心工作是功能分析。

9.32 答：①应用价值工程可提高企业运营管理水平；②应用价值工程利于推动企业技术创新工作，提高经济效益；③价值工程可为企业经营和发展决策提供依据。

9.33 答：选择对象、选定目标、搜集情报、功能分析、方案创造、方案评价、方案实施及成果评价。

9.34 答：主要有百分比法、ABC 分析法、强制确定法、最合适区域法。

9.35 答：当产品价值较低时，提高产品价值有以下五种途径：①功能不变，降低成本；②成本不变，提高功能；③功能提高，成本降低；④成本略有提高，功能有更大的提高；⑤功能略有下降，成本有更大的下降。

9.36 答：功能定义的目的是根据市场需求，明确产品和零部件的功能；其方法是用动词和名词宾语把功能简洁地表达出来，主语是被定义的对象。功能定义要摆脱已有的结构框架之束缚，要有利于开阔思路、有利于改进和创新。

9.37 答：功能整理的目的是在功能定义基础上厘清功能之间的内在联系，并将这些内在联系按照一定的逻辑结构化，用功能结构图表达出来。通常，产品的某个功能需通过多个零部件的功能来实现，一个零部件也可能具有多个功能。因此，被定义的功能之间往往存在上下或并列关系。通过对目的功能和手段功能的分析，便将功能之间的这种内在关系连接成产品的功能系统图。

9.38 答：基本思路是从技术、经济和社会等视角对改进方案进行评价。主要步骤有概略评价和详细评价。

（四）计算题

9.39 解：评分及计算过程如下表。

	F1	F2	F3	F4	F5	得分累计	功能评价系数1	修正得分	功能评价系数2
F1	×	1	1	1	1	4	0.4	5	5/15 = 0.33
F2	0	×	1	1	1	3	0.3	4	4/15 = 0.27
F3	0	0	×	0	1	1	0.1	2	2/15 = 0.13
F4	0	0	1	×	1	2	0.2	3	3/15 = 0.20
F5	0	0	0	0	×	0	0	1	1/15 = 0.07
合计						10	1	15	1

F5 的功能评价系数 1 为 0 不表明该功能就一定是过剩功能，实践中常修正得分，以避免系数为 0 的情况。

9.40 解：计算过程如下表。

部组件	成本/万元	成本系数 c_i	功能重要性评分	功能评价系数 f_i	价值系数 $v_i = f_i/c_i$
A1	50	0.11	70	0.24	2.18
A2	85	0.2	60	0.2	1.00
A3	130	0.3	80	0.27	0.9
A4	80	0.19	50	0.17	0.89
A5	20	0.05	25	0.08	1.6
A6	30	0.07	10	0.03	0.43
A7	50	0.12	10	0.03	0.25
合计	445	1	305	1	

价值工程应用对象的优先排序：A1、A7、A6。

9.41 解：（1）0-1 打分及功能评价系数计算如下。

	a	b	c	d	e	f	g	得分	功能评价系数
a	×	1	1	1	0	1	1	5	0.24
b	0	×	1	0	0	1	0	2	0.095
c	0	0	×	0	0	1	0	1	0.048
d	0	1	1	×	0	1	1	4	0.19
e	1	1	1	1	×	1	1	6	0.29
f	0	0	0	0	0	×	0	0	0
g	0	1	1	0	0	1	×	3	0.14
总分								21	1

(2) 计算零部件成本系数和价值系数。

产品总成本 = 240 + 200 + 120 + 320 + 460 + 80 + 160 = 1580(元)

	成本系数	功能评价系数	价值系数
a	0.15	0.24	1.6
b	0.13	0.095	0.73
c	0.08	0.048	0.6
d	0.2	0.19	0.95
e	0.29	0.29	1
f	0.05	0	0
g	0.1	0.14	1.4

建议以零部件顺序 a、g、b、c、f 优先选择价值工程的研究对象。

9.42 解：①计算各部件的成本系数；②计算各部件的价值系数。

序号	部件名称	功能评价系数	成本系数	价值系数
1	夹板	11.96/100 = 0.12	6.04/17.51 = 0.345	0.348
2	原动系	7.71/100 = 0.077	1.25/17.51 = 0.071	1.085
3	擒纵调速系	22.83/100 = 0.23	1.55/17.51 = 0.089	2.584
4	防震器	9.41/100 = 0.09	2.97/17.51 = 0.170	0.529
5	表盘	8.75/100 = 0.088	0.89/17.51 = 0.051	1.725
6	表壳	39.34/100 = 0.39	4.81/17.51 = 0.275	1.418
	总计	1	1	

夹板和防震器的价值系数过低，远小于1；可以重点考虑降低其成本。擒纵调速系、表盘和表壳的价值系数过高，远大于1；需要分析原因，①分析现实成本是否能确保部件功能的可靠实现；②分析设计的部件功能是否过高。根据分析结果，通过增加费用或降低功能要求来优化部件的价值系数。

教材习题之计算题解答

第二章 现金流量及其构成

12. 解：拖船折旧费：(7.5–1.5)/5 = 1.2(万元)

    (20–8.4–0.8–1.2)(1–25%) + 1.2 = 8.4(万元)

13. 解：净现金流量 = 税后利润 + 折旧

    第 1~6 年：(100–20–2–50)(1–25%) + 20 = 41(万元)

    或　100–50–2–(100–50–2–20)×25% = 41(万元)

    第 7 年：资产余值(130–20×6) = 10(万元)

    (100–10–2–50)(1–25%) + 10 = 38.5(万元)

    第 8 年：(100–2–50)(1–25%) = 36(万元)

14. 解：（1）年折旧额 = (30 000–3000)/10 = 2700(元)

    第 1 年末固定资产净值为：30 000–2700 = 27 300(元)

    第 2 年末固定资产净值为：27 300–2700 = 24 600(元)

    同理可得第 3 年至第 10 年末固定资产净值分别为：21 900 元，19 200 元，16 500 元，13 800 元，11 100 元，8400 元，5700 元，3000 元。

    （2）年折旧率 = 2/10×100% = 20%

    第 1 年折旧额 = 30 000×20% = 6000(元)

    第 1 年末固定资产净值 = 30 000–6000 = 24 000(元)

    第 2 年折旧额 = 24 000×20% = 4800(元)

    第 2 年末固定资产净值 = 24 000–4800 = 19 200(元)

    同理可得第 3 年至第 8 年的年折旧额分别为：3840 元，3072 元，2457.6 元，1966.08 元，1572.86 元，1258.29 元。

    第 3 年至第 8 年末固定资产净值分别为：15 360 元，12 288 元，9830.4 元，7864.32 元，6291.46 元，5033.17 元。

    第 9 年及第 10 年折旧额 = (5033.17–3000)/2 = 1016.585(元)

    第 9 年末固定资产净值 = 5033.17–1016.585 = 4016.585(元)

    第 10 年末固定资产净值 = 4016.585–1016.585 = 3000(元)

(3) 第 1 年折旧额 = $\dfrac{10-0}{\dfrac{1}{2}\times 10\times(10+1)} \times (30\,000-3000)$

= 4909.09(元)

第 1 年末固定资产净值 = 30 000–4909.09 = 25 090.91(元)

第 2 年折旧额 = $\dfrac{10-1}{\dfrac{1}{2}\times 10\times(10+1)} \times (30\,000-3000) = 4418.18$(元)

第 2 年末固定资产净值 = 25 090.91–4418.18 = 20 672.73(元)

同理可得第 3 年至第 10 年每年的折旧额和年末固定资产净值，如下表所示。

年	折旧额/元	年末固定资产净值/元
3	3927.3	16745.5
4	3436.4	13309.1
5	2945.5	10363.7
6	2454.6	7909.1
7	1963.6	5945.5
8	1472.7	4472.7
9	981.8	3490.9
10	490.9	3000

第三章　资金的时间价值与等值计算

7. 解：由计算式 $F_n = P(1+12\%)^n = 3P$ 可得 $P(F/P,12\%,n) = 3P$，即 $(F/P,12\%,n) = 3$。
查复利系数表可得：$(F/P,12\%,9) = 2.773$，$(F/P,12\%,10) = 3.106$，所以 $n \approx 10$，即 10 年后这笔基金可以增值到自身的 3 倍。

8. 解：① $F_n = P(1+i\cdot n) = 1000(1+7\%\times 5) = 1350$(元)

② $F_n = P(1+i)^n = 1000(1+5\%)^5 = 1276.28$(元)

9. 解：$A = 100 + P(A/P,8\%,20) = 100 + 8000\times 0.10185 = 914.8$(万美元)

10. 解：① $F_n = P(1+i)^n = 1\times(1+6\%)^{10} = 1.7908$(万元)

② $F_n = P(1+i)^n = 1\times(1+12\%)^5 = 1.7623$(万元)

11. 解：①每年还款：$A_1 = 20(A/P,12\%,10) = 20\times 0.17698 = 3.5396$(万元)

②每月还款：$A_2 = 20\times(A/P,1\%,120) = 20\times\dfrac{0.01\times(1+0.01)^{120}}{(1+0.01)^{120}-1} = 0.2869$(万元)

12. 解： $A = [6000(1+5\%)(F/A, 5\%, 4)](A/P, 5\%, 6) = 5349.845(元)$

13. 解：年末存款： $A = F(A/F, i, n) = 100(A/F, 8\%, 5) = 17.0445 (万元)$

    年初存款： $A = 100(P/F, 8\%, 1)(A/F, 8\%, 5) = 15.7834 (万元)$

14. 解：股息每年增加 1 元表明该股票每年股息为等差序列。计算其 10 年的股息终值：

$$F_1 = A_1(F/A, i, n) + G(F_G/G, i, n) = 6(F/A, 10\%, 10) + \frac{1}{10\%}[(F/A, 10\%, 10) - 10]$$

$$= 6 \times 15.93742 + 10 \times 5.93742 = 155(元)$$

因为第 10 年年末股价为 150 元/股，故股息加股价 = 155 + 150 = 305 元。若按照希望的投资收益率 10% 计算，投资 100 元在 10 年的终值为 $100 \times (1+10\%)^{10} = 259.37$ 元，小于股息与股价之和。

结论：目前投资该股票合算。

15. 解：名义利率：$1.75\% \times 12 = 21\%$

    实际利率：$i = \left(1 + \frac{r}{n}\right)^n - 1 = (1 + 1.75\%)^{12} - 1 = 23.14\%$

16. 解：永续年金 $P = \dfrac{A}{i} = \dfrac{870}{5\%} = 17\,400(万元)$

17. 解：根据现值和终值对应关系可知：$108(F/P, i, 7) = 490.92$，即 $108 \times (1+i)^7 = 490.92$，则 $(1+i)^7 = 4.545\,56$，可得 $i = 24.15\%$。

    也可以用线性插值法来求解 i：
    由已知条件可得 $(F/P, i, 7) = 490.92/108 = 4.555\,56$。从复利系数 $(F/P, 20\%, 7) = 3.583\,18$ 和 $(F/P, 25\%, 7) = 4.768\,37$ 可知：i 介于 20% 和 25% 之间。线性插值：
    由 $(i-20\%)/(25\%-20\%) = (4.555\,56-3.583\,18)/(4.768\,37-3.583\,18)$
    得
    $i = [(4.768\,37-3.583\,18)*20\% + (4.555\,56-3.583\,18)*(25\%-20\%)]/(4.768\,37 - 3.583\,18) = 24.06\%$（因四舍五入而有点出入）

第四章　投资项目经济评价的基本方法

11. 解： $NPV_1 = -50 - 80(P/F, 10\%, 1) + 40(P/F, 10\%, 2) + 60(F/A, 10\%, 4)(P/F, 10\%, 6)$
    $= 67.513(万元)$
    $0 = -50 - 80(P/F, IRR, 1) + 40(P/F, IRR, 2) + 60(F/A, IRR, 4)(P/F, IRR, 6)$
    $IRR \approx 25.87\%$

12. 解：初始投资 = 8000 + 200 + 200 = 8400(元)

年份	净现金流量/元	累计现金流量/元
0	−8400	−8400
1	4000	−4400
2	4000	−400
3	4000	3600
4	4000	7600

$$P_t = 3 - 1 + \frac{400}{4000} = 2.1(年) < 4年$$

所以购买该设备合理。

13. 解：相关计算如下。

投资年份	A方案/万元	（静态）累计净现值/万元	（动态）净现值/万元	累计净现值/万元
0	−500	−500	−500	−500
1	−500	−1000	−454.545	−954.545
2	500	−500	413.225	−541.32
3	400	−100	300.525	−240.795
4	300	200	204.903	−35.892
5	200	400	123.184	87.292

$$静态投资回收期 = 4 - 1 + \frac{100}{300} = 3.33(年)$$

$$动态投资回收期 = 5 - 1 + \frac{35.892}{123.184} = 4.29(年)$$

$$NPV = -500 - 500(P/F, 10\%, 1) + 500(P/F, 10\%, 2) + 400(P/F, 10\%, 3)$$
$$+ 300(P/F, 10\%, 4) + 200(P/F, 10\%, 5) = 88.29(万元)$$

相关计算如下。

投资年份	B方案/万元	（静态）累计净现值/万元	（动态）净现值/万元	累计净现值/万元
0	−800	−800	−800	−800
1	−200	−1000	−181.818	−981.818
2	200	−800	165.29	−816.528
3	300	−500	225.393	−591.135
4	400	−100	273.204	−317.931
5	500	400	310.46	−7.471

静态投资回收期 = $5-1+\dfrac{100}{500}=4.2$(年)

动态投资回收期大于计算期，表明计算期内不能回收投资。

$\text{NPV} = -800-200(P/F,10\%,1)+200(P/F,10\%,2)+300(P/F,10\%,3)$
$\qquad +400(P/F,10\%,4)+500(P/F,10\%,5) = -7.471(万元)$

比较：无论从静态还是动态投资回收期指标看，或是从净现值指标看，A方案都优于B方案。

14. 解：（1）最小公倍数法：

$\text{PC}_A = 150+150(P/F,10\%,15)+15(P/A,10\%,30)=327.24(万元)$

$\text{PC}_B = 100+100(P/F,10\%,10)+100(P/F,10\%,20)+20(P/A,10\%,30)$
$\qquad = 341.94(万元)$

（2）费用年值法：

$\text{AC}_A = [150+15(P/A,10\%,15)](A/P,10\%,15)=34.72(万元)$

$\text{AC}_B = [100+20(P/A,10\%,10)](A/P,10\%,10)=36.28(万元)$

15. 解：

$i_1 = 8\%$，$\text{NPV}_1 = -1800+270(P/A,8\%,14)(P/F,8\%,2)=108.39(万元)$

$i_1 = 10\%$，$\text{NPV}_2 = -1800+270(P/A,10\%,14)(P/F,10\%,2)=-156.18(万元)$

$$\text{IRR} = i_1 + \dfrac{\text{NPV}(i_1)}{\text{NPV}(i_1)+|\text{NPV}(i_2)|}(i_2-i_1)=8.81\%<10\%$$

故该项目不可行。

16. 解：$\text{NPV}_A = -2000+580(P/A,10\%,10)=1563.85(万元)$

$\text{NPV}_B = -3000+780(P/A,10\%,10)=1792.76(万元)$

$\text{NPV}_C = -4000+920(P/A,10\%,10)=1653(万元)$

若 $i=15\%$，$\Delta\text{NPV}_1 = -(3000-2000)+(780-580)(P/A,15\%,10)=3.754(万元)$

若 $i=20\%$，$\Delta\text{NPV}_2 = -(3000-2000)+(780-580)(P/A,20\%,10)=-161.51(万元)$

$$\text{IRR} = i_1 + \dfrac{\text{NPV}(i_1)}{\text{NPV}(i_1)+|\text{NPV}(i_2)|}(i_2-i_1)=15.1\%>10\%，所以B比A好。$$

若 $i=5\%$，$\Delta\text{NPV}_1 = -(4000-3000)+(920-780)(P/A,5\%,10)=81.08(万元)$

若 $i=8\%$，$\Delta\text{NPV}_2 = -(4000-3000)+(920-780)(P/A,8\%,10)=-60.6(万元)$

$$\text{IRR} = i_1 + \dfrac{\text{NPV}(i_1)}{\text{NPV}(i_1)+|\text{NPV}(i_2)|}(i_2-i_1)=6.7\%<10\%，所以B比C好。$$

17. 解：$\text{NPV}_A = -600+250(P/A,12\%,10)=812.555(万元)$

同理可得：$\text{NPV}_B = 942.062(万元)$，$\text{NPV}_C = 1051.56(万元)$，

$\text{NPV}_D = 860.31(万元)$，$\text{NPV}_E = 664.303(万元)$，$\text{NPV}_F = 506.546(万元)$

故 C>B>D>A>E>F，故选择方案 C，B，D，A。

18. 解： $NPV_{A1} = -300 + 90(P/A,10\%,8) = 180.2(万元)$

同理可得：$NPV_{A2} = 106.8(万元)$， $NPV_{A3} = 97.5(万元)$，

$NPV_{B1} = -46.7(万元)$， $NPV_{B2} = 34.7(万元)$， $NPV_{B3} = 20.1(万元)$，

$NPV_{B4} = -37.22(万元)$， $NPV_{C1} = 29.4(万元)$， $NPV_{C2} = 25.4(万元)$

所以方案 B_1 和 B_4 不可行。

计算各方案的净现值率： $NPVR_{A1} = 180.2 / 300 = 0.6$

同理可得： $NPVR_{A2} = 0.267$， $NPVR_{A3} = 0.195$， $NPVR_{B2} = 0.174$，

$NPVR_{B3} = 0.067$，

$NPVR_{C1} = 0.147$， $NPVR_{C2} = 0.085$

对净现值率进行排序， $NPVR_{A1} > NPVR_{A2} > NPVR_{A3} > NPVR_{B2} > NPVR_{C1} > NPVR_{C2} > NPVR_{B3}$

投资额为 500 万元时，可选方案为 $A_1 + B_2$ 和 A_3，考虑净现值率，所以选择 $A_1 + B_2$。

投资额为 700 万元时，可选方案为 $A_1 + B_2 + C_1$、$A_2 + B_2$、$A_2 + B_3$、$A_3 + B_2$ 等，考虑净现值率，所以选择 $A_1 + B_2 + C_1$。

第五章　投资项目的风险与不确定性分析

6. 解：根据 TR = TC，则

　　　$8000 Q^* = 107 + 4000 Q^*$

　　　可以得出：$Q^* = 2500$（吨）

　　　由于 $Q^* < 5000$ 所以该方案可行。（图略）

7. 解：根据 TR = TC，即 $PQ^* = F + C_v Q^*$

　　　（1） $150 Q^* = 190000 + (52 + 20 + 8)Q^*$

　　　可以得出：$Q^* \approx 2714.29$（张）

　　　所以每年至少要生产 2715 张书柜。

　　　（2）根据题目已知数据，

　　　$TC = F + C_v Q = 190\,000 + (52 + 20 + 8) \times 2000 = 350\,000(元)$

　　　$TR = PQ = 150 \times 2000 = 300\,000(元)$

　　　$TC - TR = 50\,000(元)$

　　　此时企业亏损 50 000 元，如果考虑企业只允许亏损 30 000 元，则企业不应进行生产。

　　　（3）根据 TR = TC，即 $PQ^* = F + C_v Q^*$

其中：$TC = F + C_v Q = 190\,000 + (52 + 20 + 8) \times Q = 190\,000 - 80Q$
$TR = PQ = 150Q$

如果 $TR - TC = 100\,000$，则 $Q \approx 4143$（张）

8. 解：该项目净现值为

$NPV = -50 - 300(P/F, 10\%, 1) - 50(P/F, 10\%, 2) + (300 - 150)(P/F, 10\%, 3)$
$\quad + (400 - 200)(P/A, 10\%, 3)(P/F, 10\%, 3) = 122.25$(万元)

单因素敏感性计算如下。

参数变化率	投资/万元	年经营成本/万元	年营业收入/万元
−20%	195.05	219.5	−72.25
−15%	176.85	195.19	−23.63
−10%	158.65	170.88	25
−5%	140.45	146.56	73.63
0	122.25	122.25	122.25
5%	190.78	97.94	170.88
10%	85.85	73.63	219.5
15%	67.65	49.31	268.13
20%	49.45	25	316.8

所以年营业收入为最敏感因素。

9. 解：(1) 该项目盈亏平衡时的产量为

$$Q^* = \frac{F}{P - C_V} = \frac{1.5 \times 10^8 / 6}{5500 - 4200} = 19\,230.77 \text{(吨)}$$

盈亏平衡点的生产能力利用率为

$$q^* = \frac{Q^*}{Q_c} = \frac{19\,230.77}{150\,000} = 12.82\%$$

(2) 根据上述分析，可知盈亏平衡点的生产能力利用率为

$$q^* = \frac{Q^*}{Q_c} = \frac{F}{(P - C_V) Q_c} = \frac{1.5 \times 10^8 / 6}{(5500 - 4200) \times 1.5 \times 10^5} = 12.82\%$$

对生产能力利用率盈亏平衡点指标关于价格、固定成本、变动成本的敏感性分析如下表。

参数变化率	价格	固定成本	变动成本
−10%	22.22%	11.54%	9.69%
0	12.82%	12.82%	12.82%
10%	9.01%	14.10%	18.94%

可以得出价格是最敏感因素。

10. 解：本题决策树为

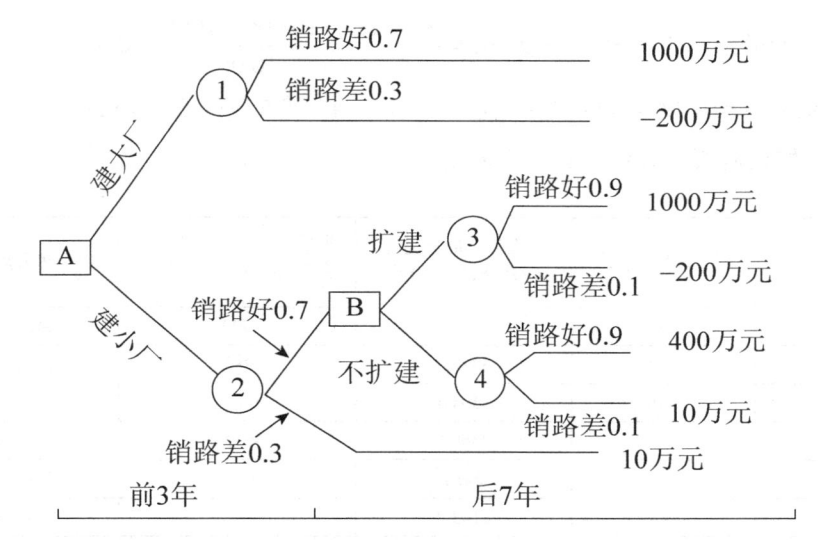

因为 $E(\text{NPV})_3 = -160 + (1000 \times 0.9 - 200 \times 0.1)(P/A, 10\%, 7) = 4123.84(万元)$
$E(\text{NPV})_4 = (400 \times 0.9 - 10 \times 0.1)(P/A, 10\%, 7) = 1747.61(万元)$
所以应该选择扩建大厂。
$E(\text{NPV})_2 = -1600 + 10 \times 0.3 \times (P/A, 10\%, 10) + [4123.84 \times (P/F, 10\%, 3)$
$+ 400 \times (P/A, 10\%, 3)] \times 0.7 = 1218.7(万元)$
$E(\text{NPV})_1 = -3000 + (1000 \times 0.7 - 200 \times 0.3)(P/A, 10\%, 10) = 932.5(万元)$
所以该项目应该先建小厂再扩建大厂。

11. 解：项目未来期望值为

$$E(x) = \sum_i x_i p_i = 1.41(万元)$$

标准差为

$$\sigma = \sqrt{\sum_i p_i (x_i - E(x))^2} = 1.3412$$

离差系数为

$$C = \frac{\sigma(x)}{E(x)} = \frac{1.3412}{1.41} = 0.95$$

第六章 设备更新的经济分析

9. 解：该设备的有形磨损度 $\alpha_p = \dfrac{R}{K_1} = \dfrac{4000}{7000} = 0.57$

无形磨损的价值降低系数 $\alpha_I = \dfrac{K_0 - K_1}{K_0} = \dfrac{10\,000 - 7000}{10\,000} = 0.3$

综合磨损程度 $\alpha = 1-(1-\alpha_p)(1-\alpha_I) = 1-(1-0.57)(1-0.3) = 0.7$

10. 解：如果购买新设备则有以下表格。

已使用年限 T	设备原值 K_0 /元	设备残值的折现值 $L_t(P/F,10\%,t)$ /元	累计运行费用的折现值 $\sum_i C_{pt}(P/F,10\%,t)$ /元	年均使用费用/元
1	7500	4363.2	909	4450.38
2	7500	3799.6	1982.8	3273.5232
3	7500	3304.4	3184.4	2966.76
4	7500	2868.6	4550.4	2892.267
5	7500	2484	6040.8	2918.9952
6	7500	2143.2	7620	2984.664
7	7500	1846.8	9261.6	3057.534
8	7500	1587.8	10942.8	3151.885

继续使用旧设备其费用有以下表格。

已使用年限 T	设备原值 K_0 /元	设备残值的折现值 $L_t(P/F,10\%,t)$ /元	累计运行费用的折现值 $\sum_i C_{pt}(P/F,10\%,t)$ /元	年均使用费用/元
1	5000	3636	1363.5	3000.25
2	5000	2478	2850.3	3094.4448
3	5000	1502	4352.3	3155.8206
4	5000	819.6	5991.5	3204.1485
5	5000	310.5	7730.3	3278.8272

所以应该更换新设备，由于新设备的年均费用最小值为 2892.267 元，所以应立即更新新设备。

11. 解：（1）根据低劣化数值法可以得到设备的最佳更新期是

$$T^* = \sqrt{\frac{2(K_0 - L_T)}{\lambda}} = \sqrt{\frac{2 \times 15\,000}{900}} \approx 5.77(年)$$

（2）利用经济寿命法可以得到设备年均费用如下表。

已使用年限	设备原值 K_0 /元	年运行费用/元	累计运行费用的折现值 $\sum_i C_{pt}(P/F,10\%,t)$ /元	年均使用费用/元
1	15 000	1 000	909	17 499.9
2	15 000	1 900	2 478.4	10 067.56
3	15 000	2 800	4 581.2	7 871.642
4	15 000	3 700	7 108.3	6 964.115
5	15 000	4 600	9 964.9	6 590.734
6	15 000	5 500	13 066.9	6 455.387
7	15 000	6 400	16 350.1	6 426.771
8	15 000	7 300	19 759.2	6 499.97

可以得出该设备在第 7 年时，年均费用最低，故应该在第 7 年更新。

12. 解：该设备的年均费用为

$$AC = \left[K_0 + \sum_i C_{pt}(P/F,12\%,t) - L_t(P/F,12\%,t) \right](A/P,i,n)$$

相关计算如下表

已使用年限	设备原值 K_0 /元	设备残值的折现值 $L_t(P/F,12\%,t)$ /元	累计运行费用的折现值 $\sum_i C_{pt}(P/F,12\%,t)$ /元	年均使用费用
1	30 000	23 035.71	4 464.29	12 800.00
2	30 000	12 755.10	9 646.05	15 911.37
3	30 000	7 117.80	16 763.85	16 506.63
4	30 000	3 177.59	24 707.82	16 965.30
5	30 000	0.00	33 105.74	17 506.16

所以该设备的经济寿命期为 1 年。

13. 解：该汽车的年均费用为

$$AC = \left[K_0 + \sum_i C_{pt}(P/F,15\%,t) - L_t(P/F,15\%,t) \right](A/P,i,n)$$

相关计算如下表。

已使用年限	设备原值 K_0/元	年运行费用/元	累计运行费用折现值 $\sum_i C_{pt}(P/F,15\%,t)$/元	残值	残值折现值 $L_t(P/F,15\%,t)$/元	年均使用费用/元
1	205 000	80 000	69 600	160 000	139 200	155 710
2	205 000	84 000	133 104	120 000	90 720	152 141.2
3	205 000	88 000	191 008	75 000	49 350	151 836.2
4	205 000	92 000	243 632	30 000	17 160	151 015.2
5	205 000	96 000	291 344	15 000	7 455	145 688.9
6	205 000	100 000	334 544	10 000	4 320	141 299.1

所以该型汽车应在第 6 年更换。

第八章 公共项目的经济评价

13. 解：方案 A：$B - C_A = -200 + (60-30)(P/A,8\%,15) = 56.79$ (万元)

    方案 B：$B - C_B = -200 + (54-30)(P/A,8\%,30) = 70.19$ (万元)

    综上所述，选择 B 方案。

14. 解：方案 A：$B/C_A = \dfrac{(60-30)\times 15}{(600-30\times 15)} = 3$

    方案 B：$B/C_A = \dfrac{(60-35)\times 10}{(600-35\times 10)} = 1$

    综上所述，选择 A 方案。

15. 解：（1） $B/C = (350-140)(P/A,6\%,8)(P/F,6\%,1)/1400 = 0.88 < 1$

    分析可得该项目运营 8 年不能获利。

    （2）当 $n = 9$ 时，

    $B = (350-140)(P/A,6\%,9)(P/F,6\%,1) = 1347.51$(万元) < 1400

    当 $n = 10$ 时

    $B = (350-140)(P/A,6\%,10)(P/F,6\%,1) = 1458.41$(万元) > 1400

    所以该项目扭亏为盈至少需要 10 年的运营期。

第九章 价值工程基础理论与方法

7. 解：产品成本：$3 + 2 + 4 + 1 + 5 = 15$(元)

    零部件重要性得分之和：$2 + 2 + 1 + 2 + 3 = 10$

零件	功能评价系数	成本系数	价值系数
a	2/10	3/15	1
b	2/10	2/15	3/2
c	1/10	4/15	3/8
d	2/10	1/15	3
e	3/10	5/15	9/10

d 的价值系数高达 3，应作为优先应用价值工程的重点对象；其次，c 是最不重要零部件，成本占比却较高，应作为重点对象。

8. 解：（1）计算各类零部件的成本在产品成本中的比重：

零件	成本/元	占比/%
a	13.68	45.74
b	2.61	8.73
c	2.06	6.89
d	1.6	5.35
e	8.03	26.85
f	0.67	2.24
g	0.33	1.1
h	0.32	1.07
i	0.19	0.64
j	0.11	0.37
k	0.1	0.33
l	0.16	0.53
m	0.05	0.17
$\sum C$	29.91	100

（2）按单台产品各零部件成本从大到小排序，确定 ABC 分类。

零件	总成本/元	占比/%	累计占比/%	ABC 分类
a	44.46	45.74	45.74	A
e	13.14	26.85	72.59	A
b	2.61	8.73	81.32	B
c	2.06	6.89	88.21	B
d	1.6	5.35	93.55	B

续表

零件	总成本/元	占比/%	累计占比/%	ABC 分类
f	0.67	2.24	95.79	
g	0.33	1.1	96.89	
h	0.32	1.07	97.96	
i	0.19	0.64	98.6	C
l	0.16	0.53	99.13	
j	0.11	0.37	99.5	
k	0.1	0.33	99.83	
m	0.05	0.17	100	
$\sum C$	65.8	100		

A 类的 a 和 e 零部件应作为价值工程的研究对象。

第三部分

两套试卷及参考答案

《工程经济学》试卷 1

一、名词解释（2 分/题，共 10 分）

1. 经营成本
2. 名义利率
3. 差额投资回收期
4. 价值工程
5. 敏感性分析

二、单选题（1 分/题，共 10 分）

1. $(A/P, i, n) - (A/F, i, n) =$（　　）
    A. i　　　　B. $-I$　　　　C. 1　　　　D. $1+i$

2. 有两个投资方案 A 和 B，A 方案投资 100 万元，年净收益 14 万元，年产量 1000 件；B 方案投资 144 万元，年净收益 20 万元，年产量 1200 件，基准投资回收期为 10 年，则以下表述中正确的是（　　）。
    A. 两方案均为可行方案，且 A 方案为优
    B. 两方案均为可行方案，且 B 方案为优
    C. 两方案均为不可行方案
    D. 两方案均为可行方案，但数据不足无法比较

3. 新办企业的开办费用应计入（　　）。
    A. 固定资产　　B. 流动资产　　C. 无形资产　　D. 递延资产

4. 价值工程的目的是提高产品的（　　）。
    A. 功能　　　　B. 质量　　　　C. 性能　　　　D. 价值

5. 在 10 年里每年年初存入银行 400 元，假设年利率为 6%，到 10 年年末可一次性得到（　　）。
    A. 5272 元　　B. 4974 元　　C. 5989 元　　D. 5589 元

6. 假设方案的某一年销售收入为 100 万元，当年的折旧为 20 万元，经营成本为 45 万元，销售税金及附加 5 万元，所得税率为 33%，则该年方案的净现金流量为（　　）。
    A. 30 万元　　B. 40 万元　　C. 50 万元　　D. 60 万元

7. 已知某方案 NPV 小于零，则以下表述中不正确的是（　　）。
    A. 方案没有达到基准收益率
    B. 方案实施后的收益率小于零
    C. 方案的净年值也小于零
    D. 方案的内部收益率小于基准收益率

8. 今天拟在银行存入 500 元，存期 5 年，收益最好的是（　　）。
   A. 年利率 12%，按年计息　　　　B. 年利率 11.75%，按半年计息
   C. 年利率 11.5%，按季计息　　　 D. 年利率 11.25%，按月计息
9. 影响设备经济寿命的主要因素是（　　）。
   A. 有形磨损　　B. 无形磨损　　C. 第二种无形磨损　　D. 综合磨损
10. 有两个投资方案，其期望值与标准差都不相同，则离散系数较小的方案的风险（　　）。
    A. 要结合标准差判断　　B. 大　　C. 小　　D. 无法判断

三、多选题（2 分/题，共 10 分）

1. 以下说法正确的是（　　）。
   A. 盈亏平衡点产量越高，项目的风险越大
   B. 盈亏平衡点价格越高，项目的风险越大
   C. 盈亏平衡点生产能力利用率越高，项目风险越小
   D. 盈亏平衡点单位产品生产可变成本越高，项目风险越小
   E. 盈亏平衡分析可以计算出项目风险的大小
2. 对于某可行的投资项目而言，以下描述正确的是（　　）。
   A. 项目的投资回收期小于项目的寿命期
   B. 项目的内部收益率大于基准投资收益率
   C. 项目除了达到基准收益率外，还有一定的超额收益
   D. 项目的净现值率大于基准收益率
   E. 项目的净现值大于或等于零
3. 财务评价指标中的盈利能力分析的静态指标有（　　）。
   A. 净现值率　　　　　　B. 投资利润率　　　　　　C. 资产负债率
   D. 内部收益率　　　　　E. 资本金利润率
4. 净现值法的主要局限有（　　）。
   A. 不能进行方案间的比选　　　　　B. 没有考虑资金的利用效率
   C. 基准收益率的确定较为困难　　　D. 没有考虑资金的时间价值
   E. 寿命期不等的方案比选时不满足时间的可比性
5. 以下关于差额内部收益率的内涵，正确的是（　　）。
   A. 对于寿命期相等的方案，净现值相等时的收益率
   B. 对于寿命期不等的方案，净年值相等时的收益率
   C. 差额内部收益率大于基准收益率，则投资大的方案为优选方案
   D. 差额内部收益率大于基准收益率，则投资小的方案为优选方案
   E. 差额内部收益率大于基准收益率，差额净现值大于零

四、简答题（6 分/题，共 30 分）

1. 简述资金的时间价值概念及等值计算的作用。
2. 基准折现率与社会折现率有什么不同？
3. 简述对寿命期不等的互斥方案进行比选的方法（至少给出三种方法）。
4. 简述净现值与内部收益率这两个指标的优缺点。
5. 简述可比性原则的具体内容。

五、计算题（10 分/题，共 40 分）

1. 某公司贷款 10 万元，10 年内等额还清本利和，贷款年利率 6%。试求，到第 2 年年末，该公司共支付银行多少利息？
2. 有两个互斥方案，数据如下表。

方案	投资/万元	年净收益/万元	净残值/万元	寿命/年
A	5000	1200	200	10
B	6000	1400	0	10

试问：① 当折现率为 15%时，选择哪个方案？
② 折现率在什么范围时，B 方案在经济上比较好？

3. 有一投资方案，期初一次性投资 P，寿命期 10 年，每年的净收益为 20 万元，已知该方案的动态投资回收期为 5 年，基准折现率为 15%，求该方案的投资收益率，并判断方案是否可行（设基准投资收益率为 20%）。

4. 某企业拟购置一台设备，有两种自动化程度不同且生产率也不等的设备可供选择。已知设备的各项参数如下表所示，基准折现率为 15%，请你根据企业的年产量来选择方案。

方案	购置、安装费/元	维修费/(元/年)	残值/元	寿命/年	生产能力/(件/小时)	操作费用/(元/小时)
A 自动化设备	23 000	3500	2300	10	8	12
B 非自动化设备	8000	1500	500	10	6	24

《工程经济学》试卷 2

一、单选题（1 分/题，共 10 分）

1. 某工程施工后可能面临三种天气情况（根据气象部门预测）：天气一直好的可能性为 40%，在这种状态下施工的损益值为 50 万元；天气时好时坏的可能性为 40%，损益值为 15 万元；天气一直差的情况下，损益值为–20 万元。则该项目的损益期望值为（　　）。
   A. 15 万元　　　B. 11.67 万元　　　C. 22 万元　　　D. 50 万元

2. 如果银行利率为 10%，为在 5 年后获得 10 000 元，现在应该存入银行的资金为（　　）。
   A. 5674 元　　　B. 6209 元　　　C. 16 110 元　　　D. 5645 元

3. 当方案的投资发生在期初，且各年的净收益均等时，投资回收期与投资收益率（　　）。
   A. 相等　　　B. 互为倒数　　　C. 无关　　　D. 成正比

4. 某设备的原始价值为 50 万元，每年低劣化增加值为 4 万元，则设备的最优使用年限（经济寿命）为（　　）。
   A. 4 年　　　B. 5 年　　　C. 6 年　　　D. 7 年

5. 项目的销售利润 = 营业收入—税金及附加—（　　）。
   A. 总成本费用
   C. 经营成本 + 所得税
   B. 经营成本
   D. 折旧 + 摊销

6. 属于直接费用的是（　　）。
   A. 运输费　　　B. 劳动保护费　　　C. 技术转让费　　　D. 原材料费用

7. 根据差额内部收益率比选方案的准则，若 $\Delta IRR < i_0$，则（　　）。
   A. 投资大的方案较优
   C. 投资小的方案较优
   B. 投资大的方案可行
   D. 投资小的方案可行

8. 敏感性分析是一种常用的投资项目经济评价的（　　）。
   A. 确定性分析方法
   C. 静态分析方法
   B. 不确定性分析方法
   D. 动态分析方法

9. 项目的年息税前净收益与项目总投资的比值等于（　　）。
   A. 投资利润率
   C. 资本金利润率
   B. 投资利税率
   D. 投资收益率

10. 运用价值工程的目的是要努力降低产品或服务的（　　）。
    A. 购置成本　　　　　　　　　B. 使用成本
    C. 寿命周期成本　　　　　　　D. 生产成本

二、多选题（2分/题，共10分）

1. 属于自有资金投资的有（　　）。
    A. 固定投资中的自有资金　　　B. 流动资金投资中的自有资金
    C. 经营成本　　　D. 固定投资本金偿还　　　E. 流动资金利息支付
2. 若动态投资回收期小于基准投资回收期，表明（　　）。
    A. 项目净现值大于零　　　　　B. 项目内部收益率大于基准收益率
    C. 静态投资回收期小于基准投资回收期
    D. 项目可行　　　　　　　　　E. 项目净现值率大于零
3. 关于名义利率与实际利率，说法正确的是（　　）。
    A. 如果一年计息一次，则名义利率等于实际利率
    B. 如果一年计息多次，则名义利率大于实际利率
    C. 如果一年计息多次，则名义利率小于实际利率
    D. 如果计息次数无穷多，则实际利率也无穷大
    E. 实际利率的大小取决于计息次数
4. 影响盈亏平衡点产量的因素有（　　）。
    A. 设计生产能力　　　B. 固定成本　　　C. 产品价格
    D. 单位产品变动成本　　　E. 经营成本
5. 投资项目经济效果评价的原则有（　　）。
    A. 技术与经济相结合的原则　　　B. 定性分析与定量分析相结合的原则
    C. 财务评价与国民经济评价相结合的原则
    D. 动态评价原则　　　　E. 可比性原则

三、是非题（判断正确与否，如有错误请改正，2分/题，共10分）

1. （　）计算企业所得税时，用当年税前利润弥补前一年的亏损额（如果有）后的利润余额即为应纳税所得额。
2. （　）产品寿命周期成本是指从产品开始使用到报废的全过程中所花费的全部费用。
3. （　）影响基准收益率的因素是行业平均收益率和通货膨胀率。
4. （　）无论对常规项目还是非常规项目，其内部收益率具有唯一性。
5. （　）在国民经济评价中，利息支付是不用考虑的转移支付。

四、简答题（8分/题，24分）

1. 企业偿还国内借款的资金来源有哪些？
2. 以盈亏平衡点产量为例，简述盈亏平衡分析方法。

3. 简述用净现值和内部收益率对互斥方案进行比选时,有时二者的比选结论不一致的原因。

五、计算题(共 46 分)

1. 在下面的现金流量图中,寿命期为 10 年,利率为 i_0。在考虑资金时间价值的条件下项目寿命期的现金流出等于现金流入,用已知项求未知项。(12 分)

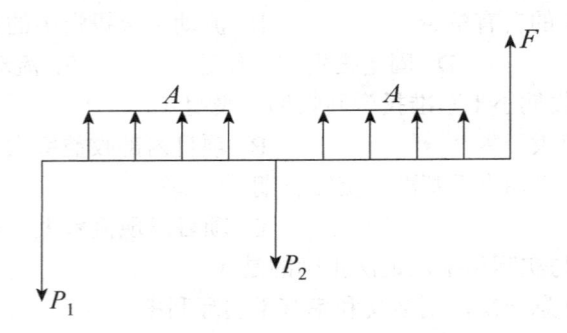

(1) 已知 A,P_2,F,求 P_1;
(2) 已知 A,P_1,F,求 P_2。

2. 某化工厂为处理污水欲购买治污设备,现有两种方案供选择。一种方案是花 200 万元买一台国产污水处理设备,年度使用费用为 40 万元,使用寿命为 10 年;另一种方案是花 400 万元购买进口设备,年度使用费用为 16 万元,使用寿命为 15 年。基准折现率为 10%。请比较两个方案的优劣。(10 分)

3. 某方案在计算期内的现金流量如下表所示。主要的不确定因素是经营成本和销售收入,以净现值指标为例,进行单因素敏感性分析。基准收益率为 10%。(12 分)

年份	投资/万元	营业收入/万元	经营成本/万元
0	50		
1	300		
2	50		
3		300	150
4		400	200
5		400	200
6		400	200

4. 设某航空公司由于业务的扩展,需要引进一架飞机增加运力。飞机价格是 4 亿元,使用寿命 20 年,预计该飞机的净残值为 1200 万元;如果通过融资租赁获得飞机的使用权,则每年需要支付租金 3600 万元。该飞机年运营费用为 4000 万元,维修费年均约 2000 万元。设基准折现率为 10%,采用直线折旧,所得税率为 25%,请问应该租赁还是购置飞机?(12 分)

《工程经济学》试卷 1 参考答案

一、名词解释（2 分/题，共 10 分）

1. 经营成本：工程项目在生产经营期的经常性实际支出。与总成本的关系是
   经营成本 = 总成本−折旧费−摊销费−利息支出
2. 名义利率：等于计息周期的利率与一年中的计息次数的乘积。若按单利计息，名义利率就是实际利率。
3. 差额投资回收期：指在不计利息的条件下，一个方案比另一个方案多支出的投资，用年经营成本的节约额逐年回收所需要的时间。
4. 价值工程：以最低的寿命周期成本、可靠地实现产品或作业的必要功能，着重于功能分析的有组织的创造性活动。
5. 敏感性分析：是一种不确定分析方法。通过分析及预测影响投资项目经济评价指标的不确定因素（如投资、成本、价格、折现率、建设工期等）发生变化时，评价指标（如净现值、内部收益率、偿还期等）的变化趋势和临界值，并从中找出引致评价指标变化最大（最敏感）的不确定因素，分析这些因素发生不利变化时，投资方案的承受能力，即评价指标所反映的方案可行与否的临界值。

二、单选题（1 分/题，共 10 分）
1. A　2. B　3. D　4. D　5. D　6. B　7. B　8. B　9. D　10. C

三、多选题（2 分/题，共 10 分）
1. BD　2. BC　3. BE　4. BCE　5. ABCE

四、简答题（6 分/题，共 30 分）

1. 答：资金投入到经营活动中会产生增值，使投资者获得收益，即盈利或利息。资金的时间价值是指不同时间发生的等额资金在价值上的差别，即不同时间的等额资金的经济价值是不同的。从资金投入到获得收益需要一定的时间，盈利和利息是资金时间价值的两种表现形式。
资金等值是指在时间和利率作用下，不同时间点的不等资金具有相等的经济价值。等值计算的作用是将一个或多个时间点的资金换算至另一个或多个时间点，以满足计算期内资金流的计算和比较。
2. 答：社会折现率是社会对资金时间价值的估值，是项目投资所应达到的按复利计算的最低期望收益水平，也称资金的影子利率；基准折现率是投资者或项目主持人对资金时间价值的估值，代表项目投资所应达到的按复利计算的最低期

望收益水平。可见，二者的相同之处在于都是对资金时间价值的估值；不同之处在于各自代表的利益主体不同，社会折现率是国家视角，基准折现率是企业或投资者视角。

3. 答：进行方案比较时，当各方案的寿命期不等时，可以采用如下几种方法来处理（简述略）：①年值法；②现值法（最小公倍数法、年值折现法）；③差额内部收益率法。

4. 答：净现值是投资项目在寿命期内的、按基准折现率计算的超额净收益现值，内部收益率是投资项目在寿命期内的尚未回收的投资的盈利率。

优点：

（1）二者都考虑了投资项目在寿命期内的经济效果；不同之处在于，净现值是价值指标，内部收益率是效率指标，二者视角不同。

（2）二者都可以考虑投资项目在寿命期内的更新或追加投资。

（3）二者都可以反映纳税后的投资效果。

（4）净现值指标既能用于投资方案在费用效益对比上的评价（绝对评价），又能和其他投资方案进行比选（相对评价）。

（5）内部收益率是反映项目内生经济特性的指标，其大小仅取决于项目寿命期内的现金流量分布。

缺点：

（1）计算净现值指标需要预先确定基准折现率 i_0，净现值大小还取决于 i_0 的大小，而确定恰当的基准折现率 i_0 是比较困难的。影响基准折现率 i_0 大小的因素主要有投资收益率（资金成本、投资的机会成本等），通货膨胀率以及项目可能面临的风险。

（2）在投资方案比选时，净现值的大小可以反映方案的优劣，但不能反映与方案投资额大小相应的经济效果。

（3）在投资方案比选时，内部收益率的大小不能正确反映方案的优劣，需用差额内部收益率指标来进行比选。

5. 答：可比性原则包括：①满足需要上的可比（产品品种可比、产量可比、质量可比等）；②消耗费用的可比；③时间的可比（相比较方案的计算期相同、考虑货币的时间价值、考虑整体效益）；④价格的可比（产出物和投入物的现行价格、影子价格等）。

五、计算题（10分/题，共40分）

1. 解：$A = 100\,000(A/P, 6\%, 10) = 13\,587$(元)

$I_1 = 100\,000 \times 0.06 = 6000$(元)

$P = 13\,587 - 6000 = 7587$(元)

$I_2 = (100\,000 - 7587) \times 0.06 = 5544.78$(元)

$I = I_1 + I_2 = 6000 + 5544.78 = 11\,544.78(元)$

2. 解：$NPV_A = -5000 + 1200(P/A, 15\%, 10) + 200(P/F, 15\%, 10) = 1072(万元)$

   $NPV_B = -6000 + 1400(P/A, 15\%, 10) = 1027(万元)$

   $NPV_A > 0$，$NPV_B > 0$，表明 A、B 方案均可行，且 A 优于 B。

   根据 $NPV_{B-A}(\Delta IRR) = 0$，插值计算得 $\Delta IRR = 13.8\%$，当基准折现率小于 13.8% 时，投资大的方案 B 较好。

3. 解：$P = A(P/A, i, P_D) = 20 \times 3.352\,16 = 67.0432(万元)$

   $R = A/P = 20/67.043\,2 = 29.8\% > 20\%$

   方案可行。

4. 解：设每年生产 x 件产品

   $AC(A) = AC(B)$　　　　$x = 1960(件/年)$

   若市场需求预测到的企业订单量大于 1960 件/年，应购买自动化设备。反之，结合企业发展，判断是否购买非自动化设备。

《工程经济学》试卷 2 参考答案

一、单选题（1 分/题，共 10 分）
1. C   2. B   3. B   4. B   5. A   6. D   7. A   8. B   9. D   10. C

二、多选题（2 分/题，共 10 分）
1. AB   2. ABDE   3. AC   4. BCD   5. ABCE

三、是非题（判断正确与否，如有错误请改正，2 分/题，共 10 分）
1. 对   2. 错（从产品的研发开始）   3. 错（还有风险）
4. 对   5. 对

四、简答题（8 分/题，24 分）

1. 答：企业偿还国内借款的资金来源通常有所得税后利润、折旧费、摊销费、营业外净收入等其他收入。

2. 答：盈亏平衡分析的目的是找出项目投产后的盈亏平衡点（或称保本点，如盈亏平衡点的产量、盈亏平衡点的单位变动成本等），以判断项目可承受多大的风险而不至于发生亏损的经济界限。以盈亏平衡点产量为例：

    由于　　营业收入 TR = 单位产品价格 P × 产品销售量 Q
    　　　　总成本费用 TC = 固定成本 F + 单位产品变动成本 C_v × Q

    当 $TR = TC$ 时，对应的产量 Q^* 称为盈亏平衡点产量，其计算式为

    $$Q^* = F/(P-C_v)$$

    如果是含税价格 p，则 $Q^* = F/[(1-r)p - C_v]$

    当项目产量 $Q < Q^*$ 时，表明项目将亏损；当项目产量 $Q > Q^*$ 时，表明项目会盈利。

3. 答：对互斥方案比选时，净现值最大者最优的比较准则是正确的，因为净现值的大小与基准折现率相关，基准折现率反映了投资主体的盈利期望。内部收益率反映的是项目内生的经济特性，不反映投资主体的期望，直接用于投资方案比选会得出错误结论，仅当基准折现率大于被比较两方案的差额内部收益率时，最大者最优的比较准则才成立，故用内部收益率最大准则比选方案是不可靠的。

五、计算题（共 46 分）

1. 解：（1） $P_1 = F(P/F, i, 10) + A(P/A, i, 4) + A(P/A, i, 4)(P/F, i, 5) - P_2(P/F, i, 5)$

　　　（2） $P_2 = A(P/A, i, 4) + F(P/F, i, 5) + A(F/A, i, 4)(F/P, i, 1) - P_1(F/P, i, 5)$

2. 解：购买国产设备：$-200(A/P, 0.1, 10) + 40 = 7.45$(万元)　　　　（较优）

购买进口设备：$-400(A/P, 0.1, 15) + 16 = -36.588$(万元)

3. 解：设 a 和 b 分别为经营成本和营业收入的变化率。变化率为零时的 NPV 是分析模型的截距。

$$\text{NPV} = -50[1 + (P/F, 0.1, 2)] - 300(P/F, 0.1, 1) + (300 - 150)(P/F, 0.1, 3)$$
$$+ (400 - 200)(P/A, 0.1, 3)(P/F, 0.1, 3)$$
$$= 122.3261(\text{万元})$$

单因素分析模型：

$$\text{NPV}_a = -50[1 + (P/F, 0.1, 2)] - 300(P/F, 0.1, 1) + [300 - 150(1 + a)](P/F, 0.1, 3)$$
$$+ [400 - 200(1 + a)](P/A, 0.1, 3)(P/F, 0.1, 3)$$
$$= 122.3261 - 524.43a$$

$$\text{NPV}_b = 122.3261 + 972.75b$$

根据 NPV_a 和 NPV_b 的斜率的绝对值可判断 NPV_b 对营业收入更敏感。令 $\text{NPV}_b = 0$ 可得 $b = -12.58\%$，表明当 $b < -12.58\%$，$\text{NPV}_b < 0$，方案变得不可行。

4. 解：采购飞机：年折旧费 $= (40\,000 - 1200)/20 = 1940$(万元)

$40\,000(A/P, 0.1, 20) - 1200(A/F, 0.1, 20) + 4000 + 2000$
$= 10\,677.448$(万元)

租赁飞机：年总成本增加额 $= 3600 - 1940 = 1660$(万元)

年所得税减少额 $= 1660 \times 25\% = 415$(万元)

费用总额 $= 3600 + 4000 + 2000 - 415 = 9185$(万元)

租赁的年费用较少，选择租赁飞机。

主要参考文献

陈锡璞. 1994. 工程经济自学指导. 机械工程师进修学院.
韩颖. 1999. 技术经济学习题及解答. 沈阳：东北大学出版社.
洪军. 2004. 工程经济学. 北京：高等教育出版社.
帕克 C S. 2012. 工程经济学. 邵颖红，译. 北京：清华大学出版社.
邵颖红，黄渝祥. 2010. 公共项目的经济评价与决策. 上海：同济大学出版社.
斯坦纳 H M. 2000. 工程经济学原理. 张芳，等译. 北京：经济科学出版社.
杨思远. 1998. 简明工程经济学. 上海：华东理工大学出版社.
朱康全. 1999. 技术经济学. 广州：暨南大学出版社.
Park C S. 2015. 工程经济学原理. 李南，楚岩枫，周鹏，等译. 北京：机械工业出版社.
Park C S. 2002. Contemporary Engineering Economics. 3ed. New Jersey：Prentice Hall.
Riggs J L, Bedworth D D, Randhawa S U. 1996. Engineering Economics. 4ed. New York：The McGraw-Hill Companies, Inc.
White J A, et al. 1998. Principles of Engineering Economic Analysis. 4ed. New York：John Wiley & Sons, Inc.

附录 复利系数表

($i = 1\%$)

年份 n	一次支付 现值系数 $(P/F, i, n)$	一次支付 终值系数 $(F/P, i, n)$	等额系列 终值系数 $(F/A, i, n)$	等额系列 偿债基金系数 $(A/F, i, n)$	等额系列 现值系数 $(P/A, i, n)$	等额系列 资金回收系数 $(A/P/i/n)$
1	1.010 00	0.990 10	1.000 00	1.000 00	0.990 10	1.010 00
2	1.020 10	0.980 30	2.010 00	0.497 51	1.970 40	0.507 51
3	1.030 30	0.970 59	3.030 10	0.330 02	2.940 99	0.340 02
4	1.040 60	0.960 98	4.060 40	0.246 28	3.901 97	0.256 28
5	1.051 01	0.951 47	5.101 01	0.196 04	4.853 43	0.206 04
6	1.061 52	0.942 05	6.152 02	0.162 55	5.795 48	0.172 55
7	1.072 14	0.932 72	7.213 54	0.138 63	6.728 19	0.148 63
8	1.082 86	0.923 48	8.285 67	0.120 69	7.651 68	0.130 69
9	1.093 69	0.914 34	9.368 53	0.106 74	8.566 02	0.116 74
10	1.104 62	0.905 29	10.462 21	0.095 58	9.471 30	0.105 58
11	1.115 67	0.896 32	11.566 83	0.086 45	10.367 63	0.096 45
12	1.126 83	0.887 45	12.682 50	0.078 85	11.255 08	0.088 85
13	1.138 09	0.878 66	13.809 33	0.072 41	12.133 74	0.082 41
14	1.149 47	0.869 96	14.947 42	0.066 90	13.003 70	0.076 90
15	1.160 97	0.861 35	16.096 90	0.062 12	13.865 05	0.072 12
16	1.172 58	0.852 82	17.257 86	0.057 94	14.717 87	0.067 94
17	1.184 30	0.844 38	18.430 44	0.054 26	15.562 25	0.064 26
18	1.196 15	0.836 02	19.614 75	0.050 98	16.398 27	0.060 98
19	1.208 11	0.827 74	20.810 90	0.048 05	17.226 01	0.058 05
20	1.220 19	0.819 54	22.019 00	0.045 42	18.045 55	0.055 42
21	1.232 39	0.811 43	23.239 19	0.043 03	18.856 98	0.053 03
22	1.244 72	0.803 40	24.471 59	0.040 86	19.660 38	0.050 86
23	1.257 16	0.795 44	25.716 30	0.038 89	20.455 82	0.048 89
24	1.269 73	0.787 57	26.973 46	0.037 07	21.243 39	0.047 07
25	1.282 43	0.779 77	28.243 20	0.035 41	22.023 16	0.045 41
26	1.295 26	0.772 05	29.525 63	0.033 87	22.795 20	0.043 87
27	1.308 21	0.764 40	30.820 89	0.032 45	23.559 61	0.042 45

续表

年份 n	一次支付		等额系列			
	现值系数 (P/F, i, n)	终值系数 (F/P, i, n)	终值系数 (F/A, i, n)	偿债基金系数 (A/F, i, n)	现值系数 (P/A, i, n)	资金回收系数 (A/P/i/n)
28	1.321 29	0.756 84	32.129 10	0.031 12	24.316 44	0.041 12
29	1.334 50	0.749 34	33.450 39	0.029 90	25.065 79	0.039 90
30	1.347 85	0.741 92	34.784 89	0.028 75	25.807 71	0.038 75
31	1.361 33	0.734 58	36.132 74	0.027 68	26.542 29	0.037 68
32	1.374 94	0.727 30	37.494 07	0.026 67	27.269 59	0.036 67
33	1.388 69	0.720 10	38.869 01	0.025 73	27.989 69	0.035 73
34	1.402 58	0.712 97	40.257 70	0.024 84	28.702 67	0.034 84
35	1.416 60	0.705 91	41.660 28	0.024 00	29.408 58	0.034 00
36	1.430 77	0.698 92	43.076 88	0.023 21	30.107 51	0.033 21
37	1.445 08	0.692 00	44.507 65	0.022 47	30.799 51	0.032 47
38	1.459 53	0.685 15	45.952 72	0.021 76	31.484 66	0.031 76
39	1.474 12	0.678 37	47.412 25	0.021 09	32.163 03	0.031 09
40	1.488 86	0.671 65	48.886 37	0.020 46	32.834 69	0.030 46

($i = 2\%$)

年份 n	一次支付		等额系列			
	现值系数 (P/F, i, n)	终值系数 (F/P, i, n)	终值系数 (F/A, i, n)	偿债基金系数 (A/F, i, n)	现值系数 (P/A, i, n)	资金回收系数 (A/P/i/n)
1	1.020 00	0.980 39	1.000 00	1.000 00	0.980 39	1.020 00
2	1.040 40	0.961 17	2.020 00	0.495 05	1.941 56	0.515 05
3	1.061 21	0.942 32	3.060 40	0.326 75	2.883 88	0.346 75
4	1.082 43	0.923 85	4.121 61	0.242 62	3.807 73	0.262 62
5	1.104 08	0.905 73	5.204 04	0.192 16	4.713 46	0.212 16
6	1.126 16	0.887 97	6.308 12	0.158 53	5.601 43	0.178 53
7	1.148 69	0.870 56	7.434 28	0.134 51	6.471 99	0.154 51
8	1.171 66	0.853 49	8.582 97	0.116 51	7.325 48	0.136 51
9	1.195 09	0.836 76	9.754 63	0.102 52	8.162 24	0.122 52
10	1.218 99	0.820 35	10.949 72	0.091 33	8.982 59	0.111 33
11	1.243 37	0.804 26	12.168 72	0.082 18	9.786 85	0.102 18
12	1.268 24	0.788 49	13.412 09	0.074 56	10.575 34	0.094 56
13	1.293 61	0.773 03	14.680 33	0.068 12	11.348 37	0.088 12
14	1.319 48	0.757 88	15.973 94	0.062 60	12.106 25	0.082 60
15	1.345 87	0.743 01	17.293 42	0.057 83	12.849 26	0.077 83

续表

年份 n	一次支付 现值系数 (P/F, i, n)	一次支付 终值系数 (F/P, i, n)	等额系列 终值系数 (F/A, i, n)	等额系列 偿债基金系数 (A/F, i, n)	等额系列 现值系数 (P/A, i, n)	等额系列 资金回收系数 (A/P/i/n)
16	1.372 79	0.728 45	18.639 29	0.053 65	13.577 71	0.073 65
17	1.400 24	0.714 16	20.012 07	0.049 97	14.291 87	0.069 97
18	1.428 25	0.700 16	21.412 31	0.046 70	14.992 03	0.066 70
19	1.456 81	0.686 43	22.840 56	0.043 78	15.678 46	0.063 78
20	1.485 95	0.672 97	24.297 37	0.041 16	16.351 43	0.061 16
21	1.515 67	0.659 78	25.783 32	0.038 78	17.011 21	0.058 78
22	1.545 98	0.646 84	27.298 98	0.036 63	17.658 05	0.056 63
23	1.576 90	0.634 16	28.844 96	0.034 67	18.292 20	0.054 67
24	1.608 44	0.621 72	30.421 86	0.032 87	18.913 93	0.052 87
25	1.640 61	0.609 53	32.030 30	0.031 22	19.523 46	0.051 22
26	1.673 42	0.597 58	33.670 91	0.029 70	20.121 04	0.049 70
27	1.706 89	0.585 86	35.344 32	0.028 29	20.706 90	0.048 29
28	1.741 02	0.574 37	37.051 21	0.026 99	21.281 27	0.046 99
29	1.775 84	0.563 11	38.792 23	0.025 78	21.844 38	0.045 78
30	1.811 36	0.552 07	40.568 08	0.024 65	22.396 46	0.044 65
31	1.847 59	0.541 25	42.379 44	0.023 60	22.937 70	0.043 60
32	1.884 54	0.530 63	44.227 03	0.022 61	23.468 33	0.042 61
33	1.922 23	0.520 23	46.111 57	0.021 69	23.988 56	0.041 69
34	1.960 68	0.510 03	48.033 80	0.020 82	24.498 59	0.040 82
35	1.999 89	0.500 03	49.994 48	0.020 00	24.998 62	0.040 00
36	2.039 89	0.490 22	51.994 37	0.019 23	25.488 84	0.039 23
37	2.080 69	0.480 61	54.034 25	0.018 51	25.969 45	0.038 51
38	2.122 30	0.471 19	56.114 94	0.017 82	26.440 64	0.037 82
39	2.164 74	0.461 95	58.237 24	0.017 17	26.902 59	0.037 17
40	2.208 04	0.452 89	60.401 98	0.016 56	27.355 48	0.036 56

($i = 3\%$)

年份 n	一次支付 现值系数 (P/F, i, n)	一次支付 终值系数 (F/P, i, n)	等额系列 终值系数 (F/A, i, n)	等额系列 偿债基金系数 (A/F, i, n)	等额系列 现值系数 (P/A, i, n)	等额系列 资金回收系数 (A/P/i/n)
1	1.030 00	0.970 87	1.000 00	1.000 00	0.970 87	1.030 00
2	1.060 90	0.942 60	2.030 00	0.492 61	1.913 47	0.522 61
3	1.092 73	0.915 14	3.090 90	0.323 53	2.828 61	0.353 53

续表

年份 n	一次支付 现值系数 (P/F, i, n)	一次支付 终值系数 (F/P, i, n)	等额系列 终值系数 (F/A, i, n)	等额系列 偿债基金系数 (A/F, i, n)	等额系列 现值系数 (P/A, i, n)	等额系列 资金回收系数 (A/P/i/n)
4	1.125 51	0.888 49	4.183 63	0.239 03	3.717 10	0.269 03
5	1.159 27	0.862 61	5.309 14	0.188 35	4.579 71	0.218 35
6	1.194 05	0.837 48	6.468 41	0.154 60	5.417 19	0.184 60
7	1.229 87	0.813 09	7.662 46	0.130 51	6.230 28	0.160 51
8	1.266 77	0.789 41	8.892 34	0.112 46	7.019 69	0.142 46
9	1.304 77	0.766 42	10.159 11	0.098 43	7.786 11	0.128 43
10	1.343 92	0.744 09	11.463 88	0.087 23	8.530 20	0.117 23
11	1.384 23	0.722 42	12.807 80	0.078 08	9.252 62	0.108 08
12	1.425 76	0.701 38	14.192 03	0.070 46	9.954 00	0.100 46
13	1.468 53	0.680 95	15.617 79	0.064 03	10.634 96	0.094 03
14	1.512 59	0.661 12	17.086 32	0.058 53	11.296 07	0.088 53
15	1.557 97	0.641 86	18.598 91	0.053 77	11.937 94	0.083 77
16	1.604 71	0.623 17	20.156 88	0.049 61	12.561 10	0.079 61
17	1.652 85	0.605 02	21.761 59	0.045 95	13.166 12	0.075 95
18	1.702 43	0.587 39	23.414 44	0.042 71	13.753 51	0.072 71
19	1.753 51	0.570 29	25.116 87	0.039 81	14.323 80	0.069 81
20	1.806 11	0.553 68	26.870 37	0.037 22	14.877 47	0.067 22
21	1.860 29	0.537 55	28.676 49	0.034 87	15.415 02	0.064 87
22	1.916 10	0.521 89	30.536 78	0.032 75	15.936 92	0.062 75
23	1.973 59	0.506 69	32.452 88	0.030 81	16.443 61	0.060 81
24	2.032 79	0.491 93	34.426 47	0.029 05	16.935 54	0.059 05
25	2.093 78	0.477 61	36.459 26	0.027 43	17.413 15	0.057 43
26	2.156 59	0.463 69	38.553 04	0.025 94	17.876 84	0.055 94
27	2.221 29	0.450 19	40.709 63	0.024 56	18.327 03	0.054 56
28	2.287 93	0.437 08	42.930 92	0.023 29	18.764 11	0.053 29
29	2.356 57	0.424 35	45.218 85	0.022 11	19.188 45	0.052 11
30	2.427 26	0.411 99	47.575 42	0.021 02	19.600 44	0.051 02
31	2.500 08	0.399 99	50.002 68	0.020 00	20.000 43	0.050 00
32	2.575 08	0.388 34	52.502 76	0.019 05	20.388 77	0.049 05
33	2.652 34	0.377 03	55.077 84	0.018 16	20.765 79	0.048 16
34	2.731 91	0.366 04	57.730 18	0.017 32	21.131 84	0.047 32
35	2.813 86	0.355 38	60.462 08	0.016 54	21.487 22	0.046 54
36	2.898 28	0.345 03	63.275 94	0.015 80	21.832 25	0.045 80

续表

年份 n	一次支付		等额系列			
	现值系数 (P/F, i, n)	终值系数 (F/P, i, n)	终值系数 (F/A, i, n)	偿债基金系数 (A/F, i, n)	现值系数 (P/A, i, n)	资金回收系数 (A/P/i/n)
37	2.985 23	0.334 98	66.174 22	0.015 11	22.167 24	0.045 11
38	3.074 78	0.325 23	69.159 45	0.014 46	22.492 46	0.044 46
39	3.167 03	0.315 75	72.234 23	0.013 84	22.808 22	0.043 84
40	3.262 04	0.306 56	75.401 26	0.013 26	23.114 77	0.043 26

（$i = 4\%$）

年份 n	一次支付		等额系列			
	现值系数 (P/F, i, n)	终值系数 (F/P, i, n)	终值系数 (F/A, i, n)	偿债基金系数 (A/F, i, n)	现值系数 (P/A, i, n)	资金回收系数 (A/P/i/n)
1	1.040 00	0.961 54	1.000 00	1.000 00	0.961 54	1.040 00
2	1.081 60	0.924 56	2.040 00	0.490 20	1.886 09	0.530 20
3	1.124 86	0.889 00	3.121 60	0.320 35	2.775 09	0.360 35
4	1.169 86	0.854 80	4.246 46	0.235 49	3.629 90	0.275 49
5	1.216 65	0.821 93	5.416 32	0.184 63	4.451 82	0.224 63
6	1.265 32	0.790 31	6.632 98	0.150 76	5.242 14	0.190 76
7	1.315 93	0.759 92	7.898 29	0.126 61	6.002 05	0.166 61
8	1.368 57	0.730 69	9.214 23	0.108 53	6.732 74	0.148 53
9	1.423 31	0.702 59	10.582 80	0.094 49	7.435 33	0.134 49
10	1.480 24	0.675 56	12.006 11	0.083 29	8.110 90	0.123 29
11	1.539 45	0.649 58	13.486 35	0.074 15	8.760 48	0.114 15
12	1.601 03	0.624 60	15.025 81	0.066 55	9.385 07	0.106 55
13	1.665 07	0.600 57	16.626 84	0.060 14	9.985 65	0.100 14
14	1.731 68	0.577 48	18.291 91	0.054 67	10.563 12	0.094 67
15	1.800 94	0.555 26	20.023 59	0.049 94	11.118 39	0.089 94
16	1.872 98	0.533 91	21.824 53	0.045 82	11.652 30	0.085 82
17	1.947 90	0.513 37	23.697 51	0.042 20	12.165 67	0.082 20
18	2.025 82	0.493 63	25.645 41	0.038 99	12.659 30	0.078 99
19	2.106 85	0.474 64	27.671 23	0.036 14	13.133 94	0.076 14
20	2.191 12	0.456 39	29.778 08	0.033 58	13.590 33	0.073 58
21	2.278 77	0.438 83	31.969 20	0.031 28	14.029 16	0.071 28
22	2.369 92	0.421 96	34.247 97	0.029 20	14.451 12	0.069 20
23	2.464 72	0.405 73	36.617 89	0.027 31	14.856 84	0.067 31
24	2.563 30	0.390 12	39.082 60	0.025 59	15.246 96	0.065 59

续表

年份 n	一次支付		等额系列			
	现值系数 (P/F, i, n)	终值系数 (F/P, i, n)	终值系数 (F/A, i, n)	偿债基金系数 (A/F, i, n)	现值系数 (P/A, i, n)	资金回收系数 (A/P/i/n)
25	2.665 84	0.375 12	41.645 91	0.024 01	15.622 08	0.064 01
26	2.772 47	0.360 69	44.311 74	0.022 57	15.982 77	0.062 57
27	2.883 37	0.346 82	47.084 21	0.021 24	16.329 59	0.061 24
28	2.998 70	0.333 48	49.967 58	0.020 01	16.663 06	0.060 01
29	3.118 65	0.320 65	52.966 29	0.018 88	16.983 71	0.058 88
30	3.243 40	0.308 32	56.084 94	0.017 83	17.292 03	0.057 83
31	3.373 13	0.296 46	59.328 34	0.016 86	17.588 49	0.056 86
32	3.508 06	0.285 06	62.701 47	0.015 95	17.873 55	0.055 95
33	3.648 38	0.274 09	66.209 53	0.015 10	18.147 65	0.055 10
34	3.794 32	0.263 55	69.857 91	0.014 31	18.411 20	0.054 31
35	3.946 09	0.253 42	73.652 22	0.013 58	18.664 61	0.053 58
36	4.103 93	0.243 67	77.598 31	0.012 89	18.908 28	0.052 89
37	4.268 09	0.234 30	81.702 25	0.012 24	19.142 58	0.052 24
38	4.438 81	0.225 29	85.970 34	0.011 63	19.367 86	0.051 63
39	4.616 37	0.216 62	90.409 15	0.011 06	19.584 48	0.051 06
40	4.801 02	0.208 29	95.025 52	0.010 52	19.792 77	0.050 52

($i = 5\%$)

年份 n	一次支付		等额系列			
	现值系数 (P/F, i, n)	终值系数 (F/P, i, n)	终值系数 (F/A, i, n)	偿债基金系数 (A/F, i, n)	现值系数 (P/A, i, n)	资金回收系数 (A/P/i/n)
1	1.050 00	0.952 38	1.000 00	1.000 00	0.952 38	1.050 00
2	1.102 50	0.907 03	2.050 00	0.487 80	1.859 41	0.537 80
3	1.157 63	0.863 84	3.152 50	0.317 21	2.723 25	0.367 21
4	1.215 51	0.822 70	4.310 13	0.232 01	3.545 95	0.282 01
5	1.276 28	0.783 53	5.525 63	0.180 97	4.329 48	0.230 97
6	1.340 10	0.746 22	6.801 91	0.147 02	5.075 69	0.197 02
7	1.407 10	0.710 68	8.142 01	0.122 82	5.786 37	0.172 82
8	1.477 46	0.676 84	9.549 11	0.104 72	6.463 21	0.154 72
9	1.551 33	0.644 61	11.026 56	0.090 69	7.107 82	0.140 69
10	1.628 89	0.613 91	12.577 89	0.079 50	7.721 73	0.129 50
11	1.710 34	0.584 68	14.206 79	0.070 39	8.306 41	0.120 39
12	1.795 86	0.556 84	15.917 13	0.062 83	8.863 25	0.112 83
13	1.885 65	0.530 32	17.712 98	0.056 46	9.393 57	0.106 46
14	1.979 93	0.505 07	19.598 63	0.051 02	9.898 64	0.101 02

续表

年份 n	一次支付 现值系数 (P/F, i, n)	一次支付 终值系数 (F/P, i, n)	等额系列 终值系数 (F/A, i, n)	等额系列 偿债基金系数 (A/F, i, n)	等额系列 现值系数 (P/A, i, n)	等额系列 资金回收系数 (A/P/i/n)
15	2.078 93	0.481 02	21.578 56	0.046 34	10.379 66	0.096 34
16	2.182 87	0.458 11	23.657 49	0.042 27	10.837 77	0.092 27
17	2.292 02	0.436 30	25.840 37	0.038 70	11.274 07	0.088 70
18	2.406 62	0.415 52	28.132 38	0.035 55	11.689 59	0.085 55
19	2.526 95	0.395 73	30.539 00	0.032 75	12.085 32	0.082 75
20	2.653 30	0.376 89	33.065 95	0.030 24	12.462 21	0.080 24
21	2.785 96	0.358 94	35.719 25	0.028 00	12.821 15	0.078 00
22	2.925 26	0.341 85	38.505 21	0.025 97	13.163 00	0.075 97
23	3.071 52	0.325 57	41.430 48	0.024 14	13.488 57	0.074 14
24	3.225 10	0.310 07	44.502 00	0.022 47	13.798 64	0.072 47
25	3.386 35	0.295 30	47.727 10	0.020 95	14.093 94	0.070 95
26	3.555 67	0.281 24	51.113 45	0.019 56	14.375 19	0.069 56
27	3.733 46	0.267 85	54.669 13	0.018 29	14.643 03	0.068 29
28	3.920 13	0.255 09	58.402 58	0.017 12	14.898 13	0.067 12
29	4.116 14	0.242 95	62.322 71	0.016 05	15.141 07	0.066 05
30	4.321 94	0.231 38	66.438 85	0.015 05	15.372 45	0.065 05
31	4.538 04	0.220 36	70.760 79	0.014 13	15.592 81	0.064 13
32	4.764 94	0.209 87	75.298 83	0.013 28	15.802 68	0.063 28
33	5.003 19	0.199 87	80.063 77	0.012 49	16.002 55	0.062 49
34	5.253 35	0.190 35	85.066 96	0.011 76	16.192 90	0.061 76
35	5.516 02	0.181 29	90.320 31	0.011 07	16.374 19	0.061 07
36	5.791 82	0.172 66	95.836 32	0.010 43	16.546 85	0.060 43
37	6.081 41	0.164 44	101.628 14	0.009 84	16.711 29	0.059 84
38	6.385 48	0.156 61	107.709 55	0.009 28	16.867 89	0.059 28
39	6.704 75	0.149 15	114.095 02	0.008 76	17.017 04	0.058 76
40	7.039 99	0.142 05	120.799 77	0.008 28	17.159 09	0.058 28

($i = 6\%$)

年份 n	一次支付 现值系数 (P/F, i, n)	一次支付 终值系数 (F/P, i, n)	等额系列 终值系数 (F/A, i, n)	等额系列 偿债基金系数 (A/F, i, n)	等额系列 现值系数 (P/A, i, n)	等额系列 资金回收系数 (A/P/i/n)
1	1.060 00	0.943 40	1.000 00	1.000 00	0.943 40	1.060 00
2	1.123 60	0.890 00	2.060 00	0.485 44	1.833 39	0.545 44
3	1.191 02	0.839 62	3.183 60	0.314 11	2.673 01	0.374 11
4	1.262 48	0.792 09	4.374 62	0.228 59	3.465 11	0.288 59
5	1.338 23	0.747 26	5.637 09	0.177 40	4.212 36	0.237 40
6	1.418 52	0.704 96	6.975 32	0.143 36	4.917 32	0.203 36

续表

年份 n	一次支付 现值系数 (P/F, i, n)	一次支付 终值系数 (F/P, i, n)	等额系列 终值系数 (F/A, i, n)	等额系列 偿债基金系数 (A/F, i, n)	等额系列 现值系数 (P/A, i, n)	等额系列 资金回收系数 (A/P/i/n)
7	1.503 63	0.665 06	8.393 84	0.119 14	5.582 38	0.179 14
8	1.593 85	0.627 41	9.897 47	0.101 04	6.209 79	0.161 04
9	1.689 48	0.591 90	11.491 32	0.087 02	6.801 69	0.147 02
10	1.790 85	0.558 39	13.180 79	0.075 87	7.360 09	0.135 87
11	1.898 30	0.526 79	14.971 64	0.066 79	7.886 87	0.126 79
12	2.012 20	0.496 97	16.869 94	0.059 28	8.383 84	0.119 28
13	2.132 93	0.468 84	18.882 14	0.052 96	8.852 68	0.112 96
14	2.260 90	0.442 30	21.015 07	0.047 58	9.294 98	0.107 58
15	2.396 56	0.417 27	23.275 97	0.042 96	9.712 25	0.102 96
16	2.540 35	0.393 65	25.672 53	0.038 95	10.105 90	0.098 95
17	2.692 77	0.371 36	28.212 88	0.035 44	10.477 26	0.095 44
18	2.854 34	0.350 34	30.905 65	0.032 36	10.827 60	0.092 36
19	3.025 60	0.330 51	33.759 99	0.029 62	11.158 12	0.089 62
20	3.207 14	0.311 80	36.785 59	0.027 18	11.469 92	0.087 18
21	3.399 56	0.294 16	39.992 73	0.025 00	11.764 08	0.085 00
22	3.603 54	0.277 51	43.392 29	0.023 05	12.041 58	0.083 05
23	3.819 75	0.261 80	46.995 83	0.021 28	12.303 38	0.081 28
24	4.048 93	0.246 98	50.815 58	0.019 68	12.550 36	0.079 68
25	4.291 87	0.233 00	54.864 51	0.018 23	12.783 36	0.078 23
26	4.549 38	0.219 81	59.156 38	0.016 90	13.003 17	0.076 90
27	4.822 35	0.207 37	63.705 77	0.015 70	13.210 53	0.075 70
28	5.111 69	0.195 63	68.528 11	0.014 59	13.406 16	0.074 59
29	5.418 39	0.184 56	73.639 80	0.013 58	13.590 72	0.073 58
30	5.743 49	0.174 11	79.058 19	0.012 65	13.764 83	0.072 65
31	6.088 10	0.164 25	84.801 68	0.011 79	13.929 09	0.071 79
32	6.453 39	0.154 96	90.889 78	0.011 00	14.084 04	0.071 00
33	6.840 59	0.146 19	97.343 16	0.010 27	14.230 23	0.070 27
34	7.251 03	0.137 91	104.183 75	0.009 60	14.368 14	0.069 60
35	7.686 09	0.130 11	111.434 78	0.008 97	14.498 25	0.068 97
36	8.147 25	0.122 74	119.120 87	0.008 39	14.620 99	0.068 39
37	8.636 09	0.115 79	127.268 12	0.007 86	14.736 78	0.067 86
38	9.154 25	0.109 24	135.904 21	0.007 36	14.846 02	0.067 36
39	9.703 51	0.103 06	145.058 46	0.006 89	14.949 07	0.066 89
40	10.285 72	0.097 22	154.761 97	0.006 46	15.046 30	0.066 46

($i = 7\%$)

年份 n	一次支付 现值系数 $(P/F, i, n)$	一次支付 终值系数 $(F/P, i, n)$	等额系列 终值系数 $(F/A, i, n)$	等额系列 偿债基金系数 $(A/F, i, n)$	等额系列 现值系数 $(P/A, i, n)$	等额系列 资金回收系数 $(A/P/i/n)$
1	1.070 00	0.934 58	1.000 00	1.000 00	0.934 58	1.070 00
2	1.144 90	0.873 44	2.070 00	0.483 09	1.808 02	0.553 09
3	1.225 04	0.816 30	3.214 90	0.311 05	2.624 32	0.381 05
4	1.310 80	0.762 90	4.439 94	0.225 23	3.387 21	0.295 23
5	1.402 55	0.712 99	5.750 74	0.173 89	4.100 20	0.243 89
6	1.500 73	0.666 34	7.153 29	0.139 80	4.766 54	0.209 80
7	1.605 78	0.622 75	8.654 02	0.115 55	5.389 29	0.185 55
8	1.718 19	0.582 01	10.259 80	0.097 47	5.971 30	0.167 47
9	1.838 46	0.543 93	11.977 99	0.083 49	6.515 23	0.153 49
10	1.967 15	0.508 35	13.816 45	0.072 38	7.023 58	0.142 38
11	2.104 85	0.475 09	15.783 60	0.063 36	7.498 67	0.133 36
12	2.252 19	0.444 01	17.888 45	0.055 90	7.942 69	0.125 90
13	2.409 85	0.414 96	20.140 64	0.049 65	8.357 65	0.119 65
14	2.578 53	0.387 82	22.550 49	0.044 34	8.745 47	0.114 34
15	2.759 03	0.362 45	25.129 02	0.039 79	9.107 91	0.109 79
16	2.952 16	0.338 73	27.888 05	0.035 86	9.446 65	0.105 86
17	3.158 82	0.316 57	30.840 22	0.032 43	9.763 22	0.102 43
18	3.379 93	0.295 86	33.999 03	0.029 41	10.059 09	0.099 41
19	3.616 53	0.276 51	37.378 96	0.026 75	10.335 60	0.096 75
20	3.869 68	0.258 42	40.995 49	0.024 39	10.594 01	0.094 39
21	4.140 56	0.241 51	44.865 18	0.022 29	10.835 53	0.092 29
22	4.430 40	0.225 71	49.005 74	0.020 41	11.061 24	0.090 41
23	4.740 53	0.210 95	53.436 14	0.018 71	11.272 19	0.088 71
24	5.072 37	0.197 15	58.176 67	0.017 19	11.469 33	0.087 19
25	5.427 43	0.184 25	63.249 04	0.015 81	11.653 58	0.085 81
26	5.807 35	0.172 20	68.676 47	0.014 56	11.825 78	0.084 56
27	6.213 87	0.160 93	74.483 82	0.013 43	11.986 71	0.083 43
28	6.648 84	0.150 40	80.697 69	0.012 39	12.137 11	0.082 39
29	7.114 26	0.140 56	87.346 53	0.011 45	12.277 67	0.081 45
30	7.612 26	0.131 37	94.460 79	0.010 59	12.409 04	0.080 59
31	8.145 11	0.122 77	102.073 04	0.009 80	12.531 81	0.079 80
32	8.715 27	0.114 74	110.218 15	0.009 07	12.646 56	0.079 07
33	9.325 34	0.107 23	118.933 43	0.008 41	12.753 79	0.078 41

续表

年份 n	一次支付 现值系数 ($P/F, i, n$)	一次支付 终值系数 ($F/P, i, n$)	等额系列 终值系数 ($F/A, i, n$)	等额系列 偿债基金系数 ($A/F, i, n$)	等额系列 现值系数 ($P/A, i, n$)	等额系列 资金回收系数 ($A/P/i/n$)
34	9.978 11	0.100 22	128.258 76	0.007 80	12.854 01	0.077 80
35	10.676 58	0.093 66	138.236 88	0.007 23	12.947 67	0.077 23
36	11.423 94	0.087 54	148.913 46	0.006 72	13.035 21	0.076 72
37	12.223 62	0.081 81	160.337 40	0.006 24	13.117 02	0.076 24
38	13.079 27	0.076 46	172.561 02	0.005 80	13.193 47	0.075 80
39	13.994 82	0.071 46	185.640 29	0.005 39	13.264 93	0.075 39
40	14.974 46	0.066 78	199.635 11	0.005 01	13.331 71	0.075 01

（$i = 8\%$）

年份 n	一次支付 现值系数 ($P/F, i, n$)	一次支付 终值系数 ($F/P, i, n$)	等额系列 终值系数 ($F/A, i, n$)	等额系列 偿债基金系数 ($A/F, i, n$)	等额系列 现值系数 ($P/A, i, n$)	等额系列 资金回收系数 ($A/P/i/n$)
1	1.080 00	0.925 93	1.000 00	1	0.925 93	1.080 00
2	1.166 40	0.857 34	2.080 00	0.480 77	1.783 26	0.560 77
3	1.259 71	0.793 83	3.246 40	0.308 03	2.577 10	0.388 03
4	1.360 49	0.735 03	4.506 11	0.221 92	3.312 13	0.301 92
5	1.469 33	0.680 58	5.866 60	0.170 46	3.992 71	0.250 46
6	1.586 87	0.630 17	7.335 93	0.136 32	4.622 88	0.216 32
7	1.713 82	0.583 49	8.922 80	0.112 07	5.206 37	0.192 07
8	1.850 93	0.540 27	10.636 63	0.094 01	5.746 64	0.174 01
9	1.999 00	0.500 25	12.487 56	0.080 08	6.246 89	0.160 08
10	2.158 92	0.463 19	14.486 56	0.069 03	6.710 08	0.149 03
11	2.331 64	0.428 88	16.645 49	0.060 08	7.138 96	0.140 08
12	2.518 17	0.397 11	18.977 13	0.052 70	7.536 08	0.132 70
13	2.719 62	0.367 70	21.495 30	0.046 52	7.903 78	0.126 52
14	2.937 19	0.340 46	24.214 92	0.041 30	8.244 24	0.121 30
15	3.172 17	0.315 24	27.152 11	0.036 83	8.559 48	0.116 83
16	3.425 94	0.291 89	30.324 28	0.032 98	8.851 37	0.112 98
17	3.700 02	0.270 27	33.750 23	0.029 63	9.121 64	0.109 63
18	3.996 02	0.250 25	37.450 24	0.026 70	9.371 89	0.106 70
19	4.315 70	0.231 71	41.446 26	0.024 13	9.603 60	0.104 13
20	4.660 96	0.214 55	45.761 96	0.021 85	9.818 15	0.101 85
21	5.033 83	0.198 66	50.422 92	0.019 83	10.016 80	0.099 83

续表

年份 n	一次支付 现值系数 (P/F, i, n)	一次支付 终值系数 (F/P, i, n)	等额系列 终值系数 (F/A, i, n)	等额系列 偿债基金系数 (A/F, i, n)	等额系列 现值系数 (P/A, i, n)	等额系列 资金回收系数 (A/P/i/n)
22	5.436 54	0.183 94	55.456 76	0.018 03	10.200 74	0.098 03
23	5.871 46	0.170 32	60.893 30	0.016 42	10.371 06	0.096 42
24	6.341 18	0.157 70	66.764 76	0.014 98	10.528 76	0.094 98
25	6.848 48	0.146 02	73.105 94	0.013 68	10.674 78	0.093 68
26	7.396 35	0.135 20	79.954 42	0.012 51	10.809 98	0.092 51
27	7.988 06	0.125 19	87.350 77	0.011 45	10.935 16	0.091 45
28	8.627 11	0.115 91	95.338 83	0.010 49	11.051 08	0.090 49
29	9.317 27	0.107 33	103.965 94	0.009 62	11.158 41	0.089 62
30	10.062 66	0.099 38	113.283 21	0.008 83	11.257 78	0.088 83
31	10.867 67	0.092 02	123.345 87	0.008 11	11.349 80	0.088 11
32	11.737 08	0.085 20	134.213 54	0.007 45	11.435 00	0.087 45
33	12.676 05	0.078 89	145.950 62	0.006 85	11.513 89	0.086 85
34	13.690 13	0.073 05	158.626 67	0.006 30	11.586 93	0.086 30
35	14.785 34	0.067 63	172.316 80	0.005 80	11.654 57	0.085 80
36	15.968 17	0.062 62	187.102 15	0.005 34	11.717 19	0.085 34
37	17.245 63	0.057 99	203.070 32	0.004 92	11.775 18	0.084 92
38	18.625 28	0.053 69	220.315 95	0.004 54	11.828 87	0.084 54
39	20.115 30	0.049 71	238.941 22	0.004 19	11.878 58	0.084 19
40	21.724 52	0.046 03	259.056 52	0.003 86	11.924 61	0.083 86

（$i = 9\%$）

年份 n	一次支付 现值系数 (P/F, i, n)	一次支付 终值系数 (F/P, i, n)	等额系列 终值系数 (F/A, i, n)	等额系列 偿债基金系数 (A/F, i, n)	等额系列 现值系数 (P/A, i, n)	等额系列 资金回收系数 (A/P/i/n)
1	1.090 00	0.917 43	1.000 00	1.000 00	0.917 43	1.090 00
2	1.188 10	0.841 68	2.090 00	0.478 47	1.759 11	0.568 47
3	1.295 03	0.772 18	3.278 10	0.305 05	2.531 29	0.395 05
4	1.411 58	0.708 43	4.573 13	0.218 67	3.239 72	0.308 67
5	1.538 62	0.649 93	5.984 71	0.167 09	3.889 65	0.257 09
6	1.677 10	0.596 27	7.523 33	0.132 92	4.485 92	0.222 92
7	1.828 04	0.547 03	9.200 43	0.108 69	5.032 95	0.198 69
8	1.992 56	0.501 87	11.028 47	0.090 67	5.534 82	0.180 67
9	2.171 89	0.460 43	13.021 04	0.076 80	5.995 25	0.166 80

续表

年份 n	一次支付 现值系数 (P/F, i, n)	一次支付 终值系数 (F/P, i, n)	等额系列 终值系数 (F/A, i, n)	等额系列 偿债基金系数 (A/F, i, n)	等额系列 现值系数 (P/A, i, n)	等额系列 资金回收系数 (A/P, i, n)
10	2.367 36	0.422 41	15.192 93	0.065 82	6.417 66	0.155 82
11	2.580 43	0.387 53	17.560 29	0.056 95	6.805 19	0.146 95
12	2.812 66	0.355 53	20.140 72	0.049 65	7.160 73	0.139 65
13	3.065 80	0.326 18	22.953 38	0.043 57	7.486 90	0.133 57
14	3.341 73	0.299 25	26.019 19	0.038 43	7.786 15	0.128 43
15	3.642 48	0.274 54	29.360 92	0.034 06	8.060 69	0.124 06
16	3.970 31	0.251 87	33.003 40	0.030 30	8.312 56	0.120 30
17	4.327 63	0.231 07	36.973 70	0.027 05	8.543 63	0.117 05
18	4.717 12	0.211 99	41.301 34	0.024 21	8.755 63	0.114 21
19	5.141 66	0.194 49	46.018 46	0.021 73	8.950 11	0.111 73
20	5.604 41	0.178 43	51.160 12	0.019 55	9.128 55	0.109 55
21	6.108 81	0.163 70	56.764 53	0.017 62	9.292 24	0.107 62
22	6.658 60	0.150 18	62.873 34	0.015 90	9.442 43	0.105 90
23	7.257 87	0.137 78	69.531 94	0.014 38	9.580 21	0.104 38
24	7.911 08	0.126 40	76.789 81	0.013 02	9.706 61	0.103 02
25	8.623 08	0.115 97	84.700 90	0.011 81	9.822 58	0.101 81
26	9.399 16	0.106 39	93.323 98	0.010 72	9.928 97	0.100 72
27	10.245 08	0.097 61	102.723 13	0.009 73	10.026 58	0.099 73
28	11.167 14	0.089 55	112.968 22	0.008 85	10.116 13	0.098 85
29	12.172 18	0.082 15	124.135 36	0.008 06	10.198 28	0.098 06
30	13.267 68	0.075 37	136.307 54	0.007 34	10.273 65	0.097 34
31	14.461 77	0.069 15	149.575 22	0.006 69	10.342 80	0.096 69
32	15.763 33	0.063 44	164.036 99	0.006 10	10.406 24	0.096 10
33	17.182 03	0.058 20	179.800 32	0.005 56	10.464 44	0.095 56
34	18.728 41	0.053 39	196.982 34	0.005 08	10.517 84	0.095 08
35	20.413 97	0.048 99	215.710 75	0.004 64	10.566 82	0.094 64
36	22.251 23	0.044 94	236.124 72	0.004 24	10.611 76	0.094 24
37	24.253 84	0.041 23	258.375 95	0.003 87	10.652 99	0.093 87
38	26.436 68	0.037 83	282.629 78	0.003 54	10.690 82	0.093 54
39	28.815 98	0.034 70	309.066 46	0.003 24	10.725 52	0.093 24
40	31.409 42	0.031 84	337.882 45	0.002 96	10.757 36	0.092 96

($i = 10\%$)

年份 n	一次支付 现值系数 ($P/F, i, n$)	一次支付 终值系数 ($F/P, i, n$)	等额系列 终值系数 ($F/A, i, n$)	等额系列 偿债基金系数 ($A/F, i, n$)	等额系列 现值系数 ($P/A, i, n$)	等额系列 资金回收系数 ($A/P/i/n$)
1	1.100 00	0.909 09	1.000 00	1.000 00	0.909 09	1.100 00
2	1.210 00	0.826 45	2.100 00	0.476 19	1.735 54	0.576 19
3	1.331 00	0.751 31	3.310 00	0.302 11	2.486 85	0.402 11
4	1.464 10	0.683 01	4.641 00	0.215 47	3.169 87	0.315 47
5	1.610 51	0.620 92	6.105 10	0.163 80	3.790 79	0.263 80
6	1.771 56	0.564 47	7.715 61	0.129 61	4.355 26	0.229 61
7	1.948 72	0.513 16	9.487 17	0.105 41	4.868 42	0.205 41
8	2.143 59	0.466 51	11.435 89	0.087 44	5.334 93	0.187 44
9	2.357 95	0.424 10	13.579 48	0.073 64	5.759 02	0.173 64
10	2.593 74	0.385 54	15.937 42	0.062 75	6.144 57	0.162 75
11	2.853 12	0.350 49	18.531 17	0.053 96	6.495 06	0.153 96
12	3.138 43	0.318 63	21.384 28	0.046 76	6.813 69	0.146 76
13	3.452 27	0.289 66	24.522 71	0.040 78	7.103 36	0.140 78
14	3.797 50	0.263 33	27.974 98	0.035 75	7.366 69	0.135 75
15	4.177 25	0.239 39	31.772 48	0.031 47	7.606 08	0.131 47
16	4.594 97	0.217 63	35.949 73	0.027 82	7.823 71	0.127 82
17	5.054 47	0.197 84	40.544 70	0.024 66	8.021 55	0.124 66
18	5.559 92	0.179 86	45.599 17	0.021 93	8.201 41	0.121 93
19	6.115 91	0.163 51	51.159 09	0.019 55	8.364 92	0.119 55
20	6.727 50	0.148 64	57.275 00	0.017 46	8.513 56	0.117 46
21	7.400 25	0.135 13	64.002 50	0.015 62	8.648 69	0.115 62
22	8.140 27	0.122 85	71.402 75	0.014 01	8.771 54	0.114 01
23	8.954 30	0.111 68	79.543 02	0.012 57	8.883 22	0.112 57
24	9.849 73	0.101 53	88.497 33	0.011 30	8.984 74	0.111 30
25	10.834 71	0.092 30	98.347 06	0.010 17	9.077 04	0.110 17
26	11.918 18	0.083 91	109.181 77	0.009 16	9.160 95	0.109 16
27	13.109 99	0.076 28	121.099 94	0.008 26	9.237 22	0.108 26
28	14.420 99	0.069 34	134.209 94	0.007 45	9.306 57	0.107 45
29	15.863 09	0.063 04	148.630 93	0.006 73	9.369 61	0.106 73
30	17.449 40	0.057 31	164.494 02	0.006 08	9.426 91	0.106 08
31	19.194 34	0.052 10	181.943 42	0.005 50	9.479 01	0.105 50
32	21.113 78	0.047 36	201.137 77	0.004 97	9.526 38	0.104 97
33	23.225 15	0.043 06	222.251 54	0.004 50	9.569 43	0.104 50

续表

年份 n	一次支付		等额系列			
	现值系数 (P/F, i, n)	终值系数 (F/P, i, n)	终值系数 (F/A, i, n)	偿债基金系数 (A/F, i, n)	现值系数 (P/A, i, n)	资金回收系数 (A/P/i/n)
34	25.547 67	0.039 14	245.476 70	0.004 07	9.608 57	0.104 07
35	28.102 44	0.035 58	271.024 37	0.003 69	9.644 16	0.103 69
36	30.912 68	0.032 35	299.126 81	0.003 34	9.676 51	0.103 34
37	34.003 95	0.029 41	330.039 49	0.003 03	9.705 92	0.103 03
38	37.404 34	0.026 73	364.043 43	0.002 75	9.732 65	0.102 75
39	41.144 78	0.024 30	401.447 78	0.002 49	9.756 96	0.102 49
40	45.259 26	0.022 09	442.592 56	0.002 26	9.779 05	0.102 26

（i＝11%）

年份 n	一次支付		等额系列			
	现值系数 (P/F, i, n)	终值系数 (F/P, i, n)	终值系数 (F/A, i, n)	偿债基金系数 (A/F, i, n)	现值系数 (P/A, i, n)	资金回收系数 (A/P/i/n)
1	1.110 010	0.900 90	1.000 00	1.000 00	0.900 90	1.110 00
2	1.232 10	0.811 62	2.110 00	0.473 93	1.712 52	0.583 93
3	1.367 63	0.731 19	3.342 10	0.299 21	2.443 71	0.409 21
4	1.518 07	0.658 73	4.709 73	0.212 33	3.102 45	0.322 33
5	1.685 06	0.593 45	6.227 80	0.160 57	3.695 90	0.270 57
6	1.870 41	0.534 64	7.912 86	0.126 38	4.230 54	0.236 38
7	2.076 16	0.481 66	9.783 27	0.102 22	4.712 20	0.212 22
8	2.304 54	0.433 93	11.859 43	0.084 32	5.146 12	0.194 32
9	2.558 04	0.390 92	14.163 97	0.070 60	5.537 05	0.180 60
10	2.839 42	0.352 18	16.722 01	0.059 80	5.889 23	0.169 80
11	3.151 76	0.317 28	19.561 43	0.051 12	6.206 52	0.161 12
12	3.498 45	0.285 84	22.713 19	0.044 03	6.492 36	0.154 03
13	3.883 28	0.257 51	26.211 64	0.038 15	6.749 87	0.148 15
14	4.310 44	0.231 99	30.094 92	0.033 23	6.981 87	0.143 23
15	4.784 59	0.209 00	34.405 36	0.029 07	7.190 87	0.139 07
16	5.310 89	0.188 29	39.189 95	0.025 52	7.379 16	0.135 52
17	5.895 09	0.169 63	44.500 84	0.022 47	7.548 79	0.132 47
18	6.543 55	0.152 82	50.395 94	0.019 84	7.701 62	0.129 84
19	7.263 34	0.137 68	56.939 49	0.017 56	7.839 29	0.127 56
20	8.062 31	0.124 03	64.202 83	0.015 58	7.963 33	0.125 58
21	8.949 17	0.111 74	72.265 14	0.013 84	8.075 07	0.123 84

续表

年份 n	一次支付 现值系数 (P/F, i, n)	一次支付 终值系数 (F/P, i, n)	等额系列 终值系数 (F/A, i, n)	等额系列 偿债基金系数 (A/F, i, n)	等额系列 现值系数 (P/A, i, n)	等额系列 资金回收系数 (A/P/i/n)
22	9.933 57	0.100 67	81.214 31	0.012 31	8.175 74	0.122 31
23	11.026 27	0.090 69	91.147 88	0.010 97	8.266 43	0.120 97
24	12.239 16	0.081 70	102.174 15	0.009 79	8.348 14	0.119 79
25	13.585 46	0.073 61	114.413 31	0.008 74	8.421 74	0.118 74
26	15.079 86	0.066 31	127.998 77	0.007 81	8.488 06	0.117 81
27	16.738 65	0.059 74	143.078 64	0.006 99	8.547 80	0.116 99
28	18.579 90	0.053 82	159.817 29	0.006 26	8.601 62	0.116 26
29	20.623 69	0.048 49	178.397 19	0.005 61	8.650 11	0.115 61
30	22.892 30	0.043 68	199.020 88	0.005 02	8.693 79	0.115 02
31	25.410 45	0.039 35	221.913 17	0.004 51	8.733 15	0.114 51
32	28.205 60	0.035 45	247.323 62	0.004 04	8.768 60	0.114 04
33	31.308 21	0.031 94	275.529 22	0.003 63	8.800 54	0.113 63
34	34.752 12	0.028 78	306.837 44	0.003 26	8.829 32	0.113 26
35	38.574 85	0.025 92	341.589 55	0.002 93	8.855 24	0.112 93
36	42.818 08	0.023 35	380.164 41	0.002 63	8.878 59	0.112 63
37	47.528 07	0.021 04	422.982 49	0.002 36	8.899 63	0.112 36
38	52.756 16	0.018 96	470.510 56	0.002 13	8.918 59	0.112 13
39	58.559 34	0.017 08	523.266 73	0.001 91	8.935 67	0.111 91
40	65.000 87	0.015 38	581.826 07	0.001 72	8.951 05	0.111 72

($i = 12\%$)

年份 n	一次支付 现值系数 (P/F, i, n)	一次支付 终值系数 (F/P, i, n)	等额系列 终值系数 (F/A, i, n)	等额系列 偿债基金系数 (A/F, i, n)	等额系列 现值系数 (P/A, i, n)	等额系列 资金回收系数 (A/P/i/n)
1	1.120 00	0.892 86	1.000 00	1.000 00	0.892 86	1.120 00
2	1.254 40	0.797 19	2.120 00	0.471 70	1.690 05	0.591 70
3	1.404 93	0.711 78	3.374 40	0.296 35	2.401 83	0.416 35
4	1.573 52	0.635 52	4.779 33	0.209 23	3.037 35	0.329 23
5	1.762 34	0.567 43	6.352 85	0.157 41	3.604 78	0.277 41
6	1.973 82	0.506 63	8.115 19	0.123 23	4.111 41	0.243 23
7	2.210 68	0.452 35	10.089 01	0.099 12	4.563 76	0.219 12
8	2.475 96	0.403 88	12.299 69	0.081 30	4.967 64	0.201 30
9	2.773 08	0.360 61	14.775 66	0.067 68	5.328 25	0.187 68

续表

年份 n	一次支付		等额系列			
	现值系数 (P/F, i, n)	终值系数 (F/P, i, n)	终值系数 (F/A, i, n)	偿债基金系数 (A/F, i, n)	现值系数 (P/A, i, n)	资金回收系数 (A/P/i/n)
10	3.105 85	0.321 97	17.548 74	0.056 98	5.650 22	0.176 98
11	3.478 55	0.287 48	20.654 58	0.048 42	5.937 70	0.168 42
12	3.895 98	0.256 68	24.133 13	0.041 44	6.194 37	0.161 44
13	4.363 49	0.229 17	28.029 11	0.035 68	6.423 55	0.155 68
14	4.887 11	0.204 62	32.392 60	0.030 87	6.628 17	0.150 87
15	5.473 57	0.182 70	37.279 71	0.026 82	6.810 86	0.146 82
16	6.130 39	0.163 12	42.753 28	0.023 39	6.973 99	0.143 39
17	6.866 04	0.145 64	48.883 67	0.020 46	7.119 63	0.140 46
18	7.689 97	0.130 04	55.749 71	0.017 94	7.249 67	0.137 94
19	8.612 76	0.116 11	63.439 68	0.015 76	7.365 78	0.135 76
20	9.646 29	0.103 67	72.052 44	0.013 88	7.469 44	0.133 88
21	10.803 85	0.092 56	81.698 74	0.012 24	7.562 00	0.132 24
22	12.100 31	0.082 64	92.502 58	0.010 81	7.644 65	0.130 81
23	13.552 35	0.073 79	104.602 89	0.009 56	7.718 43	0.129 56
24	15.178 63	0.065 88	118.155 24	0.008 46	7.784 32	0.128 46
25	17.000 06	0.058 82	133.333 87	0.007 50	7.843 14	0.127 50
26	19.040 07	0.052 52	150.333 93	0.006 65	7.895 66	0.126 65
27	21.324 88	0.046 89	169.374 01	0.005 90	7.942 55	0.125 90
28	23.883 87	0.041 87	190.698 89	0.005 24	7.984 42	0.125 24
29	26.749 93	0.037 38	214.582 75	0.004 66	8.021 81	0.124 66
30	29.959 92	0.033 38	241.332 68	0.004 14	8.055 18	0.124 14
31	33.555 11	0.029 80	271.292 61	0.003 69	8.084 99	0.123 69
32	37.581 73	0.026 61	304.847 72	0.003 28	8.111 59	0.123 28
33	42.091 53	0.023 76	342.429 45	0.002 92	8.135 35	0.122 92
34	47.142 52	0.021 21	384.520 98	0.002 60	8.156 56	0.122 60
35	52.799 62	0.018 94	431.663 50	0.002 32	8.175 50	0.122 32
36	59.135 57	0.016 91	484.463 12	0.002 06	8.192 41	0.122 06
37	66.231 84	0.015 10	543.598 69	0.001 84	8.207 51	0.121 84
38	74.179 66	0.013 48	609.830 53	0.001 64	8.220 99	0.121 64
39	83.081 22	0.012 04	684.010 20	0.001 46	8.233 03	0.121 46
40	93.050 97	0.010 75	767.091 42	0.001 30	8.243 78	0.121 30

($i = 15\%$)

年份 n	一次支付 现值系数 ($P/F, i, n$)	一次支付 终值系数 ($F/P, i, n$)	等额系列 终值系数 ($F/A, i, n$)	等额系列 偿债基金系数 ($A/F, i, n$)	等额系列 现值系数 ($P/A, i, n$)	等额系列 资金回收系数 ($A/P, i, n$)
1	1.150 00	0.869 57	1.000 00	1.000 00	0.869 57	1.150 00
2	1.322 50	0.756 14	2.150 00	0.465 12	1.625 71	0.615 12
3	1.520 88	0.657 52	3.472 50	0.287 98	2.283 23	0.437 98
4	1.749 01	0.571 75	4.993 38	0.200 27	2.854 98	0.350 27
5	2.011 36	0.497 18	6.742 38	0.148 32	3.352 16	0.298 32
6	2.313 06	0.432 33	8.753 74	0.114 24	3.784 48	0.264 24
7	2.660 02	0.375 94	11.066 80	0.090 36	4.160 42	0.240 36
8	3.059 02	0.326 90	13.726 82	0.072 85	4.487 32	0.222 85
9	3.517 88	0.284 26	16.785 84	0.059 57	4.771 58	0.209 57
10	4.045 56	0.247 18	20.303 72	0.049 25	5.018 77	0.199 25
11	4.652 39	0.214 94	24.349 28	0.041 07	5.233 71	0.191 07
12	5.350 25	0.186 91	29.001 67	0.034 48	5.420 62	0.184 48
13	6.152 79	0.162 53	34.351 92	0.029 11	5.583 15	0.179 11
14	7.075 71	0.141 33	40.504 71	0.024 69	5.724 48	0.174 69
15	8.137 06	0.122 89	47.580 41	0.021 02	5.847 37	0.171 02
16	9.357 62	0.106 86	55.717 47	0.017 95	5.954 23	0.167 95
17	10.761 26	0.092 93	65.075 09	0.015 37	6.047 16	0.165 37
18	12.375 45	0.080 81	75.836 36	0.013 19	6.127 97	0.163 19
19	14.231 77	0.070 27	88.211 81	0.011 34	6.198 23	0.161 34
20	16.366 54	0.061 10	102.443 58	0.009 76	6.259 33	0.159 76
21	18.821 52	0.053 13	118.810 12	0.008 42	6.312 46	0.158 42
22	21.644 75	0.046 20	137.631 64	0.007 27	6.358 66	0.157 27
23	24.891 46	0.040 17	159.276 38	0.006 28	6.398 84	0.156 28
24	28.625 18	0.034 93	184.167 84	0.005 43	6.433 77	0.155 43
25	32.918 95	0.030 38	212.793 02	0.004 70	6.464 15	0.154 70
26	37.856 80	0.026 42	245.711 97	0.004 07	6.490 56	0.154 07
27	43.535 31	0.022 97	283.568 77	0.003 53	6.513 53	0.153 53
28	50.065 61	0.019 97	327.104 08	0.003 06	6.533 51	0.153 06
29	57.575 45	0.017 37	377.169 69	0.002 65	6.550 88	0.152 65
30	66.211 77	0.015 10	434.745 15	0.002 30	6.565 98	0.152 30
31	76.143 54	0.013 13	500.956 92	0.002 00	6.579 11	0.152 00
32	87.565 07	0.011 42	577.100 46	0.001 73	6.590 53	0.151 73
33	100.699 83	0.009 93	664.665 52	0.001 50	6.600 46	0.151 50

续表

年份 n	一次支付		等额系列			
	现值系数 (P/F, i, n)	终值系数 (F/P, i, n)	终值系数 (F/A, i, n)	偿债基金系数 (A/F, i, n)	现值系数 (P/A, i, n)	资金回收系数 (A/P, i, n)
34	115.804 80	0.008 64	765.365 35	0.001 31	6.609 10	0.151 31
35	133.175 52	0.007 51	881.170 16	0.001 13	6.616 61	0.151 13
36	153.151 85	0.006 53	1014.345 7	0.000 99	6.623 14	0.150 99
37	176.124 63	0.005 68	1167.497 5	0.000 86	6.628 81	0.150 86
38	202.543 32	0.004 94	1343.622 2	0.000 74	6.633 75	0.150 74
39	232.924 82	0.004 29	1546.165 5	0.000 65	6.638 05	0.150 65
40	267.863 55	0.003 73	1779.090 3	0.000 56	6.641 78	0.150 56

（$i=18\%$）

年份 n	一次支付		等额系列			
	现值系数 (P/F, i, n)	终值系数 (F/P, i, n)	终值系数 (F/A, i, n)	偿债基金系数 (A/F, i, n)	现值系数 (P/A, i, n)	资金回收系数 (A/P, i, n)
1	1.180 00	0.847 46	1.000 00	1.000 00	0.847 46	1.180 00
2	1.392 40	0.718 18	2.180 00	0.458 72	1.565 64	0.638 72
3	1.643 03	0.608 63	3.572 40	0.279 92	2.174 27	0.459 92
4	1.938 78	0.515 79	5.215 43	0.191 74	2.690 06	0.371 74
5	2.287 76	0.437 11	7.154 21	0.139 78	3.127 17	0.319 78
6	2.699 55	0.370 43	9.441 97	0.105 91	3.497 60	0.285 91
7	3.185 47	0.313 93	12.141 52	0.082 36	3.811 53	0.262 36
8	3.758 86	0.266 04	15.327 00	0.065 24	4.077 57	0.245 24
9	4.435 45	0.225 46	19.085 85	0.052 39	4.303 02	0.232 39
10	5.233 84	0.191 06	23.521 31	0.042 51	4.494 09	0.222 51
11	6.175 93	0.161 92	28.755 14	0.034 78	4.656 01	0.214 78
12	7.287 59	0.137 22	34.931 07	0.028 63	4.793 22	0.208 63
13	8.599 36	0.116 29	42.218 66	0.023 69	4.909 51	0.203 69
14	10.147 24	0.098 55	50.818 02	0.019 68	5.008 06	0.199 68
15	11.973 75	0.083 52	60.965 27	0.016 40	5.091 58	0.196 40
16	14.129 02	0.070 78	72.939 01	0.013 71	5.162 35	0.193 71
17	16.672 25	0.059 98	87.068 04	0.011 49	5.222 33	0.191 49
18	19.673 25	0.050 83	103.740 28	0.009 64	5.273 16	0.189 64
19	23.214 44	0.043 08	123.413 53	0.008 10	5.316 24	0.188 10
20	27.393 03	0.036 51	146.627 97	0.006 82	5.352 75	0.186 82
21	32.323 78	0.030 94	174.021 00	0.005 75	5.383 68	0.185 75

续表

年份 n	一次支付 现值系数 (P/F, i, n)	一次支付 终值系数 (F/P, i, n)	等额系列 终值系数 (F/A, i, n)	等额系列 偿债基金系数 (A/F, i, n)	等额系列 现值系数 (P/A, i, n)	等额系列 资金回收系数 (A/P/i/n)
22	38.142 06	0.026 22	206.344 79	0.004 85	5.409 90	0.184 85
23	45.007 63	0.022 22	244.486 85	0.004 09	5.432 12	0.184 09
24	53.109 01	0.018 83	289.494 48	0.003 45	5.450 95	0.183 45
25	62.668 63	0.015 96	342.603 49	0.002 92	5.466 91	0.182 92
26	73.948 98	0.013 52	405.272 11	0.002 47	5.480 43	0.182 47
27	87.259 80	0.011 46	479.221 09	0.002 09	5.491 89	0.182 09
28	102.966 56	0.009 71	566.480 89	0.001 77	5.501 60	0.181 77
29	121.500 54	0.008 23	669.447 45	0.001 49	5.509 83	0.181 49
30	143.370 64	0.006 97	790.947 99	0.001 26	5.516 81	0.181 26
31	169.177 35	0.005 91	934.318 63	0.001 07	5.522 72	0.181 07
32	199.629 28	0.005 01	1 103.496 0	0.000 91	5.527 73	0.180 91
33	235.562 55	0.004 25	1 303.125 3	0.000 77	5.531 97	0.180 77
34	277.963 81	0.003 60	1 538.687 8	0.000 65	5.535 57	0.180 65
35	327.997 29	0.003 05	1 816.651 6	0.000 55	5.538 62	0.180 55
36	387.036 80	0.002 58	2 144.648 9	0.000 47	5.541 20	0.180 47
37	456.703 43	0.002 19	2 531.685 7	0.000 39	5.543 39	0.180 39
38	538.910 04	0.001 86	2 988.389 1	0.000 33	5.545 25	0.180 33
39	635.913 85	0.001 57	3 527.299 2	0.000 28	5.546 82	0.180 28
40	750.378 34	0.001 33	4 163.213 0	0.000 24	5.548 15	0.180 24

（$i = 20\%$）

年份 n	一次支付 现值系数 (P/F, i, n)	一次支付 终值系数 (F/P, i, n)	等额系列 终值系数 (F/A, i, n)	等额系列 偿债基金系数 (A/F, i, n)	等额系列 现值系数 (P/A, i, n)	等额系列 资金回收系数 (A/P/i/n)
1	1.200 00	0.833 33	1.000 00	1.000 00	0.833 33	1.200 00
2	1.440 00	0.694 44	2.200 00	0.454 55	1.527 78	0.654 55
3	1.728 00	0.578 70	3.640 00	0.274 73	2.106 48	0.474 73
4	2.073 60	0.482 25	5.368 00	0.186 29	2.588 73	0.386 29
5	2.488 32	0.401 88	7.441 60	0.134 38	2.990 61	0.334 38
6	2.985 98	0.334 90	9.929 92	0.100 71	3.325 51	0.300 71
7	3.583 18	0.279 08	12.915 90	0.077 42	3.604 59	0.277 42
8	4.299 82	0.232 57	16.499 08	0.060 61	3.837 16	0.260 61
9	5.159 78	0.193 81	20.798 90	0.048 08	4.030 97	0.248 08

续表

年份 n	一次支付 现值系数 (P/F, i, n)	一次支付 终值系数 (F/P, i, n)	等额系列 终值系数 (F/A, i, n)	等额系列 偿债基金系数 (A/F, i, n)	等额系列 现值系数 (P/A, i, n)	等额系列 资金回收系数 (A/P/i/n)
10	6.191 74	0.161 51	25.958 68	0.038 52	4.192 47	0.238 52
11	7.430 08	0.134 59	32.150 42	0.031 10	4.327 06	0.231 10
12	8.916 10	0.112 16	39.580 50	0.025 26	4.439 22	0.225 26
13	10.699 32	0.093 46	48.496 60	0.020 62	4.532 68	0.220 62
14	12.839 18	0.077 89	59.195 92	0.016 89	4.610 57	0.216 89
15	15.407 02	0.064 91	72.035 11	0.013 88	4.675 47	0.213 88
16	18.488 43	0.054 09	87.442 13	0.011 44	4.729 56	0.211 44
17	22.186 11	0.045 07	105.930 56	0.009 44	4.774 63	0.209 44
18	26.623 33	0.037 56	128.116 67	0.007 81	4.812 19	0.207 81
19	31.948 00	0.031 30	154.740 00	0.006 46	4.843 50	0.206 46
20	38.337 60	0.026 08	186.688 00	0.005 36	4.869 58	0.205 36
21	46.005 12	0.021 74	225.025 60	0.004 44	4.891 32	0.204 44
22	55.206 14	0.018 11	271.030 72	0.003 69	4.909 43	0.203 69
23	66.247 37	0.015 09	326.236 86	0.003 07	4.924 53	0.203 07
24	79.496 85	0.012 58	392.484 24	0.002 55	4.937 10	0.202 55
25	95.396 22	0.010 48	471.981 08	0.002 12	4.947 59	0.202 12
26	114.475 46	0.008 74	567.377 30	0.001 76	4.956 32	0.201 76
27	137.370 55	0.007 28	681.852 76	0.001 47	4.963 60	0.201 47
28	164.844 66	0.006 07	819.223 31	0.001 22	4.969 67	0.201 22
29	197.813 59	0.005 06	984.067 97	0.001 02	4.974 72	0.201 02
30	237.376 31	0.004 21	1 181.881 57	0.000 85	4.978 94	0.200 85
31	284.851 58	0.003 51	1 419.257 88	0.000 70	4.982 45	0.200 70
32	341.821 89	0.002 93	1 704.109 46	0.000 59	4.985 37	0.200 59
33	410.186 27	0.002 44	2 045.931 35	0.000 49	4.987 81	0.200 49
34	492.223 52	0.002 03	2 456.117 62	0.000 41	4.989 84	0.200 41
35	590.668 23	0.001 69	2 948.341 15	0.000 34	4.991 54	0.200 34
36	708.801 87	0.001 41	3 539.009 37	0.000 28	4.992 95	0.200 28
37	850.562 25	0.001 18	4 247.811 25	0.000 24	4.994 12	0.200 24
38	1 020.674 70	0.000 98	5 098.373 50	0.000 20	4.995 10	0.200 20
39	1 224.809 64	0.000 82	6 119.048 20	0.000 16	4.995 92	0.200 16
40	1 469.771 57	0.000 68	7 343.857 84	0.000 14	4.996 60	0.200 14

($i = 25\%$)

年份 n	一次支付 现值系数 $(P/F, i, n)$	一次支付 终值系数 $(F/P, i, n)$	等额系列 终值系数 $(F/A, i, n)$	等额系列 偿债基金系数 $(A/F, i, n)$	等额系列 现值系数 $(P/A, i, n)$	等额系列 资金回收系数 $(A/P/i/n)$
1	1.250 00	0.800 00	1.000 00	1.000 00	0.800 00	1.250 00
2	1.562 50	0.640 00	2.250 00	0.444 44	1.440 00	0.694 44
3	1.953 13	0.512 00	3.812 50	0.262 30	1.952 00	0.512 30
4	2.441 41	0.409 60	5.765 63	0.173 44	2.361 60	0.423 44
5	3.051 76	0.327 68	8.207 03	0.121 85	2.689 28	0.371 85
6	3.814 70	0.262 14	11.258 79	0.088 82	2.951 42	0.338 82
7	4.768 37	0.209 72	15.073 49	0.066 34	3.161 14	0.316 34
8	5.960 46	0.167 77	19.841 86	0.050 40	3.328 91	0.300 40
9	7.450 58	0.134 22	25.802 32	0.038 76	3.463 13	0.288 76
10	9.313 23	0.107 37	33.252 90	0.030 07	3.570 50	0.280 07
11	11.641 53	0.085 90	42.566 13	0.023 49	3.656 40	0.273 49
12	14.551 92	0.068 72	54.207 66	0.018 45	3.725 12	0.268 45
13	18.189 89	0.054 98	68.759 58	0.014 54	3.780 10	0.264 54
14	22.737 37	0.043 98	86.949 47	0.011 50	3.824 08	0.261 50
15	28.421 71	0.035 18	109.686 84	0.009 12	3.859 26	0.259 12
16	35.527 14	0.028 15	138.108 55	0.007 24	3.887 41	0.257 24
17	44.408 92	0.022 52	173.635 68	0.005 76	3.909 93	0.255 76
18	55.511 15	0.018 01	218.044 60	0.004 59	3.927 94	0.254 59
19	69.388 94	0.014 41	273.555 76	0.003 66	3.942 35	0.253 66
20	86.736 17	0.011 53	342.944 70	0.002 92	3.953 88	0.252 92
21	108.420 22	0.009 22	429.680 87	0.002 33	3.963 11	0.252 33
22	135.525 27	0.007 38	538.101 09	0.001 86	3.970 49	0.251 86
23	169.406 59	0.005 90	673.626 36	0.001 48	3.976 39	0.251 48
24	211.758 24	0.004 72	843.032 95	0.001 19	3.981 11	0.251 19
25	264.697 80	0.003 78	1 054.791 2	0.000 95	3.984 89	0.250 95
26	330.872 25	0.003 02	1 319.489 0	0.000 76	3.987 91	0.250 76
27	413.590 31	0.002 42	1 650.361 2	0.000 61	3.990 33	0.250 61
28	516.987 88	0.001 93	2 063.951 5	0.000 48	3.992 26	0.250 48
29	646.234 85	0.001 55	2 580.939 4	0.000 39	3.993 81	0.250 39
30	807.793 57	0.001 24	3 227.174 3	0.000 31	3.995 05	0.250 31
31	1 009.742 0	0.000 99	4 034.967 8	0.000 25	3.996 04	0.250 25
32	1 262.177 4	0.000 79	5 044.709 8	0.000 20	3.996 83	0.250 20
33	1 577.721 8	0.000 63	6 306.887 2	0.000 16	3.997 46	0.250 16

续表

年份 n	一次支付		等额系列			
	现值系数 (P/F, i, n)	终值系数 (F/P, i, n)	终值系数 (F/A, i, n)	偿债基金系数 (A/F, i, n)	现值系数 (P/A, i, n)	资金回收系数 (A/P/i/n)
34	1 972.152 3	0.000 51	7 884.609 1	0.000 13	3.997 97	0.250 13
35	2 465.190 3	0.000 41	9 856.761 3	0.000 10	3.998 38	0.250 10
36	3 081.487 9	0.000 32	12 321.952	0.000 08	3.998 70	0.250 08
37	3 851.859 9	0.000 26	15 403.440	0.000 06	3.998 96	0.250 06
38	4 814.824 9	0.000 21	19 255.299	0.000 05	3.999 17	0.250 05
39	6 018.531 1	0.000 17	24 070.124	0.000 04	3.999 34	0.250 04
40	7 523.163 8	0.000 13	30 088.655	0.000 03	3.999 47	0.250 03

($i=30\%$)

年份 n	一次支付		等额系列			
	现值系数 (P/F, i, n)	终值系数 (F/P, i, n)	终值系数 (F/A, i, n)	偿债基金系数 (A/F, i, n)	现值系数 (P/A, i, n)	资金回收系数 (A/P/i/n)
1	1.300 00	0.769 23	1.000 00	1.000 00	0.769 23	1.300 00
2	1.690 00	0.591 72	2.300 00	0.434 78	1.360 95	0.734 78
3	2.197 00	0.455 17	3.990 00	0.250 63	1.816 11	0.550 63
4	2.856 10	0.350 13	6.187 00	0.161 63	2.166 24	0.461 63
5	3.712 93	0.269 33	9.043 10	0.110 58	2.435 57	0.410 58
6	4.826 81	0.207 18	12.756 03	0.078 39	2.642 75	0.378 39
7	6.274 85	0.159 37	17.582 84	0.056 87	2.802 11	0.356 87
8	8.157 31	0.122 59	23.857 69	0.041 92	2.924 70	0.341 92
9	10.604 50	0.094 30	32.015 00	0.031 24	3.019 00	0.331 24
10	13.785 85	0.072 54	42.619 50	0.023 46	3.091 54	0.323 46
11	17.921 60	0.055 80	56.405 35	0.017 73	3.147 34	0.317 73
12	23.298 09	0.042 92	74.326 95	0.013 45	3.190 26	0.313 45
13	30.287 51	0.033 02	97.625 04	0.010 24	3.223 28	0.310 24
14	39.373 76	0.025 40	127.912 55	0.007 82	3.248 67	0.307 82
15	51.185 89	0.019 54	167.286 31	0.005 98	3.268 21	0.305 98
16	66.541 66	0.015 03	218.472 20	0.004 58	3.283 24	0.304 58
17	86.504 16	0.011 56	285.013 86	0.003 51	3.294 80	0.303 51
18	112.455 41	0.008 89	371.518 02	0.002 69	3.303 69	0.302 69
19	146.192 03	0.006 84	483.973 43	0.002 07	3.310 53	0.302 07
20	190.049 64	0.005 26	630.165 46	0.001 59	3.315 79	0.301 59
21	247.064 53	0.004 05	820.215 10	0.001 22	3.319 84	0.301 22

续表

年份 n	一次支付 现值系数 (P/F, i, n)	一次支付 终值系数 (F/P, i, n)	等额系列 终值系数 (F/A, i, n)	等额系列 偿债基金系数 (A/F, i, n)	等额系列 现值系数 (P/A, i, n)	等额系列 资金回收系数 (A/P/i/n)
22	321.183 89	0.003 11	1 067.279 6	0.000 94	3.322 96	0.300 94
23	417.539 05	0.002 39	1 388.463 5	0.000 72	3.325 35	0.300 72
24	542.800 77	0.001 84	1 806.002 6	0.000 55	3.327 19	0.300 55
25	705.641 00	0.001 42	2 348.803 3	0.000 43	3.328 61	0.300 43
26	917.333 30	0.001 09	3 054.444 3	0.000 33	3.329 70	0.300 33
27	1 192.533 3	0.000 84	3 971.777 6	0.000 25	3.330 54	0.300 25
28	1 550.293 3	0.000 65	5 164.310 9	0.000 19	3.331 18	0.300 19
29	2 015.381 3	0.000 50	6 714.604 2	0.000 15	3.331 68	0.300 15
30	2 619.995 6	0.000 38	8 729.985 5	0.000 11	3.332 06	0.300 11
31	3 405.994 3	0.000 29	11 349.981	0.000 09	3.332 35	0.300 09
32	4 427.792 6	0.000 23	14 755.975	0.000 07	3.332 58	0.300 07
33	5 756.130 4	0.000 17	19 183.768	0.000 05	3.332 75	0.300 05
34	7 482.969 6	0.000 13	24 939.899	0.000 04	3.332 89	0.300 04
35	9 727.860 4	0.000 10	32 422.868	0.000 03	3.332 99	0.300 03
36	12 646.219	0.000 08	42 150.729	0.000 02	3.333 07	0.300 02
37	16 440.084	0.000 06	54 796.947	0.000 02	3.333 13	0.300 02
38	21 372.109	0.000 05	71 237.031	0.000 01	3.333 18	0.300 01
39	27 783.742	0.000 04	92 609.141	0.000 01	3.333 21	0.300 01
40	36 118.865	0.000 03	120 392.88	0.000 01	3.333 24	0.300 01

（$i = 35\%$）

年份 n	一次支付 现值系数 (P/F, i, n)	一次支付 终值系数 (F/P, i, n)	等额系列 终值系数 (F/A, i, n)	等额系列 偿债基金系数 (A/F, i, n)	等额系列 现值系数 (P/A, i, n)	等额系列 资金回收系数 (A/P/i/n)
1	1.350 00	0.740 74	1.000 00	1.000 00	0.740 74	1.350 00
2	1.822 50	0.548 70	2.350 00	0.425 53	1.289 44	0.775 53
3	2.460 38	0.406 44	4.172 50	0.239 66	1.695 88	0.589 66
4	3.321 51	0.301 07	6.632 88	0.150 76	1.996 95	0.500 76
5	4.484 03	0.223 01	9.954 38	0.100 46	2.219 96	0.450 46
6	6.053 45	0.165 20	14.438 41	0.069 26	2.385 16	0.419 26
7	8.172 15	0.122 37	20.491 86	0.048 80	2.507 52	0.398 80
8	11.032 40	0.090 64	28.664 01	0.034 89	2.598 17	0.384 89
9	14.893 75	0.067 14	39.696 41	0.025 19	2.665 31	0.375 19

续表

年份 n	一次支付 现值系数 (P/F, i, n)	一次支付 终值系数 (F/P, i, n)	等额系列 终值系数 (F/A, i, n)	等额系列 偿债基金系数 (A/F, i, n)	等额系列 现值系数 (P/A, i, n)	等额系列 资金回收系数 (A/P/i/n)
10	20.106 56	0.049 74	54.590 16	0.018 32	2.715 04	0.368 32
11	27.143 85	0.036 84	74.696 72	0.013 39	2.751 88	0.363 39
12	36.644 20	0.027 29	101.840 57	0.009 82	2.779 17	0.359 82
13	49.469 67	0.020 21	138.484 76	0.007 22	2.799 39	0.357 22
14	66.784 05	0.014 97	187.954 43	0.005 32	2.814 36	0.355 32
15	90.158 47	0.011 09	254.738 48	0.003 93	2.825 45	0.353 93
16	121.713 93	0.008 22	344.896 95	0.002 90	2.833 67	0.352 90
17	164.313 81	0.006 09	466.610 88	0.002 14	2.839 75	0.352 14
18	221.823 64	0.004 51	630.924 69	0.001 58	2.844 26	0.351 58
19	299.461 92	0.003 34	852.748 34	0.001 17	2.847 60	0.351 17
20	404.273 59	0.002 47	1 152.210 3	0.000 87	2.850 08	0.350 87
21	545.769 35	0.001 83	1 556.483 8	0.000 64	2.851 91	0.350 64
22	736.788 62	0.001 36	2 102.253 2	0.000 48	2.853 27	0.350 48
23	994.664 63	0.001 01	2 839.041 8	0.000 35	2.854 27	0.350 35
24	1 342.797 3	0.000 74	3 833.706 4	0.000 26	2.855 02	0.350 26
25	1 812.776 3	0.000 55	5 176.503 7	0.000 19	2.855 57	0.350 19
26	2 447.248 0	0.000 41	6 989.280 0	0.000 14	2.855 98	0.350 14
27	3 303.784 8	0.000 30	9 436.528 0	0.000 11	2.856 28	0.350 11
28	4 460.109 5	0.000 22	12 740.313	0.000 08	2.856 50	0.350 08
29	6 021.147 8	0.000 17	17 200.422	0.000 06	2.856 67	0.350 06
30	8 128.549 5	0.000 12	23 221.570	0.000 04	2.856 79	0.350 04
31	10 973.542	0.000 09	31 350.120	0.000 03	2.856 88	0.350 03
32	14 814.281	0.000 07	42 323.661	0.000 02	2.856 95	0.350 02
33	19 999.280	0.000 05	57 137.943	0.000 02	2.857 00	0.350 02
34	26 999.028	0.000 04	77 137.223	0.000 01	2.857 04	0.350 01
35	36 448.688	0.000 03	104 136.25	0.000 01	2.857 06	0.350 01
36	49 205.728	0.000 02	140 584.94	0.000 01	2.857 08	0.350 01
37	66 427.733	0.000 02	189 790.67	0.000 01	2.857 10	0.350 01
38	89 677.440	0.000 01	256 218.40	0.000 00	2.857 11	0.350 00
39	121 064.54	0.000 01	345 895.84	0.000 00	2.857 12	0.350 00
40	163 437.13	0.000 01	466 960.38	0.000 00	2.857 13	0.350 00

($i = 40\%$)

年份 n	一次支付 现值系数 ($P/F, i, n$)	一次支付 终值系数 ($F/P, i, n$)	等额系列 终值系数 ($F/A, i, n$)	等额系列 偿债基金系数 ($A/F, i, n$)	等额系列 现值系数 ($P/A, i, n$)	等额系列 资金回收系数 ($A/P/i/n$)
1	1.400 00	0.714 29	1.000 00	1.000 00	0.714 29	1.400 00
2	1.960 00	0.510 20	2.400 00	0.416 67	1.224 49	0.816 67
3	2.744 00	0.364 43	4.360 00	0.229 36	1.588 92	0.629 36
4	3.841 60	0.260 31	7.104 00	0.140 77	1.849 23	0.540 77
5	5.378 24	0.185 93	10.945 60	0.091 36	2.035 16	0.491 36
6	7.529 54	0.132 81	16.323 84	0.061 26	2.167 97	0.461 26
7	10.541 35	0.094 86	23.853 38	0.041 92	2.262 84	0.441 92
8	14.757 89	0.067 76	34.394 73	0.029 07	2.330 60	0.429 07
9	20.661 05	0.048 40	49.152 62	0.020 34	2.379 00	0.420 34
10	28.925 47	0.034 57	69.813 66	0.014 32	2.413 57	0.414 32
11	40.495 65	0.024 69	98.739 13	0.010 13	2.438 26	0.410 13
12	56.693 91	0.017 64	139.234 78	0.007 18	2.455 90	0.407 18
13	79.371 48	0.012 60	195.928 69	0.005 10	2.468 50	0.405 10
14	111.120 07	0.009 00	275.300 17	0.003 63	2.477 50	0.403 63
15	155.568 10	0.006 43	386.420 24	0.002 59	2.483 93	0.402 59
16	217.795 33	0.004 59	541.988 33	0.001 85	2.488 52	0.401 85
17	304.913 47	0.003 28	759.783 67	0.001 32	2.491 80	0.401 32
18	426.878 85	0.002 34	1 064.697 1	0.000 94	2.494 14	0.400 94
19	597.630 40	0.001 67	1 491.576 0	0.000 67	2.495 82	0.400 67
20	836.682 55	0.001 20	2 089.206 4	0.000 48	2.497 01	0.400 48
21	1 171.355 6	0.000 85	2 925.888 9	0.000 34	2.497 87	0.400 34
22	1 639.897 8	0.000 61	4 097.244 5	0.000 24	2.498 48	0.400 24
23	2 295.856 9	0.000 44	5 737.142 3	0.000 17	2.498 91	0.400 17
24	3 214.199 7	0.000 31	8 032.999 3	0.000 12	2.499 22	0.400 12
25	4 499.879 6	0.000 22	11 247.199	0.000 09	2.499 44	0.400 09
26	6 299.831 4	0.000 16	15 747.079	0.000 06	2.499 60	0.400 06
27	8 819.764 0	0.000 11	22 046.910	0.000 05	2.499 72	0.400 05
28	12 347.670	0.000 08	30 866.674	0.000 03	2.499 80	0.400 03
29	17 286.737	0.000 06	43 214.343	0.000 02	2.499 86	0.400 02
30	24 201.432	0.000 04	60 501.081	0.000 02	2.499 90	0.400 02
31	33 882.005	0.000 03	84 702.513	0.000 01	2.499 93	0.400 01
32	47 434.807	0.000 02	118 584.52	0.000 01	2.499 95	0.400 01
33	66 408.730	0.000 02	166 019.33	0.000 01	2.499 96	0.400 01

续表

年份 n	一次支付		等额系列			
	现值系数 $(P/F, i, n)$	终值系数 $(F/P, i, n)$	终值系数 $(F/A, i, n)$	偿债基金系数 $(A/F, i, n)$	现值系数 $(P/A, i, n)$	资金回收系数 $(A/P/i/n)$
34	92 972.223	0.000 01	232 428.06	0.000 00	2.499 97	0.400 00
35	130 161.11	0.000 01	325 400.28	0.000 00	2.499 98	0.400 00
36	182 225.56	0.000 01	455 561.39	0.000 00	2.499 99	0.400 00
37	255 115.78	0.000 00	637 786.95	0.000 00	2.499 99	0.400 00
38	357 162.09	0.000 00	892 902.73	0.000 00	2.499 99	0.400 00
39	500 026.93	0.000 00	1 250 064.8	0.000 00	2.500 00	0.400 00
40	700 037.70	0.000 00	1 750 091.7	0.000 00	2.500 00	0.400 00